ESQUISSE

DE

L'ÉTAT POLITIQUE ET COMMERCIAL

DE LA SYRIE.

OUVRAGES DU MÊME AUTEUR.

Beyrout et le Liban, 2 volumes in-8°.
Statistique du Pachalik d'Alep, brochure.
Un Dervich Algérien, voyage en Syrie, 1 volume in-8°.
Biographies de P.-Aug. Guys, Pierre-Alphonse Guys et Joseph Agoub.

SOUS-PRESSE :

Théogonie des Druses, 1 volume.
La Nation Druse, son histoire, sa religion et ses mœurs, 1 volume.

Articles parus dans les Revues et Journaux. — Moyens de civiliser les habitants de l'Algérie. — Principes des Musulmans sur les esclaves. — Origine des races chevalines en Arabie. — La civilisation en Orient. — Conseils aux voyageurs pour un itinéraire. — Réflexions sur les massacres de Djeddah'.—Causes des désordres du Liban. — Parallèle entre l'Orient et l'Occident. — Position des femmes en Turquie. — Motif de la recrudescence du fanatisme Musulman à l'égard des chrétiens, etc.

Marseille. — Typographie V⁰ MARIUS OLIVE, rue Paradis, 68.

ESQUISSE

DE

L'ÉTAT POLITIQUE ET COMMERCIAL

DE LA SYRIE,

Par M. Henry GUYS,

CONSUL DE FRANCE DE PREMIÈRE CLASSE, EN RETRAITE,

OFFICIER DE LA LÉGION-D'HONNEUR, ETC.

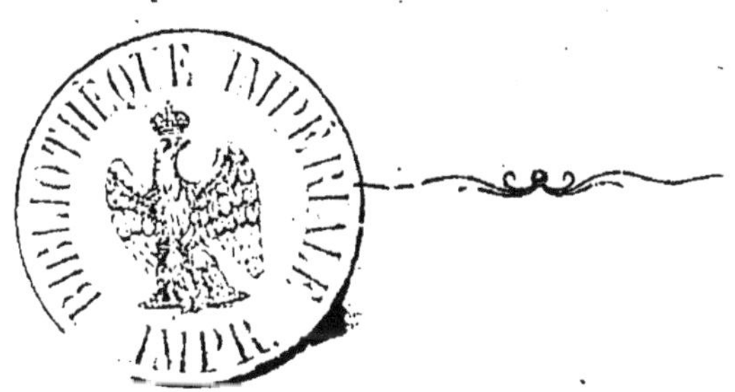

PARIS

CHEZ FRANCE, LIBRAIRE,

Quai Voltaire, 9.

—

1862.

[illegible]

[illegible]

[illegible]

[illegible]

[illegible]

[illegible]

[illegible]

PRÉFACE.

En intitulant cet ouvrage : *Esquisse de l'État politique et commercial de la Syrie* nous entendons annoncer, tout d'abord, que c'est uniquement sous ce double rapport que nous comptons nous occuper nouvellement de cette province sans rappeler, en aucune manière, les grands événements qui firent sa célébrité et sans nous livrer de rechef à des peintures de mœurs de ses habitants.

La brillante histoire de la Syrie, dans toutes ses époques, est d'ailleurs connue. Qui ne sait pas, en effet, que dans les temps bibliques et héroïques elle fut le théâtre des plus étonnants exploits ?

Mais sans chercher à rattacher, par des comparaisons, le présent au passé, qu'il nous soit permis de faire observer que de nos jours un Bonaparte est venu ajouter l'éclat de son nom à celui des Alexandre et de tant d'autres potentats qui foulèrent tour à tour son sol de leur pied belliqueux !

Nous ne toucherons pas, non plus, à l'élément religieux qui nous révélerait des faits autrement surprenants, devant passer sous silence ce que la Syrie a eu de cultes particuliers, de même que la bigarrure actuelle de ses croyances.

A l'occasion d'un reste d'industrie qu'on y exerce encore, nous aurions été tentés de rappeler que les arts y furent cultivés, bien avant que nous ne les eussions connus, et que c'est à ce même pays que nous les empruntâmes. Mais cela nous aurait fait ressouvenir de cette judicieuse observation de M. Michaud, en débarquant en Egypte : « il n'est que trop vrai de dire que dans ces

« contrées d'où la lumière nous est autrefois venue tout
« ce qui tend à éclairer les hommes, tout ce qui tend à
« soulager l'humanité, dépérit et dégénère d'année en
« année et de jour en jour. [1] »

Cependant quoique nous n'ayons à décrire la Syrie
que d'après son état présent, il n'est point sans intérêt de tracer en quelques mots, dans ce préambule,
ce qu'elle a été au temps de sa prospérité, hélas entièrement passée.

Les grands changements qui se sont opérés dans le
monde artistique et commercial n'ont été nulle part
aussi marqués qu'en Turquie, et à l'égard de la France
surtout, puisque sous le rapport industriel elle est devenue sa tributaire après l'avoir fournie de ses manufactures inimitables, d'abord par leur art et ensuite par
le bon marché que la vie aisée des pays d'Orient permettait seule d'obtenir.

Qui ne sait que les Croisés ne se bornèrent point à
conquérir les Lieux Saints, mais qu'ils rapportèrent de
Syrie les arts utiles qu'ils y trouvèrent?

A Damas, ils apprirent à travailler les métaux et les
tissus. [2]

Cette ville est, au surplus, encore en possession de
nous fournir les Cymbales qu'on n'a pu imiter nulle
autre part.

Ce fut à Alep que les fabricants de Lyon allèrent
puiser les connaissances qui leur manquaient pour les
étoffes riches dont la Syrie avait depuis longtemps le
monopole et qui composaient les habillements princiers.

[1] Correspondance d'Orient, 6. 14.
[2] Michaud, Histoire des Croisades, 6, 346.

« Les moulins à vent furent introduits d'Orient en
» Provence. » [1]

Chaptal reconnaît que nous importâmes de ce même
Orient des machines et des procédés utiles.

C'est également à l'époque des croisades que « l'on
» vit se former, dit-il, des manufactures de toile à La-
» val, à Lille et à Cambrai ; des fabriques de draps à
» Amiens, à Reims, à Arras, à Beauvais, et qu'on en-
» richit la France de la distillation des vins, etc. » [2]

Un empire si florissant, par son intelligence, a dû en
même temps jouir d'une certaine puissance ; aussi, le
parallèle qu'on peut tirer sous cet autre point de vue,
entre les deux pays, est tel que nous faisons pour les
Ottomans ce qu'ils ont fait pour nous ; ce qui prouverait
que la prépondérance dans les lumières et les arts est
partout suivie de celle des armes.

L'histoire n'est-elle pas là pour nous en fournir de
nombreuses preuves ?

Le déplacement des éléments qui font la force des nations a été effectivement complet à l'égard de l'état Turc,
et si nous avons dû recourir à l'influence des Osmanlis,
une fois aussi il s'est agi de leur emprunter trois millions d'écus d'or. Il est à remarquer qu'à la même époque
(1572) c'est par voie de négociation que nous voulûmes
nous faire céder la régence d'Alger pour la donner au
Duc d'Anjou. [3]

Une circonstance que nous citerons encore, c'est qu'à
l'avènement de Henri iv, les consuls de Marseille ne

1 Julliany. Essai sur le commerce de Marseille, 1. 24.
2 De l'Industrie Française disc. prélim. xxxv.
3 Pouqueville. Mémoire hist. et diplom., p. 47.

voulant pas le reconnaitre , Amurat iii écrivit aux Duumvirs pour les engager à se soumettre à leur roi les menaçant, en cas de persistance dans leur rebellion , de confisquer les biens des Marseillais en Turquie et de jeter leurs personnes dans les prisons. [1]

Une ébauche à larges traits de ce qu'était la Turquie, dans son beau temps , fera mieux regretter qu'au lieu de chercher à la façonner à la civilisation occidentale, on n'ait pas employé le temps perdu , en vains essais , à la ramener à ses propres modèles. Ceux qui ont rêvé la régénération de l'Empire Ottoman , en dépit des mœurs et des idées de ses peuples , surtout en matière de religion , ont ils reconnu la cause de leur insuccès ?

Des souverains de la Turquie ont donné l'exemple des plus grandes vertus; vivant frugalement avec un costume excluant tout luxe; n'ayant qu'une femme; rendant la justice en personne sans frais et se chargeant aussi de la police en parcourant leur capitale travestis. C'était alors que l'adage : « La croyance des rois produit celle des peuples » s'expliquait par les faits , car les pachas imitaient dans les provinces les allures du maitre. Il s'en suivait que les hommes étant naturellement portés au bien jouissaient de leur bonheur et montraient une bonne foi exemplaire ; aussi la sureté du pays et des chemins ne laissait-elle rien à désirer. On s'en apercevait à la manière vulgaire de fermer les portes des maisons et boutiques avec des serrures simplement en bois.

La sévérité des autorités était excessive , il est vrai , pour les écarts de mœurs et de luxe ; mais leur rareté faisait que l'application en devenait rare.

[1] Ruffi , Histoire de Marseille , 1. 407.

Il en résultait que le scandale public n'était pas à craindre parce que hommes et femmes menaient une vie réglée. Les transactions se ressentaient de l'honnêteté des contractants et rien n'était plus simple que les expéditions par muletiers ou par patrons de barques auxquels on fiait les marchandises sans que cela donnât lieu à aucune écriture, ni non plus au moindre inconvénient. C'était vraiment le règne de la bonne foi et des vertus sociales.

Cela fait naturellement penser que la Turquie n'est pas tombée de l'état prospère qui l'avait fait briller parmi les grandes nations, à la position désastreuse où elle était arrivée il y a une trentaine d'années, sans des causes majeures qui, en affaiblissant son gouvernement, ont influé sur l'administration du pays et compromis le bien être de ses habitants.

Or, la principale de ces causes est l'absence d'une bonne organisation que tout esprit éclairé reconnait en arrivant sur le sol Ottoman. C'est ce qui fit dire à M. le Comte de Forbin dans son discours au Roi. « J'ai trouvé « les ruines des monuments; j'ai vainement cherché celle « des institutions. Les colonnes sont debout, l'homme « seul est dégradé. Froissés entre le despotisme et l'anar- « chie les plus courageux de ces esclaves n'ont de pro- « tecteurs que le désert et d'asile que les tombeaux. [1] » D'un autre côté, notre commerce n'a pas eu seulement à essuyer les propres vicissitudes de l'Empire Ottoman puisque les malheurs de notre révolution et les guerres qui l'ont suivie ont pesé sur lui et l'ont anéanti.

C'est donc pour expliquer ces péripéties que j'ai entrepris cette Esquisse dans la sphère de mes faibles

[1] Voyage au Levant.

connaissances, mais éclairé par une longue expérience et par les renseignements que j'ai réunis sur le commerce que nous avons fait en Syrie et sur celui que nous y faisons encore.

Cette tache était certainement fort grande et quoique je n'aie pas la prétention de l'avoir bien remplie je puis dire, du moins, que je m'en suis occupé avec beaucoup de zèle, si ce n'est avec autant de succès.

Je revendiquerai aussi le mérite d'avoir commencé une œuvre que d'autres pourront continuer, pour frayer toujours plus la route que nous avons à cœur de faire prendre à nos fabricants, afin que la place des Français dans le grand bazar de l'Orient soit digne de leur haute importance indusdrielle, aussi bien que du rang qui leur appartient pour leur suprème bon goût et l'extrème variété de leurs productions.

Il est certainement beaucoup de changements à opérer dans nos relations, bien des modifications à faire à nos lois sur la navigation et le commerce, mais tout cela ne peut être que l'ouvrage du temps. Dès lors serait-ce en vain qu'on réclamerait des améliorations si l'on ne se mettait en mesure de les connaître, de les étudier et d'en faire sentir l'opportunité.

Quoique les commerçants ne soient pas des tourristes, voyageant par amour pour les monuments, la numismatique, la minéralogie, les plantes ou les insectes, ils peuvent facilement réunir l'esprit mercantile aux autres goûts et plus d'un antécédent nous prouve que des rapports intimes, entre ces diverses sciences et des négociants, ont existé même en Syrie.

Cela m'encourage à croire que de bons avis sur la

manière de voyager dans ce pays ne seront pas déplacés ici, malgré l'opinion bénévole que les anciens dangers sont moins à craindre aujourd'hui. Mais ne sait-on pas qu'on doit être en garde contre tout jugement qui admet de brusques améliorations; comme si tout n'était pas soumis dans ce monde, même avec les gens qui agissent, aux lentes transformations du travail et du temps!

Nous avons beaucoup prôné les Grecs, qui nous pillaient sur mer et sur terre; puis est venu l'engouement pour les Egyptiens, auquel nous avons dû notre déchéance en Orient [1]; maintenant parce que nous avons été favorables aux Turcs, on voit tout en beau chez eux : ce qui est certainement très flatteur pour cette nation sans qu'elle avance, pour cela, d'un millimètre vers le but qu'elle s'est, croit-on, proposé d'atteindre sans nul doute dans un temps relatif à son apathie naturelle, puisqu'elle chasse à courre montée sur une charette traînée par des bœufs. [2]

Quel est d'ailleurs l'homme, tant soit peu au fait de la Turquie, qui ne voit clairement qu'il ne s'est proprement agi dans ce pays que d'une réforme de tailleurs ? [3]

D'après Châteaubriand [4] un nouveau débarqué est entouré d'espions qui ne s'enquièrent de sa fortune et de ses intentions que pour le rançonner et le dépouiller. Les autorités n'accordent leurs soins à ceux qui, par amour propre ou par crainte, réclament leur appui qu'avec l'idée de les mettre à contribution. Il conseille en

[1] Nous y agissions *seuls* avant 1840.

[2] Les Turcs, dit un de leurs proverbes, chassent le lièvre de dessus un arabat.

[3] Ce mot est de M. L. Méry. [4] Itinéraire 11. 118.

conséquence aux visiteurs, ou pélerins, de se faire remarquer le moins possible. « C'est le moyen, assuré-t-il, d'arriver sain et sauf et à peu de frais à Jérusalem. »

Le voyage en *takhteroan* est très commode mais, en même temps, fort coûteux. Le bien être ne serait pas, au surplus, le seul dédommagement qu'on en retirerait, puisque la qualité de personnage distingué que donnerait ce fastueux équipage lui vaudrait des égards et la facilité de recueillir avec commodité tous les renseignements qu'on voudrait se procurer sur les lieux où l'on passerait.

« Une autre manière, dit M. le comte de Laborde, dont le récit plus attachant empreint chaque tentative de plus d'originalité et l'enveloppe dans un air aventureux, est celle qui fut adoptée par Burckhardt. Ce voyageur, habillé comme l'Arabe de la plus basse classe, chassait un âne devant lui, ou s'associait sous différents prétextes à ces petites caravanes qui de tribu à tribu sillonnent le désert. Il a tiré de ce mode simple de voyager des résultats si brillants qu'on semblerait devoir l'imiter. [1] »

Il en conclut qu'il est deux façons de voyager là bas :

[1] Voyage de l'Arabie Pétrée, p. 32.

C'est à Scetzen qu'il convient d'appliquer ce que dit M. De Laborde du voyageur économe et prudent, car Burckhardt qui se faisait appeler cheik Ibrahim, n'a pas cessé de prendre les allures distinguées. Sa fin malheureuse est d'ailleurs loin de pouvoir servir d'encouragement.

Scetzen, au contraire, termina son pénible voyage et put en rapporter de précieux résultats. J'ai connu ces deux intéressants voyageurs.

l'une d'étude, d'idiômes et de coutumes ; l'autre de recherches scientifiques ; pour lesquelles si l'on dépense
moins on obtient des résultats relatifs , l'extérieur qu'on
prend procurant au voyageur des attentions ou de l'indifférence si elle n'est transformée en une surveillance
qui épiant tous ses mouvements l'empêche de rien
entreprendre.

Avant de terminer cette introduction par le nom des
divers poids et mesures employés en Syrie, dont j'ai
donné, quelquefois, l'équivalent en poids et mesures de
France, je dois dire que si je me suis plus servi des
uns que des autres c'est que j'ai pensé que mon esquisse
pouvant être consultée par des étrangers il était préférable de s'en tenir aux désignations qui conviennent à tous,
au lieu d'obliger à de doubles calculs, pour chaque quantité qu'on voudrait connaitre, en se rendant d'abord
compte de nos poids, si j'avais suivi une autre méthode,
pour établir ensuite son rapport avec celui de la localité.

Les prix s'établissant, au surplus, sur les poids du
pays c'est à les connaitre, ainsi que leur rapport avec
les poids et mesures d'Europe, que les négocians étrangers devront s'appliquer ; et un moyen de faciliter cette
étude indispensable est, sans contredit, de multiplier
les occasions d'avoir ces points de comparaison.

L'*ocque* de Constantinople est l'unité des poids et mesures de Turquie. Elle est partout de 400 *dragmes*, si ce
n'est que la police se faisant mal il s'est trouvé que des
vérificateurs français, ayant employé de prétendus éta-
lons, ont rapporté qu'il est des ocques de divers pays et
que leurs poids varient de 1,212,7 à 1,288,1, kilogrammes ; le rendement commercial de l'ocque est calculé

sur le pied de 1 kilog. 282 grammes. C'est sur cette base que sont faits mes calculs.

Un autre poids, très répandu, est le *rote* d'Alep qui est de 720 dragmes, de façon que neuf ocques équivalent à cinq de ces rotes. Cent rotes font un quintal de cent quatre-vingt ocques, soit 230 kil. 760 gram, selon le rendement approximatif.

Le quintal de Damas est également de cent rotes, mais ceux-ci ne sont que 680 dragmes. Le rote employé pour la soie est appelé *grand* ayant deux cents dragmes de plus que celui d'Alep.

Un *kilot* de Constantinople et sept septièmes équivalent à un hectolitre. Sa capacité en blé est d'environ 55 kilog. pesant.

Un *ardeb*, ou trois couffes de riz, du poids de 40 rotes d'Alep chacune fait en kilogrammes 276,912.

Un ardeb de blé est de la contenance de 5 kilots et son poids de 110 ocques. L'orge n'en pèse que 95 et le maïs 100.

Le kilot, ou *keïl* de Syrie, est de 3 1/2 décalitres.

Le grand *pick* de Constantinople est de 71 centimètres; le petit, de Damas, de 68 1/2.

A Jaffa le *Habbié* équivaut à 4 kilots de Constantinople. Le kilot de blé y donne 21 ocques, celui de sésame 16.

La *jarre* pour l'huile d'olive est de 15 ocques; pour celle de sésame elle n'est que de 11 ocques 1/4.

A Tripoly le Chomboul équivaut à 2 kilots de Constantinople. La *colle* d'huile est du poids de 14 rotes 1/3 d'Alep, soit environ 40 kilogrammes.

Le retard qu'a éprouvé la publication de cet ouvrage

ne lui sera pas nuisible sous le rapport de l'organisation gouvernementale, ni sous celui du commerce, parce
que la Turquie est la terre classique du laisser aller ou
du *statu quo*, et que les produits, comme la consommation, étant à peu près les mêmes il est difficile qu'un
intervalle de quelques années y ait amené des différences
marquantes.

C'est donc à cause des terribles évènements qui ont
récemment ensanglanté le Liban et Damas qu'on serait
en droit d'en chercher quelqnes explications dans cette
esquisse, par la raison que nul n'écrit sur un pays sans
connaître ce qui s'y passe et sans entreprendre de l'in-
terprèter.

Ainsi après avoir indiqué d'où venait la grande haine
des Druses contre les Chrétiens, leurs victimes en 1841
et 1843,[1] j'ajouterai ce que je publiai dans un journal,[2] en août 1860, sur les motifs qui, ayant reveillé
le fanatisme des Musulmans, les ont portés aux actes de
barbarie qui ont si douloureusement retenti en Europe.

Voici ce que j'écrivis alors :

« Dans un précédent article nous avons traité des
sentiments qui animent au Mont-Liban les Druses contre
les Chrétiens et nous avons dit que la malveillance des
Musulmans y puisait aussi ses inspirations de carnage,
quoiqu'ils en aient bien d'autres pour se livrer à leur
fanatisme dans les villes : témoins Alep et Djeddah. »

« Il est, toutefois, à propos d'expliquer en premier lieu
que les Druses ne sont devenus les amis des Turcs que
depuis qu'ils ont eu à combattre les Egyptiens leurs

---

[1] Voir au pachalik de Seyde, l'article sur le Mont-Liban.
[2] *La Gazette du Midi.*

ennemis communs , auxquels le concours des Maronites avait procuré la victoire sur eux, et qu'à ce motif d'aversion, que le Divan avait épousé contre les Chrétiens, s'ajoutait la crainte de les voir reprendre leur ancienne prépondérance en Syrie , ce qui lui faisait saisir tous les moyens de les affaiblir ; car , du reste , les Druses sont plus mécréants, aux yeux des Musulmans,que nos coreligionnaires et les Juifs, aux croyances desquels Dieu a donné, disent-ils, pour base un livre sacré, tandis qu'il n'en a accordé aucun aux autres.

« C'était avec trop de complaisance qu'on prônait, depuis quelque temps , les prétendues dispositions des Turcs, à prendre les allures de la civilisation occidentale, lorsque les événements de la Syrie sont venus arrêter brusquement nos bienveillants écrivains et leur ouvrir enfin les yeux sur le véritable esprit des Musulmans, tout ce qu'on avait accepté, jusque-là , comme preuve de leurs progrès dans cette voie ayant été reconnu être sans consistance et n'avoir rien changé à leur fond

Les événements que nous rappelons et que nous déplorons profondément , se présentent cependant à notre esprit comme des faits malheureusement logiques quoique affreusement révoltants.

« Une pareille thèse paraîtrait difficile à soutenir et pourtant elle est rationnelle , selon les Mahométans, chez lesquels les opinions religieuses ont encore moins changé que les idées et les mœurs

« Ceux qui connaissent la Turquie et ses lois savent que la religion de ce vaste Empire consiste en un livre (le Koran), et que, faute de pouvoir être *traduit* ou *expliqué*, il n'est *bien* compris que par très peu d'adeptes, et *mal* par le plus grand nombre, surtout parmi les Arabes qui le lisent moins difficilement, mais souvent sans le comprendre convenablement, ce qui les oblige à ne l'observer que dans son sens littéral.

« Le Koran est réputé divin. Un auteur a été jusqu'à dire que Dieu s'était fait livre. Les paroles qui le composent sont les paroles incréées de Dieu et ses préceptes directs à Mahomet, sur tout ce qu'il avait à commander aux croyants. Il s'ensuit que ses versets doivent être intégralement appliqués dans leur signification propre.

« D'après ce principe les musulmans admettent comme incontestablement vrai, tout ce qui est dans le Koran, et ils rejettent absolument tout ce qui ne s'y trouve pas. C'est ce qui en fait leur code légal unique sous tous les rapports, même politiques ou internationaux, car ce qu'on contracterait en dehors des prescriptions de ce livre serait caduc de fait.

« Le Koran est, en même temps, leur seul eucologe, et c'est en le lisant, réellement ou mentalement [1] qu'ils prient Dieu. M. Chauvin-Belliard a reconnu, dans son ouvrage l'*Islam*, que l'homme prie par l'entremise du Koran et non par ses sentiments propres.

« Mahomet a reçu la puissance de Dieu [2], mais il n'a pas été chargé de la transmettre à personne ; de sorte que nul n'a pu s'intituler le successeur légitime du prophète. Ce fut la cause des guerres qui survinrent

[1] En accomplissant le précepte des cinq prières quotidiennes, ils ne se servent pas de livre, mais à la dernière génuflexion, ils le figurent en tenant les deux mains ouvertes devant eux.

[2] « Seigneur, tu m'as accordé le pouvoir. » (Koran S. XII. v. 102.)

quelque temps après sa mort, malgré que ses compagnons en eussent assumé l'autorité par rang d'âge , en prenant la qualité de *Kalife* (vicaire), jusqu'au temps où Omar jugea plus convenable d'adopter le titre de prince des croyants, comme exprimant mieux ses fonctions de directeur des musulmans, puisque chaque nation doit avoir un chef.

« Ceux que les mahométans eurent par la suite durent se considérer , par le fait de leur présence au pouvoir , comme les élus de la divinité attendu que *Dieu donne la puissance à qui il veut.* [1]

« Il n'est pas moins vrai que l'invasion des Turcs a été doublement criminelle à l'égard des Arabes, dont ils effaçaient la nationalité tout en les dépouillant de la souveraineté, qu'ils exerçaient avec gloire, depuis plus de huit cents ans.

« Sans aller chercher dans le passé les actes d'insoumission des musulmans en général, au pouvoir du Grand Seigneur , nous pourrions citer les exemples que fourniraient la fin du dernier siècle et le commencement de celui-ci, alors que les provinces ottomanes étaient presque toutes en état de révolte contre le Sultan [2] , sans que cela répugnât le moins du monde à la conscience de ses sujets, tellement ils croyaient ne devoir obéir qu'à la force.

« Sous l'empire de la loi religieuse, les chrétiens forment le peuple conquis et, attendu qu'elle *abhorre* la violence, il est laissé le choix à ces infidèles de se convertir à l'islamisme, ou de se racheter par une capitation

[1] Koran II 248.

[2] On sait que le corps des jannissaires a régné trois cents ans en maître, même à Constantinople.

annuelle. Cela faisait appeler la taxe dont les chrétiens étaient passibles *kharadj* (affranchissement), et le billet délivré tous les ans aux contribuables portait en propres termes, *Dgéziet-erras* (rachat de la tête). [1] Ce tribut, caractérisant l'état de servage, se payait d'une manière relative à la position des personnes et il était, pour cela, divisé en trois classes. Quant à l'Européen, qui habite la Turquie ou la fréquente pour y exercer son industrie, il est exempt de contribution étant *mestamen*, résidant sous la foi des traités qui, nous le dirons en passant, ne sont jamais que des trèves [2], les souverains mahométans ne pouvant pas conclure une paix définitive avec les chrétiens.

« Au moyen de la prestation, ceux-ci avaient certains égards pour les musulmans qui, étant flattés des témoignages de déférence qu'ils recevaient, profitaient de ces prévenances et laissaient établir, entr'eux et les chrétiens, des rapports souvent plus avantageux aux protégés qu'aux protecteurs, généralement peu habiles et d'une pénétration bornée.

« Cet état de choses, qu'il eût fallu améliorer sans le changer, a été remplacé au gré de l'Europe par des dispositions anormales, parce que nous prétendons tout régler d'après nos idées, sans avoir égard aux lois et aux mœurs des autres peuples.

[1] Le principe de taxer les chrétiens est fondé sur le verset 19 de la 9e sourate..... « Faites la guerre à ceux d'entre les « hommes des écritures qui ne professent pas la croyance de « la vérité jusqu'à ce qu'ils paient le tribut, tous sans excep- « tions et qu'ils soient humiliés. »

[2] ... Gardez fidèlement envers eux les engagements contractés pendant toute la *durée* de leur traité. S. IX, v. 4.

« C'est ainsi que les plénipotentiaires de Paris ont voulu abolir toute distinction de religion et de race en Turquie [1] , et en imposant au sultan l'obligation de rendre un décret dans ce sens , ils ont obtenu le fameux *hatti-humayoum* , dont le traité de Paris a proclamé la haute importance , parce qu'il aurait produit de grands bienfaits si son exécution eût été possible.

« Selon la lettre du koran, le directeur des croyants n'a d'autorité à leur égard qu'à la condition de se conformer aux prescriptions divines , son pouvoir même pouvant être contesté [2]. Or , comment admettre le changement total que la diplomatie imposait imprudemment au sultan , et comment comprendre l'adhésion bénévole de celui-ci , à ce vœu de la civilisation européenne, avec le peu de soumission des populations qu'il gouverne et la privation de moyens coercitifs pour le faire respecter ? Nous avons suffisamment connu ce que sont les troupes ottomanes , surtout leurs chefs , et il est, d'autre part, déraisonnable de compter sur une police , même médiocre , dans un pays aussi étendu que la Turquie, avec une armée dont l'effectif ne s'élève peut-être pas à plus de 50 à 60,000 hommes, n'étant pas mieux nourris qu'habillés, et qu'on ne paie point !...

« M. Saint-Marc-Girardin, en écrivant un savant article sur le hatti-humayoum avait répondu à l'objection que le sultan et ses conseillers ne voudraient pas donner une

[1] Tout ignorants qu'ils sont , les Turcs ont bien su déclarer qu'on exigeait d'eux plus que les *Francs* ne pratiquaient dans leur propre pays , où les lois laissaient encore exister de nombreuses différences entre les croyances et ceux qui les pratiquent.

[2] C'est Dieu qui gouverne tout. X. 32

grande signification à cet acte: « Ce n'est donc qu'un mor-
« ceau de papier à amuser et à tromper les badauds eu-
» ropéens qui le liront! » Et croyant cependant à la sincé-
rité du souverain et de ses ministres, il a craint que « leur
« bonne volonté ne s'étendit pas au-delà des murs de Cons-
« tantinople. » Ce qui l'avait porté à conclure qu'il fallait
aux chrétiens d'Orient » des garanties contre le mauvais
« vouloir des fonctionnaires provinciaux. » Et il se demandait de qu'elle nature devaient être ces garanties; « Seront-
« elles indigènes ? Seront-elles européennes ? »

« On voit, d'après cela, que le mal était connu et le
remède prévu...

« Mais continuons notre examen.

« En abolissant la capitation , le sultan a virtuellement transgressé la loi divine, qui veut que les infidèles
soient soumis à un tribut , et c'est dèslors en vain qu'on
dira aux musulmans que de nombreux impôts pèsent
maintenant sur les chrétiens, » [1] — chose dont ceux-ci
se plaignent hautement — car ils répondront que le sultan et ses pachas faisaient des avanies à tous les sujets
ottomans, lorsque la taxe légale existait, et que si les nouvelles contributions ont remplacé les anciennes vexations,
la rançon capitale des *ghiaours* n'en est pas moins illéga-
lement abolie.

« Ne nous trompons pas, toutefois : le dépit des croyants
n'a pas précisément pour cause le chiffre des impôts exigés des infidèles c'est leur nature, puisque le Koran veut
qu'ils soient humiliés... Eh ! comment le seràient-ils en

---

[1] Leur assimilation aux musulmans les rend propres au service militaire , mais attendu qu'on ne veut pas d'eux cela les
oblige à une exonération très-coûteuse.

devenant les égaux des mahométants? Comment ceux qui jouissent depuis douze siècles d'une distinction marquée sous tous les rapports civils et somptuaires, se décideraient-ils, de gaité de cœur, à devenir semblables à ceux qu'ils ont considérés jusqu'ici comme leurs inférieurs, si ce n'est comme leurs esclaves, à l'égard desquels ils pouvaient tout se permettre. Nous aurions mille preuves à fournir à ce sujet si les faits les plus significatifs n'étaient venus fatalement à la connaissance du public.

« Notre erreur est, au surplus, de croire que les Turcs nous doivent de la reconnaissance tandis qu'ils n'ont pour nous que de l'indifférence, si ce n'est du mépris.

- « Voici comment ils raisonnent :

« Ils ont accepté notre concours dans la guerre contre
« les Russes, et nous les avons aidés à vaincre cette na-
« tion. Ils nous ont donc *permis* d'en partager la gloire;
« mais ont-ils eu besoin de nous pour résister à ces *bar-*
« *bares* sur le Danube et à Silistrie? »

« L'écrivain distingué que nous venons de nommer n'a-t-il pas dit, avec une grande vérité, que la Turquie a semblé croire que la guerre de Crimée avait été entreprise pour faire du sultan actuel un Mahomet II?

« Sans rien demander aux Francs, ceux-ci leur apportent tout ce qu'ils n'ont pas, en poussant la courtoisie jusqu'à leur donner de l'argent. Combien de centaines de millions la Turquie n'a-t-elle pas empruntés à l'Europe! En espère-t-on autre chose qu'une reconnaissance *sans fin*?

« Aux yeux des musulmans c'est la politique du sultan qui gouverne le monde et, au fait, c'est à ses désirs que les autres souverains se plient, car il ne leur octroie, en échange, que des écrits qu'il se dispense d'exécuter.

« Les Turcs ne vont pas en Europe: ce sont les Francs qui accourent en foule au Levant. Les Turcs induisent de cela que leur pays est préférable à ceux des autres. Quitte-t-on un bon endroit pour un mauvais? Non. Les Européens ne se bornent d'ailleurs pas à visiter la Turquie: ils s'y fixent et n'en sortent plus. N'est-ce pas la preuve qu'ils la préfèrent à leur patrie !

« Pour abréger les comparaisons auxquelles se livrent les musulmans, nous arriverons brusquement à celle qui leur fait dire :

« Nous n'avons eu qu'un prophète mortel, et cependant nous tenons à garder les deux villes qu'il a illustré par sa naissance et par sa sépulture; mais vous, Chrétiens, vous avez fait de celui qui était un puissant envoyé, le fils de Dieu et un Dieu même ; or, attendu qu'il avait le don des miracles, il n'est pas un coin de terre, par lui parcouru, qu'il n'ait sanctifié par ses innombrables prodiges.... Et pourtant l'Europe entière a échoué dans ses tentatives pour s'emparer de ces lieux sacrés, qui furent le berceau de sa croyance, et ce sont les musulmans qui en restent les heureux possesseurs ? N'est-ce pas encore là un argument irrécusable de la supériorité de leur puissance?

« Elle existe, au reste, doublement sous le rapport religieux, disent-ils encore, puisque Mahomet a été le complément des Prophètes, le Paraclet annoncé par l'Evangile !

« Objectera-t-on qu'il est dans le Koran des passages favorables aux chrétiens?..Nous répondrons qu'on ne raisonne pas avec les fanatiques lorsqu'ils sont fondés à s'en tenir aux textes qui leur conviennent, Mahomet les avertissant que parmi ses versets il en est *d'abrogés* et *d'abrogéans,* en sorte qu'ils ne font compte que de ce qui s'accorde avec l'esprit général de ce livre, ne s'arrêtant pas à certaines clauses exceptionnelles.

« Il y a , dans tous les cas, fort loin de la bienveillance qui serait exigée des musulmans comme *maîtres,* envers les chrétiens *esclaves,* à l'abnégation de tout droit par l'établissement d'une parfaite égalité entre les deux peuples, ce qui est considéré comme un crime, d'autant plus impardonnable, que non-seulement le sultan ne pouvait pas la promettre, [1] mais qu'il devait la refuser.

« Les évènements de la Syrie ont assez montré ce que des hommes étaient capables d'exécuter dans leur exaltation religieuse, sur la seule lecture de leur livre dont voici, pour finir , trois nouveaux échantillons:

« Tuez-les partout où vous les trouverez et chassez-les « d'où ils vous auront chassés. » S. II v. 187.

« Ils ont voulu vous rendre infidèles comme eux afin « que vous fussiez tous égaux !..... Ne formez point de « liaisons avec eux..,. Mettez-les à mort partout où vous « les trouverez. Ne cherchez parmi eux ni protecteur ni ami. » IV, 91.

« Les infidèles sont immondes. » IX, 28.

« Nous concluons, de tout ce qui précède, que ce ne seront jamais les promesses du divan qui pourront rassurer l'Europe à l'égard des chrétiens habitant la Turquie , et qu'il est urgent de chercher leur repos à venir dans l'adoption de moyens plus efficaces.

[1] Il n'est pas permis de douter qu'Abdel-Medjid n'ait consulté le divan des Ulémas sur un point de cette importance , mais il serait assez vraisemblable de croire que pressé par ses hauts alliés, envers lesquels une juste reconnaissance l'engageait vivement, il ait passé sur son avis peu concluant.

ESQUISSE

DE

L'ÉTAT DE LA SYRIE.

CONSIDÉRATIONS GÉNÉRALES.

 Une des provinces les plus fertiles, les plus peuplées
et les plus célèbres de l'empire ottoman, fut incontestablement la Syrie; mais déchue aujourd'hui, sous ces trois
rapports, elle est réduite à sa fécondité naturelle, à un
nombre d'habitants aussi restreint que dans les autres
contrées de la domination turque, et quant à sa renommée, pouvons nous cacher que tout récemment encore
de fâcheux évènements ne soient venus y ajouter leur
regrettable éclat ! [1]

 Ses limites sont tracées : au nord, par le Taurus, dont
les rameaux traversent le pachalik d'Alep; à l'est, et à
l'ouest, par le désert et la mer ; au sud, par la ligne qui ,
partant des points séparant l'Asie de l'Afrique, vient abou-
tir aux montagnes de Judée, formant la prolongation des
deux chaînes qui traversent la Syrie, dans presque toute
sa longueur : la première se rapprochant de la côte par
des pentes plus ou moins courtes, plus ou moins escarpées;
la seconde se joignant à d'autres montagnes, ou au désert
par des penchants qui se terminent en plaine. Celle-ci bi-
furque un peu au-dessus du 33ᵉ degré pour former l'immense bassin du Jourdain.

[1] Cette réflexion n'a rapport qu'aux massacres de 1841 et 1843,
pour ceux de 1860, voir la page 15 de la préface.

Selon Strabon la Babylonie a fait partie de la Syrie, puisqu'elle s'était étendue du golfe Issicus jusqu'au pont Euxin.

Les Turcs, qui n'ont jamais été innovateurs, ont conservé la division qu'ils étaient parvenus à y établir au fur et à mesure qu'ils en faisaient la conquête.

Une réorganisation est cependant nécessaire, autant pour doter la Syrie d'une bonne administration, que pour en mieux régler la centralisation.

Fertilité. Les cours d'eau que fournissent les montagnes, et de nombreuses sources, ajoutent à la fécondité des bonnes terres du pays, sous une température des plus heureuses.

Aussi n'est-il sortes de cultures, à laquelle ce terroir ne soit propre avec ses divers climats, la Syrie s'étendant du 31e au 37e dégré de latitude, et présentant par ses montagnes des régions élevées et tempérées.

C'est en prenant à la lettre l'opinion des naturalistes, qu'Ibrahim-Pacha avait crû pouvoir se passer de l'Yémen, de la France et de l'Italie, pour le café de Moka, le vin de Bordeaux et l'huile de Lucques.

La prospérité écoulée de la Syrie est attestée, par ses anciennes et grandes villes, par les monuments qu'on y voit encore, quoique en ruines, et par son histoire.

Mauvaise administration. Pour ce qui est de son état actuel on doit l'attribuer, sans le moindre scrupule, à la mauvaise administration que Volney avait qualifiée *d'ennemie de toute activité et de toute industrie,* tandis que Chateaubriand a reconnu, plus explicitement, que sous *l'autorité turque peu d'années suffisent en Syrie pour que le terrain le plus fertile devienne désert.*

Son tort n'est pas seulement d'être cause que les

produits d'une province, jadis si riche, aient insensiblement diminué, mais surtout d'en avoir laissé réduire la population, parce qu'avec des bras, de la tranquillité et de la confiance, les terres fécondées donnent toujours d'abondantes récoltes, tandis qu'en les délaissant on n'en obtient que des ronces.

Les pays ne sont pas cultivés en raison de leur fertilité, a dit Mirabeau, mais en raison de leur liberté.

Le gouvernement n'a pas été sans reconnaître ce que l'état de son pays avait de fâcheux, et répondant au vœu de ceux qui soupiraient après une amélioration, généralement désirée, il était entré dans la voie des amendements, mais l'énergie lui a manqué pour mener son œuvre jusqu'au bout.

Tant que l'esprit de réforme a présidé à l'administration de l'Empire, les débuts autorisaient de consolantes espérances ; mais depuis que l'opinion contraire a prévalu on doit craindre que l'état présent ne se perpétue, et qu'il n'affaiblisse toujours plus la population de la Syrie en réduisant ses produits.

 J'ai dit que l'ancienne division de cette province, par Pachaliks, subdivisés eux-mêmes en arrondissements, avait été maintenue, le seul changement qu'on y ait apporté ayant été l'abolition de l'ancienne hérédité des chefs.

Le vieux régime perdant son bon côté n'avait conservé que ses vices, comme les guerres que les pachas étaient continuellement obligés de faire à leurs vassaux, souvent plus forts qu'eux surtout lorsque l'intérêt général les portait à s'entendre, tandis que leur habitude était de vivre dans une sorte de mésintelligence.

C'est ainsi que la Syrie avait constamment nourri parmi

les différentes nations qui l'habitent, des partis hostiles à l'autorité qui, dès lors, parvenait difficilement à les tenir en échec.

Nations en hostilité avec l'autorité.Les musulmans des arrondissements intérieurs, les Arabes Bédouins, les Nesséïris, les Métoualis et les Druses ont toujours bravé le pouvoir des pachas, et comme ceux-ci étaient souvent sans moyens suffisants de les réduire, appellant à leur aide les ruses et les vexations, ils préludaient par ces deux voies aux désastres que la guerre devait enfin produire ; parce que toutes les fois que le pouvoir avait le dessus il traitait les vaincus et leurs propriétés avec la dernière rigueur.

C'est à la suite de ces affreuses circonstances, que la haine s'allumait dans le cœur des populations. et qu'elle était entretenue par les injustices qu'on ne cessait de leur faire éprouver.

Caractère du peuple.Le peuple est en Syrie, comme partout ailleurs, foncièrement bon, honnète et juste ; mais comme dans les autres pays aussi, il ne faut pas attenter à ses droits, le violenter, surtout le blesser dans ses principes religieux, ses mœurs, même ses préjugés. Mais dans son humeur dévastatrice l'autorité turque était loin d'user d'aucun ménagement à l'égard des nations jugées par elle comme infidèles. [1]

Domaine public.Les droits de guerre, d'héritage et surtout de spoliation, avaient fait aux sultans de Stamboul, un vaste domaine en Syrie et pour l'utiliser ils en cédaient des parcelles à des partisans ou à de simples individus, qui prenaient

---

[1] Voir ce qui est dit au sujet des Nesséïris à l'article Pachalik de Tripoly.

des engagements militaires analogues à l'esprit du temps.
Sollicités aussi par des chefs de grandes familles, ou des
personnages, ils leur donnaient des propriétés à titre de
Melkané, (fief) moyennant une redevance fixe, très-modi-
que. Le reste du domaine était affermé à des particuliers,
et tous ces biens dépérissaient parce que les détenteurs
se bornaient à les ensemencer sans y faire aucun travail
d'amélioration.

Les institutions féodales étant abolies dans l'empire, et
le gouvernement ottoman ayant reconnu que la cession
de son domaine aux grands du pays causait plus de vexations aux habitants de la campagne que ceux-ci n'en
éprouvaient de la part des autorités constituées, il serait
temps que le sultan s'occupât du moyen de rendre plus
profitables les immenses terrains qu'il possède en Syrie,
puisque leur mauvais état actuel est dû à ce qu'ils sont
tenus en friches ou faiblement cultivés.

Ces biens devraient être vendus dans chaque localité,
par lots et à l'enchère publique, afin qu'en passant entre
les mains des particuliers ils acquièrent toute l'importance
qu'ils promettent. Le gouvernement en retirerait la dîme
et ce droit, autrement avantageux que ce qu'il obtient
maintenant, augmenterait en proportion des améliorations
qu'on atteindrait.

La reprise des fiefs est, d'ailleurs, une mesure des plus
urgentes : 1° à cause que les feudataires exercent la plus
dure tyrannie sur les paysans, entretenant des gens armés qu'ils envoient dans leurs biens pour y surveiller
prétendument les travaux ; 2° par la raison que dans la
crainte de s'en voir déposséder, ils engagent les autorités, même celles militaires, à y prendre part.

Les membres du divan d'Alep, leur firent adjuger, en 1845, la plupart des terrains qui étaient à affermer.

Le moyen proposé n'aurait pas seulement l'avantage de favoriser l'agriculture et de repeupler les campagnes d'habitants attachés au sol par la propriété, mais celui aussi — et ce ne serait pas le moins important — d'empêcher les émigrations, parce que les gens désœuvrés, ou ne pouvant servir que des maîtres injustes, préfèrent quitter leurs pays, plutôt que d'y vivre avec la seule perspective d'une continuelle infortune.

Ce moyen aurait, en outre, pour heureux résultat de rétablir la confiance publique, parce que la propriété acquise du gouvernement se trouverait être garantie, et qu'on promettrait au nouveau possesseur toute la protection du pouvoir.

Pour rendre l'amélioration plus prompte, plus efficace, la vente pourrait être ordonnée sous la condition de faire des plantations selon la nature des terrains.

Avec le retour de la confiance, viendraient les nouveaux procédés pour remplacer ou améliorer les anciens, que ces populations ont conservés dans leur apathie expliquée en quelque sorte par leurs malheurs.

Population. D'après le tableau nᵒ 1 [1] le nombre des habitants de la Syrie est de 1,791,076, les Bédouins insoumis exceptés, aucun voyageur ne s'étant encore hasardé à les comprendre dans ses investigations, qui, à son égard, seraient aussi vagues que le désert qu'ils habitent.

Volney n'a fait monter cette population à 2,305,000 âmes qu'en donnant 1,200,000 habitants à Damas, et cela en y comprenant les Arabes errants pour 700,000, ce qui fait que son calcul s'accorderait avec le mien.

1 Voir à la fin de l'ouvrage.

Les différences qui paraissent exister dans le chiffre des provinces [1] proviennent des changements qu'elles ont subi dans leurs délimitations, ce qui a augmenté les populations des unes et diminué celle des autres.

Une statistique raisonnée de la Syrie, fruit des longues recherches de M. le docteur Bowring, rapporte plusieurs opinions sur le nombre probable des habitants de cette province,

M. le colonel Campbell l'avait composé de :

997,000	Musulmans.
22,000	Nesséïris.
17,000	Métoualis et Yézidis
48,000	Druses.
260,000	Catholiques et Maronites.
345,000	Grecs.
175,000	Juifs.
Total... 1,864.000	Habitants.

Or, en retranchant ce qu'il y a d'excessivement exagéré dans les deux derniers chiffres, on arrive à un résultat assez rapproché de mon tableau.

L'autorité égytienne, qui occupait la Syrie lors du voyage du savant statisticien, avait mis à sa disposition les renseignements que l'administration possédait seule ; aussi le docteur Bowring put-il établir ses calculs sur les meilleures bases officielles qu'offrait ce pays, dans lequel on ne se pique pas de régularité.

Les calculs du docteur Bowring par districts, et sur le nombre de contribuables, sont ceux-ci :

[1] Comparées au chiffre de celles de Volney.

	Musulmans.	Chrétiens.	Total.
Jafa . . .	44,498	2,936	47,434
Montagne de Naplouse 18,218 contrib.			
Seyde . .	28,944	36,716	65,660
Mont-Liban 38,494 cont.			
Tripoly .	34,874	6,803	41,677
Damas . .	85,783	15,926	101,709
Ville 22,819 cont.			
Alep . . .	55,644	15,614	71,258
Ville 15,497 cont.			
	249,743	77,995	327,738

Reprenant ensuite les chiffres ci-dessus, dont quelques-uns sont indiqués hors ligne , il fait ce calcul :

Montagne de Naplouse	18,218
Idem du Liban. .	38,494
Total. .	56,712 familles à 4 individus font 226,848
Ville de Damas. . . .	22,819
» d'Alep.	15,497
Autres pays.	232,710
Total. . . .	271,026 famil. à 3 1/2 948,891
Total.	1,175,439

Par une autre opération, dans laquelle la population du Liban est seulement multipliée par 4 et celle des autres pays par 3 1/2, il obtient un résultat de 1,160,530.

Donnant après cela 5 individus à chaque famille du Liban et 4 à celles des autres pays, son total se compose des deux chiffres suivants :

Mont Liban.	192,470
Le restant de la Syrie.	1,156,976
Total. . . .	1,349,446

J'établis, quant à moi, que chaque contribuable représente en moyenne cinq individus, parce qu'il n'est presque pas d'homme qui ne soit marié et qu'il est de nombreuses exemptions. Ainsi, avec les 327,738 imposés, je forme le nombre de 1,638,690, qui diffère peu de celui du tableau.

A la suite de nombreuses recherches et d'après sa supposition, que la population de la Syrie était de 2 millions 500,000 âmes, Volney obtint, terme moyen, 475 habitants par lieue carrée, tout en reconnaissant que certaines contrées étaient plus peuplées que d'autres; ce qui lui fit adopter deux catégories, soit 900 âmes par lieue carrée dans la première, composée des pays des Maronites, de Naplouse, de Hasbeya et autres lieux, et environ 400, dans la seconde, comprenant le territoire d'Alep et la majeure partie de la Syrie.

riculture. L'état d'abandon dans lequel se trouve le pays, sous le rapport de l'agriculture, n'est pas seulement relatif aux biens domaniaux, puisque ceux des particuliers ne sont pas mieux cultivés, les travaux qui s'y font ne se composant que des semailles et des plantations dont les récoltes s'obtiennent en peu de temps.

Aussi, à l'exception de quelques quartiers moins ravagés que d'autres, la Syrie est assez dépourvue d'arbres et des contrées entières en sont totalement privées.

La répugnance de ceux qui savaient qu'à chaque guerre intestine — très fréquentes autrefois — le premier acte des troupes occupant le pays était d'en couper les arbres, est facile à concevoir; ce qui faisait qu'on ne voyait jamais remplacer les oliviers, pas plus que les autres espèces ne donnant des fruits qu'au bout d'un grand nombre d'années.

Les paysans se voyant également incendier leurs maisons, ne les rétablissaient que dans des proportions restreintes et d'une manière plus simple à cause de leur précarité.

La vie des habitants de la campagne se passait ainsi dans une continuelle anxiété, causée par les appréhensions que leur donnaient les autorités et les feudataires leurs voisins, auxquels ils faisaient souvent la guerre, de même qu'aux arabes bédouins dont les incursions étaient incessantes dans tous le pays, présentant son large flanc au désert.

Ils ne vivaient donc qu'au jour le jour avec une abnégation, une indifférence qu'on aurait pu prendre pour du stoïcisme, si ce n'avait été l'effet de la terreur qui les dominait.

Un moral aussi profondément affecté devait donc leur faire apporter la plus grande négligence dans leurs travaux, puisque la préoccupation de ces périls toujours imminents les accompaguait partout.

Il faut avoir voyagé en Syrie pour se faire une véritable idée de l'aspect désolant de ce pays, soit qu'on le juge d'après ses champs, ses villages, ou ses habitants.

Je veux croire que les événements malheureux qui, dans l'empire ottoman, étaient à l'état normal, n'y seront plus qu'accidentels, mais ne suffit-il pas qu'un mal soit possible pour qu'on s'en croie continuellement menacé? La peur ne se raisonne pas, dit-on, et comment apaiser, d'ailleurs, les gens qu'une longue série de malheurs ont attérrés? Pour les rassurer il faudrait qu'un certain nombre d'années de tranquillité vinssent les affranchir de leurs craintes et faire naître en eux la confiance, mais s'en passe t-il une seule sans quelque évènement tragique ? En 1850 le massacre des Chrétiens d'Alep, par les musulmans de la ville et des environs, donna lieu aux plus terribles châtiments et après leurs continuelles réactions contre les Maronites du Liban, les Druses se soulevant ont été rebelles à l'autorité dans le *Hauran*, infestant toutes les routes de la côte à Damas, sans compter que les Bédouins n'ont pas renoncé au brigandage qu'ils exercent dans le pays qui leur est pour ainsi dire abandonné.

L'entière cessation de ces désordres donnerait sans doute à l'agriculture le développement qui lui manque et l'industrie reprendrait aussi une partie de son ancienne activité.

A ces motifs de découragement il faut, cependant, ajouter le principe vicieux de la levée des impôts, comme n'étant pas seulement contraire à l'accroissement des productions territoriales, puisqu'il empêche d'introduire dans ce pays quelques-unes des inventions qui honorent l'Europe, autant qu'elles en assurent le bien être.

Je ne puis entrer dans de grands détails sur la manière dont la dime est perçue en Syrie, devant me borner à assurer qu'elle est abusive. L'arbre à fruits le plus chargé est choisi par l'exacteur pour régler la quote générale, et sur un tas de grains l'estime est faite arbitrairement.

Je dirai au surplus, que les impôts prélevés au nom du gouvernement sont à eux-seuls une charge si lourde qu'il suffira de les connaître pour s'imaginer la gêne que doivent causer les frais accessoires.

Les produits agricoles, que les récoltes donnent, sont

généralement soumis à la dime, ou dixième, ce qui fait 11 pour 0/0.

Les céréales et les légumes destinés à la consommation intérieure jouissent seuls de la franchise de tous les autres droits, mais s'ils sont expédiés au-dehors ils deviennent passibles de 12 pour 0/0 de douane.

Les divers produits, tels que la soie, le coton, l'huile, le tabac, le sésame, etc., acquittent :

à la récolte, la dime, soit   11 0/0.
à l'entrée dans les villes, le droit de consommation, 9
et à la sortie par terre ou par mer, la douane   3
                                                        ———
                                        Total. . . . . 23 0/0.

Les habitants de la campagne payent, en outre, l'impôt foncier et le droit de capitation ou personnel.

Produits.   J'ai eu autant de difficulté à connaître les principales productions du pays, que les autres matières de cette Esquisse, de sorte que je ne les propose, à ceux qui s'occuperont à l'avenir de statistique en Syrie, que comme point de départ ou de comparaison.

Les grands produits de la Syrie, en dehors des céréales, se calculent sur les quantités suivantes :

Tabac, . .	de	8,000	à	11,300	Quintaux.
Coton . . .	»	10,000	»	11,600	id
Huile . . .	»	40,000	»	49,000	id
Soie	»	700	»	830	id
Laine . . .	»	4,000	»	4,500	id
Sésame . .	»	55,000	»	39,000	id

Un négociant bien informé est pourtant d'avis que ces productions peuvent s'élever dans les bonnes années.

Le tabac. . .   à   8,900   Quintaux
L'huile . . .   »   112,000   id.
La soie . .   »   1,500   id.
La laine. . .   »   4,725   id.
Le sésame. .   »   41,700   id.

D'après M. le Dr Bowring , la Syrie produit:

en Coton. . .   de   9,900   à   11,400   Quintaux.
» Soie . . .   1,557   quint.   en   moyenne
» Laine . .   1,750   id.   id.
» Huile . .   20.000   quintaux.

Le colonel Campbell a fait monter la récolte de la soie à 1,700 quintaux, celle du coton, à 3,600 qx. et celle du tabac, à 10,700.

Il repartit ainsi la récolte de la soie :

Seyde . . .   100   quintaux
Beyrout . .   200   id.
Tripoly . .   100   id.
Le Liban. .   700   id.
Damas. . .   70   id.
Lattaquie .   30   id.
Antioche . .   500   id.

Il n'a donné au sésame récolté en Syrie, que l'importance de 3 à 4 chargements, parce que de son temps l'Europe n'avait pas encore découvert que l'huile extraite de cette graine était propre à la fabrication du savon , pour laquelle on n'employait que l'huile d'olive; de sorte que sa culture s'est répandue en raison de la facilité qu'on a eu de placer cette graine et du bénéfice qu'elle a donné.

L'accroissement excessif de cette culture est une preuve de la possibilité d'étendre toutes les autres, la Syrie étant susceptible d'un produit au moins décuple à la seule condition d'y être encouragée par la tranquilité.

La récolte annuelle des tabacs en Syrie présente, d'après un document publié par M. le Ministre du commerce [1] les résultats suivants :

Lieu	Sorte	Ordre	Prix.		Poids.	Piastres.	Francs.
SEYDE	Salibé, 1er mai		2.35	66	32,400	93,150	21,384
	Tanoué, 2		2.15	55	162,000	384,750	89,100
	Takibé,		1.30	40	54,000	94,500	21,600
SOUR	Salibé 1er		2.35	66	216,000	621,000	142,560
	Tanoué, 2e		2.15	55	108,000	256,500	59,400
	Takibé 3		1.30	40	36,000	63,006	14,400
TRIPOLY	Gebéil	1er	11. 5	2.55	54·000	600,750	137,700
	Gebéil	2e	10. 9	2.35	90,000	920,250	211,500
	Koura	1er	6	1.37	90,000	360.000	123,300
	Koura	2e	2 30	64	144,000	369,000	92,160
LATTAQUIE	Abouriha	1er	12.10	2.80	126,000	1543,500	352.800
	Abouriha	2e	8.	1.90	90,000	720,000	171,000
	Chek-el-bené,		5.	1.45	5,400	27,000	6,210
	Baierli,		3·	72	121,000	363,000	87,120
	Djedar.		3.30	85	163,000	614,250	138,550

Industrie. L'industrie est encore plus entravée que l'agriculture, puisqu'on calcule que les droits acquittés sur les matières qu'elle emploie, peuvent être estimés à 50 0/0 de leur valeur. J'en donnerai le détail à la rubrique d'Alep, parce que c'est là qu'une certaine quantité de métiers entre-tiennent un reste d'activité, luttant encore contre tant de causes qui depuis bien longtemps auraient dû l'anéantir.

L'industrie générale de la Syrie était, autrefois, la filature du coton pour le tissage des toiles, mais depuis que les machines à grand moteurs ont fait renoncer aux rouets en Europe la Syrie, qui filait pour l'exportation, ne les a conservés qu'en proportion de ses besoins, et encore est-il des tisserands indigènes qui emploient aussi les cotons filés étrangers, comme étant moins chers et plus égaux que ceux du pays.

¹ Les prix qui sont ceux du premier achat sur les lieux dit ce document, ont été calculés au change de 165 paras pour un franc.

Une autre industrie, assez répandue, est celle des fabrications de tissus en laine et en crin, pour lesquelles ces deux matières sont également préparées par les Syriens. Ils se font ainsi leurs habits, sacs, tapis et toiles pour tentes de campements.

Il est, en outre, des ouvrages qui, tenant à la localité, seront décrits dans le courant de cette Esquisse.

Si l'agriculture et l'industrie étaient dégrévées d'une partie des charges qui les écrasent, elles pourraient prospérer sans prendre toutefois beaucoup d'extension, peu de capitaux étant engagés dans la spéculation, la prohibition absolue de tout intérêt, sur les prêts d'argent, ne permettant d'en trouver qu'au moyen d'emprunts clandestins qui ruinent plutôt qu'ils ne soulagent.

Deux inconvénients naissent de cet état de choses : la parcimonie des habitants et l'enserrement des capitaux.

On ne dépense qu'en raison de la facilité de gagner et en proportion des bénéfices; d'un autre côté on ne prête que d'une manière relative à la confiance qu'inspirent les emprunteurs. Mais qu'elle que soit la sûreté des personnes, elle est bien affaiblie dans un pays où la justice manque à certains égards. Il s'en suit que c'est en cédant à l'appat d'un gros intérêt que le capitaliste se décide à livrer ses fonds, parce que devant courir des risques et ne pouvant pas échapper à tous, il lui faut des compensations analogues.

Ces inconvénients, en empêchant bien des spéculations, privent le pays et l'état des avantages qu'ils en retireraient.

Le principe sur lequel la défense de tout intérêt est basée équivaut à la complète abolition du prêt, et elle est la cause du rétrécissement des affaires, de même que celle des opérations secrètes entreprises à des conditions onéreuses, ce qui, en les empêchant le plus souvent de réussir, amène la ruine des spéculateurs. Conçoit-on, qu'en temps ordinaires, on puisse gagner de quoi vivre et payer 30 à 40 p. 0/0 d'intérêt ?

Mouradja d'Ohsson, qui a si bien connu les Turcs et leur gouvernement, a conseillé à celui qui tentera de réformer cette nation de s'écarter avec prudence du fanatisme et de l'irréligion et de combiner son plan sur les principes d'une sage modération. « Seul moyen « politique, dit-il, de réprimer chez les peuples les « abus de la religion et les vices du gouvernement, « d'épurer à la fois et le culte et l'administration, de « faire enfin concourir et l'autorité et la doctrine à la « prospérité de l'Etat, à la gloire de ses chefs et à la « félicité réelle de tous les individus. [1]

Le Sultan a donc besoin de traiter avec son conseil et son peuple, dans les voies de conciliation indiquées par d'Ohsson, pour éviter les extrèmes ; car si l'autorité a pu amener le corps des Ulémas à reconnaître le principe des quarantaines, qui était également opposé à la *lettre* du Koran, elle pourra espérer de lui faire comprendre ce qu'il y a d'impolitique dans la prohibition absolue de l'intérêt, source de tant de maux dans ce pays.

Ce principal obstacle étant surmonté, les autres, tous accessoires, ne présenteraient plus que des difficultés qu'une loi applanirait facilement.

L'agriculture et l'industrie, qui languissent par le

---

[1] Tableau de l'Empire ottoman.

défaut de confiance et de capitaux, ne seraient plus empê-
chées dans le développement qu'elles aspireraient à prendre, du moment que le gouvernement aurait opéré sa
réorganisation bienfaisante, parce qu'on pourrait emprunter publiquement; ce qui ferait cesser les hauts intérêts
exigés, à cause des dangers à courir, malgré que les
prêts ne s'opèrent que sur des gages valant le double
de la somme avancée.

En proclamant la légalité de l'intérêt le Sultan donnera,
dans son pays, un élan immense à la spéculation et lorsqu'une entière confiance sera rétablie l'introduction de
quelques-unes des institutions qui rendent de si grands
services en Europe ne se fera pas attendre.

Il est pénible de penser que tandis qu'on ne peut être
secouru dans son industrie en Orient, si ce n'est avec la
perspective de se ruiner, l'Europe est couverte d'entreprises plus utiles les unes que les autres.

Le devoir d'un souverain est pourtant de régler, par de
sages lois, tout ce qui peut devenir l'objet d'une tran-
saction entre ses sujets, au lieu de livrer, comme il a
fait jusqu'ici, l'élément le plus délicat de la fortune publique à l'arbitraire des usuriers.

Les vices inhérents à la constitution gouvernementale
ont enfanté les abus qu'il était si naturel de voir naître,
dans un pays si mal administré, et je dirai qu'il faut
ajouter aux nombreux désavantages frappant les diverses
industries, faiblement exercées dans les villes, les vexations que l'agriculture et le commerce éprouvent au dehors, les centres de population, à l'intérieur, étant séparés
par des déserts entièrement livrés à la rapacité des arabes insoumis.

D'après tout ce qui vient d'être exposé je puis accuser hautement le gouvernement d'être la cause de l'état auquel l'industrie et l'agriculture se trouvent réduites , tout en donnant pleinement raison aux habitants , qui se sont astreints à ne travailler que pour vivre , car s'ils se fussent occupés davantage ils se seraient attiré des souffrances en proportion de l'excédant de leurs produits.

C'était leur conviction et je ne les en blâme pas ; mais ce que je condamnerai c'est la ruse et la mauvaise foi auxquelles ils prétendent avoir dû recourir pour combattre l'injustice des autorités , parce qu'ils ont exercé ces vices envers tous , sans que le moindre motif en légalisât l'usage , même à leur point de vue.

Un autre faux principe, dérivant de la loi musulmane [1] , est celui qui fait dépendre la validité des billets chirographaires non de l'écriture, du seing ou du cachet du débiteur , mais de la déposition affirmative de témoins musulmans , si le contractant est de cette religion ; parce que la chicane y trouve une porte toujours ouverte , la loi admettant aussi que l'opposition d'autres témoins peut détruire l'effet du billet ; faculté on ne peut pas plus dangereuse dans un pays où le juge est toujours en faveur des croyants contre les infidèles, ou les faibles, à moins qu'on n'achète sa bienveillance à prix d'argent ou de cadeaux.

[1] La loi c'est le Koran, que les Mahométans prétendent avoir tout réglé , quoiqu'ils s'en rapportent pour ce qu'il a omis, aux préceptes de la tradition et que dans les cas embarrassants les juges aient recours aux Pandectes de Justinien. L'art. 282 de la seconde Sourate, a tracé la règle à suivre pour le concours des témoins.

C'est dans les cas de faillites que la justice est surtout blessée de voir les créanciers mahométans préférés aux Chrétiens, même aux Francs, et que par suite d'un passe-droit ils deviennent des créanciers privilégiés à l'égard des autres.

Le plus grand tort des musulmans, par rapport aux nations qui les fréquentent, est de les regarder comme leur étant inférieures et de vouloir que la raison de religion prévale, en toute occasion, pour leur valoir un privilège exclusif.

Il est vrai que les personnes qui ont su dissimuler leurs véritables sentiments, dans leurs relations avec eux, n'ont eu qu'à s'en louer, et que d'autres profitant de la bonhomie de quelques-uns — et c'est le petit nombre — ont fini par les tromper, d'où il est résulté que les mahométans aussi ont établi des catégories, et qu'en citant les négociants français, surtout les anciens, comme étant des modèles de vertu, ils déclarent que la conduite de certains autres les a obligés à user de méfiance.

Si dans leurs prétentions les commerçants syriens se bornaient à exiger notre déférence pour leurs coutumes et même leur morgue, on trouverait assez de fond dans le caractère français pour en faire les frais ; mais d'après la suprématie qu'ils s'arrogent ils veulent être crus sur parole, eux et leurs coreligionnaires, lors même qu'il existe des écrits contraires.

On conçoit ce qu'un pareil privilège aurait de dangereux, dans un pays ou presque toutes les affaires se traitent verbalement, les Turcs n'ayant pas l'habitude de nos écritures et les billets, qu'ils sont contraints de faire dans quelques cas, n'étant valables, comme je l'ai déjà dit, que par le seul concours des témoins.

C'était pour prévoir les cas de décès ou d'oubli, de l'un de ces instruments indispensables des actes, que les négociants français avaient toujours multiplié le nombre des témoins dans leurs écrits avec les gens du pays.

La validité des obligations dépendant ainsi de la bonne foi des débiteurs quelques-uns, sans les nier, sont peu jaloux de les retirer, même après les avoir presqu'entièrement acquittés, parce qu'ils n'y laissent exister un solde qu'avec l'arrière pensée de ne pas le payer.

La loi turque encourage d'autant plus les mauvais payeurs qu'elle ne les condamne jamais à un dédommagement envers les créanciers, à cause de la défense rigoureuse de tout intérêt par le Koran.

Par leur prévoyance les négociants, qui doivent faire crédit, exigent que la compensation soit comprise dans la somme avancée ; mais qu'arrive-t-il ? le contractant n'a demandé un terme court que pour payer l'intérêt relatif, et comme il n'est contraint qu'au bout de quelque temps — la Syrie étant la terre classique des faux-fuyants — il ne se trouve acquitter en définitive que le tiers ou la moitié de l'intérêt convenu.

Il est maintenant question, d'un code spécial qui réglera les matières commerciales et d'un tribunal composé de négociants de toutes les nations qui en fera l'application [1], ce qui promet un état de choses à l'avantage de la généralité : la parité de droit, l'équité et l'ordre reclamés depuis si longtemps, pour faire disparaître les abus monstrueux exploités au profit de quelques individus.

[1] **Ce tribunal est en pleine activité à Beyrout. Voir plus loin.**

La religion étant partout liée à la politique, on ne peut douter que les dogmes pratiqués par les musulmans n'aient été une des principales causes de la décadence de leur nation. Or, s'il fallait une raison de plus pour admettre cette opinion on la trouverait dans l'aptitude que présentent les Chrétiens, pour les arts industriels, malgré le mépris et les autres désagrements auxquels ils sont exposés en Turquie.

Il est, en effet, digne de remarque que parmi les sujets du même prince ceux qui, loin d'être encouragés, sont le plus maltraités par la loi du pays, à cause de la différence de religion, soient les plus propres aux conceptions d'esprit, à l'application des inventions qu'elles leur valent, ou seulement à la perfection ou, pour parler plus exactement, à une meilleure exécution des arts qu'ils exercent.

Les célébrités en poésie, en compositions bureaucratiques, en calculs, en finances, surtout en quelques sciences, se présentent cependant à l'état d'exception, même chez les Chrétiens et j'ajouterai qu'elles sont rares.

Ce qui sert à merveille ces gens là, c'est leur esprit naturel, un grand bon sens et puis cette finesse ou ruse qui paraît être leur partage.

ministration. Ce que j'ai dit jusqu'ici de l'administration est trop mérité pour que je puisse discontinuer de la blâmer, maintenant que je vais m'en occuper d'une manière plus spéciale, quoique ce ne doive être que brièvement : 1° parce que je n'entends pas m'ériger en censeur, ou réformateur; 2° par la raison que j'ai l'espoir, autant que le désir, que le gouvernement du Sultan prendra enfin la résolution de mettre un bon ordre dans son pays.

Pour empêcher que les pachas ne se livrassent, comme autrefois, au despotisme on leur avait enlevé le pouvoir discrétionnaire et de plus on les changeait à des époques peu éloignées, ce qui faisait que ne voulant pas fournir eux-mêmes un motif de rappel plus rapproché, ils employaient le plus de zèle qu'ils pouvaient, afin que le chiffre de l'impôt recueilli ne les accusât pas d'incapacité, s'ils le rendaient inférieur à celui de leur prédécesseur, qui n'avait reçu aucun reproche sous ce rapport.

L'intérêt des exacteurs étant lié à celui des gouvernants, qui désiraient recevoir beaucoup, c'était tant pis pour ceux dont une cause quelconque faisait manquer, ou réduire les récoltes, car du moment qu'une somme était demandée il fallait qu'on la payât.

On avait cru les percepteurs embarrassés de commettre des exactions depuis que l'impôt n'est plus réglé sur la valeur des terrains et qu'il se perçoit en dîme, mais ils disposent, comme je l'ai dit, de tant de ruse qu'ils peuvent se passer des moyens vexatoires que le nouveau règlement leur a enlevés; aussi les paysaus n'ont-ils qu'un désir, lorsqu'ils voient venir leurs hôtes importuns — toujours nombreux pour mieux faire la loi — c'est de s'en débarrasser un moment plutôt, en souscrivant à tous les sacrifices qu'ils leur imposent, de crainte d'en éprouver de pires.

On peut dire, en résumé, que les cultivateurs retirent tout au plus, année commune, le dixième de leurs récoltes.

Il est vrai que de bonnes mesures ont été prises en différents temps; si ce n'est que le sort des meilleures dispositions en Turquie est encore d'y mourir à peine nées, et cela par la faute des autorités qui, les faisant publier et promettant de les mettre à exécution, les laissent pourtant tomber en désuétude.

L'administration turque est trop simplifiée. Son autre défaut capital est de n'être soumise à aucun contrôle, de façon que les actes répréhensibles des Pachas et de leurs subalternes restent presque toujours inconnus, et par conséquent impunis.

Mieux organisé et plus sagement administré l'empire ottoman, qui n'a cessé de jouir d'immenses ressources, produirait encore assez d'éléments de prospérité pour lui permettre de tenir, d'une manière plus marquée, sa place au rang des puissances de l'Europe civilisée. Mais tel est le danger d'innover, chez cette nation enraiée dans l'ornière du préjugé et du fatalisme, que ses essais ne sont que de vrais tatonnements sans suite.

Au fait, les résultats se traduisent si peu par des effets salutaires que la petite dose de bien qu'apporte la mesure, ordonnée dans la capitale, est de suite absorbée, ou neutralisée par le vieux levain qui s'en empare dans les échelles.

J'ai été témoin pendant plusieurs années à Alep de cette déplorable transformation des dispositions les plus sages, en de vraies déceptions politiques, faisant honte au gouvernement puisqu'elles prouvaient son impuissance à pénétrer les supercheries de ses employés et à les réprimer.

L'autorité retirée par le Sultan aux Pachas est donnée aux divans, espèce de conseils municipaux; mais les notables qui les composent ont été les auteurs des intrigues et des troubles dont la Syrie a eu si longtemps à souffrir etils se trouvent posséder la plupart des biens territoriaux, soit par héritage de leurs parents, soit par les concessions de l'autorité suprême !....

Tribunaux. Ces divans ou *medjelis* méritent d'être connus pour mieux faire apprécier tout le mal qu'ils produisent. [1]

C'était à la vérité une création égyptienne, mais loin de leur subordonner, pour ainsi dire, le pouvoir des gouverneurs, comme a fait le Sultan, Ibrahim Pacha les présidait, les surveillait, les controlait quelquefois, ou les faisait surveiller et controler par des officiers supérieurs qu'il commettait, et comme il était d'une extrême sévérité il ne devait pas craindre qu'on osât le tromper, surtout après les occasions qu'il avait eues d'exercer de salutaires corrections.

Le gouvernement ottoman qui avait un moyen de surveillance, dans la personne des Pachas, avait rendu ces divans en quelque sorte absolus, de façon que c'était en toute liberté que, par leur goût pour la vénalité, ils favorisaient les intrigues et commettaient les injustices.

Il parait que, suffisamment éclairée par l'expérience, la Porte a rendu le pouvoir qu'elle avait ôté aux Pachas et qu'elle va introduire d'utiles améliorations dans la composition des Medjelis, en les soumettant d'ailleurs à des lois ou règlements déterminant leurs pouvoirs et leurs devoirs.

Avant la réforme, qui avait enlevé aux Pachas la qualité de chefs des troupes, des finances et de la justice criminelle, Volney qualifiait le gouvernement turc de pur despotisme militaire, tandis que par l'institution des Medjelis on avait fait de ces administrations de vrais foyers d'impudente aristocratie.

Ces Divans de conseil qui , dans leurs jugements, ne sont, dit-on, astreints qu'aux règles de l'équité , à la manière qu'ils l'entendent, ont la réputation de ne jamais sévir contre leurs propres intérêts ou ceux des personnes à eux recommandées ; de faire passer les questions d'Etat sur toutes les autres, hors les leurs cependant ; de donner aux forts la préférence sur les faibles ; d'accorder une prédilection marquée aux musulmans, quelle que soit leur position , sur les chrétiens et les israélites [1].

Ces tribunaux étaient, au surplus, devenus de véritables théâtres sur lesquels se jouaient les parodies de la légalité, avec la ruse la plus effrontée , puis qu'ils les exécutaient aux yeux de ceux qui connaissaient aussi bien les ressorts qu'on faisait mouvoir que les moyens qu'on y employait [2].

C'est, sans doute, pour avoir connu l'état facheux de ces divans que l'autorité a voulu en faire disparaître les abus.

La constitution des Medjelis ne sera bonne que lorsque les contribuables pourront en élire les membres, car le peuple est partout doué d'un singulier bon sens et rien n'est aussi juste que ses jugements sur les personnages , dont chaque action est gravée dans sa mémoire comme un trait de leur histoire.

[1] On jugera de l'esprit de ces tribunaux par un fait qui m'est personnel. Je reclamais l'exemption accordée par les traités pour l'approvisionnement des navires français , et comme l'autorité contestait ce droit, elle voulut que la question fut décidée par le Conseil qui rendit ce verdict :
« Si les navires reçoivent leurs vivres en franchise de toute
» douane, le fisc sera virtuellement privé de son droit. »

[2] On pourrait leur appliquer ce passage du Koran. «.... Dans
» chaque cité nous avons fait des grands les criminels de cette
» même cité : ils agissent avec fraude, mais ils ne trahiront
» qu'eux-mêmes, et ils ne le savent pas. » S. VI, Verset, 123.

« Les cadis sont trop connus pour que j'aie besoin d'en parler. Ils sont sur le même pied qu'autrefois, à la différence qu'ils contribuent au grand relàchement des institutions gouvernementales nouvelles, dont l'effet est d'encourager, par l'impunition, l'assassinat et le vol, de même que la mauvaise foi dans les transactions commerciales. Cela fait que les sujets vicieux persistent, que les médiocres les imitent et que les bons se relàchent dans leurs principes lorsqu'ils n'y sont pas solidement fixés [1].

Ce que le Sultan retire de la Syrie est évalué à la somme de 16,548,750 fr., représentant le total des perceptions pour compte du gouvernement dans les divers pachaliks, car s'il fallait calculer tout ce que paient les contribuables et ce qui est perçu à divers titres par les employés, depuis le pacha jusqu'au plus petit exacteur, ce ne serait pas en élever le chiffre trop haut que de le porter au double.

Ne pouvant comparer le résultat de mes recherches qu'à celles de Volney et de M. le docteur Bowring, je suis bien aise de me trouver d'accord avec ce dernier, attribuant cela au peu de temps qui s'est écoulé entre les époques auxquelles nous avons recueilli nos renseignements et à la raison aussi que le gouvernement ottoman ayant presqu'entièrement adopté, pour tout ce qui était fiscal, l'assiette égyptienne des impôts, il devait s'en suivre une certaine identité dans les résultats.

Je ferai observer, toutefois, que le docteur Bowring après avoir dit qu'en moyenne les années 1249 et 1250, avaient donné 16,500,130 fr. — ce qu'il démontre avec

[1] Les effets dont je fais ici l'affligeant tableau sont dus au changement de régime qui, d'une excessive sévérité, est passé à une débonnaireté extrême.

le plus grand détail — il veuille que la Syrie et Tarsous n'aient rendu en 1251 que 87,758 bourses, soit 440,000 livr. sterl. faisant un peu plus de 11,000,000.

Le chiffre élevé, rapporté par Volney, des revenus comprenant aussi les bénéfices des fermiers, vient en grande partie de ce que la piastre valait plus de deux francs dans ce temps là et qu'elle n'a été comptée, dans mes calculs, que pour vingt-cinq centimes.

Je tiens, en conséquence, que ce sont moins les valeurs en piastres qui ont varié *réellement* que leur conversion en espèces étrangères, les sommes en piastres s'étant élevées en proportion de la détérioration des espèces monnoyées en Turquie, sans que cela ait constitué une véritable augmentation.

| Pâchaliks | REVENUS DE LA SYRIE d'après | | | | |
| | VOLNEY. | | | Bowring. | Guys. |
	Impôts	Bénéfices des fermiers	Total	Total des Revenus	Total des Revenus
Alep. . .	1,000,000	2,500,000	3,500,000	3,633,070	3.732,500
Tripoly. .	937,500	2,500,000	3,437,500	1,733,860	1,953,750
Damas. .	56,250	12,500,000	12.556,250	5,142,800	5,250,000
Seyde. .	937,500	12,500,000	13,437,500	3,372,760	3,425,000
Jérusalem.	. . . . .	750,000	750,000	2,397,740	2,187,500
Capitation des Chrétiens.	2,250,000	. . . . . .	3,500,000	. . . . .	. . . . .
Casnel . .	1,250,000	. . . . . .			
	6,434,250	30,750,000	37,184,250	16,280,200	16,548,750

Brown, voyageur anglais, a fait monter le *miri* de Damas, en 1797, à 12,500,000 fr., qui est le chiffre de Volney pour les *bénéfices des fermiers* dans lequel, je dois le dire, sont compris les divers impôts destinés à payer les frais de la caravane des pèlerins de la Mecque, ce qui réduit considérablement les prétendus profits.

Tripoly et Seyde fournissent également à la composition des subsides envoyés à cette caravane lors de son retour.

Frais d'Admiuistration.

Pour ce qui est de la dépense que le gouvernement fait en Syrie, je suis obligé d'avouer que tout ce que j'en ai appris est si incomplet que j'ai résolu de n'en pas faire mention, me bornant à rapporter ce que M. le docteur Browring a publié dans sa statistique, pour laquelle il a puisé, comme je l'ai dit, aux sources officielles mises entièrement à sa disposition.

Je dirai, au surplus, que les frais actuels d'administration ne doivent pas beaucoup différer de ceux des Egyptiens, parce que s'il y avait de leur temps plus de charges avec de l'économie, il y a aujourd'hui moins d'ordre et plus de dilapidation.

La possession de la Syrie a coûté en 1251 (1836) 76,846 bourses soit 10,000,000 fr.

Voici comment cette somme a été composée :

Tribut au Sultan	15,000	bourses
Gouvernement civil.	4,800	»
Dépenses de justice.	970	»
Karadj payé au Sultan	1,726	»
Frais d'administration.	1,250	»
Réparations de ponts et de routes	240	»
Dépenses d'instruction publique.	360	»
Armements.	12,000	»
Fortifications, barraques, arsenaux	15,000	»
Dépenses pour levées de troupes	1,500	»
Solde de l'armée	24,000	»
	76,846	bourses

J'aurais pu trouver extraordinaire qu'on ait porté sur ce budget un chiffre quelconque pour réparation des ponts et des routes si je n'avais réfléchi que les Egyptiens ont dù payer de pareils frais à cause des voyages continuels de leurs troupes et de l'artillerie, mais quant aux dépenses pour *l'instruction publique* je dois dire que je n'entends nullement confirmer la chose, étant obligé de déclarer que l'entretien des écoles a toujours été à la charge des mosquées qui sont largement dotées pour cela.

M. Michaud a écrit dans sa *correspondance d'Orient* que Méhémet-Ali *cherchait à donner la comédie de la civilisation* et il ne serait pas invraisemblable qu'il ait voulu que ce chapitre figurât dans son budget de la Syrie puisqu'il devait être remis au docteur Bowring, membre des communes et célèbre économiste d'Angleterre.

Ne cherchà-t-il pas à circonvenir aussi le prince Puckler de Muskau dont il craignait la plume? C'est ce qui fit qu'il se montra à son égard aussi généreux que bienveillant.

Il était resté Turc sous ce rapport et ses gracieusetés avaient pour mobile un motif d'intérèt, au lieu de venir de la politesse qui fait exercer les actes de bienséance purement et simplement.

Commerce.   Un des premiers berceaux du commerce fut incontestablement la Syrie.

Les rélations des différents peuples de l'Asie, de l'Afrique et de l'Europe, que la position de la Syrie faisait converger sur divers points de sa côte, lui permirent d'édifier les nombreuses villes qu'on y voyait. [1]

---

[1] M. Julliany attribue la préférence que le commerce donnait à la Syrie, pour l'achat des marchandises de l'Inde, aux droits

Nulle part, en effet, on ne put trouver des places commerçantes aussi rapprochées qu'en Syrie , son littoral, qui n'a que 60 myriamètres, en ayant compté une douzaine et l'intérieur presque autant.

La prospérité de cette province parait s'être maintenue malgré les changements de maitres qu'elle a éprouvés, tellement il est vrai que le commerce fleurit sous tous les gouvernements qui savent maintenir la confiance et accorder des facilités.

Les Sultans qui connurent mieux les intérêts de leurs pays furent effectivement ceux qui , par de nombreuses concessions, attirèrent chez eux les négociants étrangers. Ce ne fut qu'à l'apparence qu'ils les favorisèrent , au dépend de leurs sujets , puisque le commerce extérieur était alors inconnu à ceux-ci.

Ils en furent , d'ailleurs, amplement dédommagés par le bien-être répandu dans le pays et les facilités qui en résultèrent pour les habitants en général.

La Turquie ayant commencé par produire beaucoup du sien, avant de consommer un peu du nôtre, nos relations se sont longtemps opérées avec les fonds que nous y apportions, surtout pour l'achat des tissus et des cotons filés qu'on ramassait dans les divers marchés forains. Notre argent pénétrait de cette façon dans toutes les classes et il servait à acquitter les impôts , ce qui faisait

élevés dont les frappaient les Soudans d'Egypte et aux vexations qu'ils exerçaient envers les Européens , car sans cela la différence eut été à l'avantage de cette dernière province par l'économie que lui valait la mer Rouge , tandis que , sur l'autre continent , le transport par terre augmentait considérablement le prix de revient. *Essai sur le commerce de Marseille.* I. 265.

dire que notre numéraire payait les armées et les administrations. [1]

Les fréquents rapports qui existaient entre les négociants et les Pachas, et leurs besoins respectifs, faisaient dire que ceux-là étaient les fermiers de ceux-ci ; mais si la *dîme* que les gouvernants prélevaient sur les bénéfices des Européens, comme on le calculait alors, paraissait être onéreuse ils en étaient grandement dédommagés par la considération dont ils jouissaient, dans un pays où ils faisaient plutôt la loi qu'il ne la recevaient.

L'importance qu'avait acquise la Syrie n'est pas seulement attestée par les monuments élevés dans les villes plus particulièrement favorisées par le commerce, les écrivains du temps en fourniraient au besoin des preuves. Mais il s'agit moins de savoir comment ce pays a été si florissant que de connaître pourquoi il a cessé de l'être.

Pour que la différence, entre le passé et le présent, ressorte mieux je rapporterai ici quelques faits qui

1 Le chevalier d'Arvieux rapporte dans ses mémoires, que les nations qui faisaient alors le commerce de la Turquie la fournissaient de tout ce qu'elle ne produisait pas, que la France y apportait seule de l'argent et que le Sultan sentait tellement le besoin de la continuation de nos relations qu'il avait été retenu de nous déclarer la guerre malgré les griefs sérieux qui l'y eussent déterminé.

Si nos fonds cessaient d'arriver, dit d'Arvieux, « le Grand « Seigneur n'aurait pas pour payer ses troupes, les caravanes « de Perse n'apporteraient plus leurs soies, parce que les plus « belles ne se vendent que pour de l'argent. Le mal que l'in« terdiction de ce trafic causerait, mettrait tout en désordre « parmi la milice et parmi ses sujets qui ne subsistent que de « cela. » T. IV. pag. 248.

déterminant la première époque, serviront d'objet de comparaison avec ce qui sera dit sur celle actuelle.

Les importations du Levant se calculaient à 20 millions pour toutes les nations qui en faisaient le commerce [1] et les droits perçus par les douanes turques, à l'entrée et à la sortie des marchandises couvertes du pavillon français, s'élevaient, en 1673, à plusieurs millions de livres par an. [2]

Antérieurement, c'est à dire à la fin du 15ᵉ siècle, l'importance du commerce ne peut se calculer que par induction, d'après les droits de consulat perçus en Syrie et qui ont été d'environ 50,000 livres à raison de 2 p 0ⁱ0. [3]

Les envois de draps se composaient de plus de 2,000 balles. [4]

Notre marine marchande a employé jusqu'à 1,000 navires à faire la caravane en Levant. [5]

Le commerce des Hollandais et des Vénitiens atteignit une haute importance, mais n'étant pas à même d'en préciser le chiffre, je me bornerai à citer la composition de la flotte anglaise arrivée à Alexandrette le 26 février 1661.

La voici d'après d'Arvieux. [6]

» 325,000 piastres de réaux, 300,000 livres en patagons
» ou livres de Hollande, 1,000 balles de drap valant
» 1 million d'or, cent sacs de poivre, une grande

---

[1] Savary, Dictionnaire, nouvelle édit. T. 1. 343.
[2] Idem idem.
[3] Pouqueville, mém. hist.p. 58.
[4] Volney voyage.
[5] Pouqueville, mém. p. 61.
[6] Mém. T. VI. 4.

» quantité d'étain et de plomb, de cochénille et d'épice-
« ries. Ces chargements étaient estimés deux millions
» d'or ou six millions de livres.

Le commerce de l'Angleterre avec la Syrie se main-
tint encore une soixantaine d'années, dans son état
prospère, mais à partir de 1743 il ne fit que languir, et,
en 1765, les comptoirs de cette nation abandonnant ce
pays furent réunis à ceux de Smyrne et de Brousse. [1]

Les relations des Français acquirent en plus ce que la
retraite de leurs concurrents avait fait abandonner. Leurs
rapports commencèrent, cependant, à diminuer à partir de
1775, et cette décroissance a continué jusqu'à nos jours,
du moins pour l'échelle d'Alep ainsi que cela sera expliqué.

En recherchant la cause de la baisse du commerce de
Syrie, on est naturellement arrêté par la réflexion que
ses éléments étaient de deux sortes : ceux relatifs à la
consommation du pays et ceux propres à la spéculation,
c'est-à-dire qui devaient être révendus pour l'intérieur,
ou qui ne passaient par Damas et Alep qu'en transit. Or
les marchandises ayant ces deux dernières destinations
entraient pour une part plus considérable dans la composition des cargaisons qui se débarquaient sur la côte, de
sorte que l'abaissement du chiffre total du commerce de
cette province ne peut être que partiellement attribué aux
relations de la Syrie, puisqu'il est notoire que les contrées qui s'y adressaient n'ont pas continué à la prendre
pour leur unique intermédiaire avec l'Europe.

On ne saurait dire, néanmoins, que le gouvernement
local fut la cause directe et unique de cette déviation des

[1] Voir l'article sur Alep.

relations commerciales de l'Asie centrale, mais on doit avouer qu'il y concourut en ne réprimant ni les révoltes, qui éclatèrent en Syrie et dans l'intérieur, ni le brigandage des Arabes bédouins.

La peste, que le fanatisme mahométan laissait se perpétuer, était aussi au nombre des dangers que le commerce devait naturellement redouter.

La découverte du cap de Bonne-Espérance avait porté le premier coup au commerce de transit, mais longtemps après, comme on l'a vu, les expéditions pour la Perse et l'Inde continuèrent à prendre la route de la Syrie, surtout pour les articles riches, et s'il y eut quelque interruption, à cause des guerres intestines qui y régnaient, ce fut parce qu'on dut les continuer par l'échelle de Smyrne.

Depuis lors une nouvelle voie s'est ouverte à ces relations et, comme elle est directe et sûre, le commerce d'Europe l'a adoptée avec empressement.

Trébisonde, naguère infréquenté, a vu son port visité par plus de 400 navires en un an, et la valeur des cargaisons versées sur ses quais était déjà, en moyenne, de 45,557,000 fr. à l'importation et de 41,566,000 à l'exportation, de 1840 à 1843.

Parmi les causes qui ont réduit la production, ainsi que la consommation en Syrie, il faut placer en première ligne l'extrême diminution de sa population et attribuer celle-ci à la mauvaise administration.

L'accroissement du bien être d'un pays et celui des rapports qu'il entretient avec l'étranger sont partout relatifs à la protection, à la sûreté, aux facilités accordées par son gouvernement aux habitants et aux commerçants étrangers. Ainsi, lorsque l'autorité faillit à ses devoirs, c'est le contraire qui arrive : les populations diminuent, l'industrie décroît, l'agriculture languit et le commerce s'appauvrit en se resserrant.

Cet appauvrissement est dû en Syrie à deux motifs : au découragement qui, en réduisant la population, l'a portée à moins produire, et à la misère publique qui a fait demander au commerce étranger ce que l'industrie locale ne lui fournissait pas à aussi bon marché.

Mais pendant qu'on recourait au dehors par esprit d'économie, la réduction des prix disparaissait, d'année en année, par l'effet de l'altération des monnaies, qui faisait tout augmenter.

On sait que l'alliage insensiblement augmenté dans les espèces turques a fait que la piastre, qui a valu jusqu'à trois francs, a fini par n'être comptée que pour 20 centimes.

Au nombre des vexations, que les autorités faisaient peser sur les pays confiés à leur administration, était sans contredit le monopole que les hauts employés se permettaient des produits territoriaux, au détriment des propriétaires et des spéculateurs auxquels ils enlevaient une partie de leurs bénéfices; ce qui constituait un nouveau découragement et achevait de retenir ceux dont l'industrie était l'agriculture, avant qu'elle eut été exposée à tant de chances défavorables.

Une tyrannie, non moins rébutante, est celle officiellement instituée par le parti pris de livrer les douanes de l'empire ottoman à des fermiers; car c'est une source de tracasseries et de vexations, faciles à imaginer, de la part d'agents voulant se refaire des fortes sommes que l'avidité leur a fait sacrifier, dans l'espoir de s'enrichir, et qui ne veulent rien épargner, dès lors , surtout avec la crainte qui les travaille de ne pas rentrer dans leurs débours.

Ils exercent, en conséquence, la plus grande rigueur dans leurs relations avec les négociants , en même temps qu'ils s'entendent avec eux pour enlever à d'autres douaniers , de la côte ou de l'intérieur , des droits qui leur reviendraient sur des marchandises qu'on aurait prétendùment débarquées dans l'échelle , tandis qu'elles n'ont pas quitté le navire qui les transporte à leur destination, accompagnées cependant *de l'acquit de la douane.*

Etant ainsi habitués à tromper , ils se méfient des teskérets qu'on leur présente , pour des produits de l'intérieur qui viennent s'embarquer sur la côte, et si l'énergie manque au négociant chargé de faire valoir ces acquits, il lui faut payer une nouvelle douane, parce que le très habile exacteur, qui sait frustrer les droits des autres, est fort susceptible sur le chapitre de ses intérêts, et il n'y renonce qu'après les avoir défendus à outrance.

Ces divers inconvénients cesseraient si les marchandises n'étaient soumises qu'à un droit unique au débarquement et à l'embarquement, parce qu'il ne serait plus nécessaire de faire accompagner celles de réimportation de teskérets. La Turquie , qui prend fréquemment l'Europe occidentale pour modèle , aurait dû l'imiter aussi en cela , au lieu de compliquer la question en frappant la marchandise de 3 p. 0/0 au déchargement , de 2 autres p. 0/0 à l'arrivée sur le point où se fait la vente, et en établissant que les articles de sortie seraient également passibles de deux droits : l'un de 9 p. 0/0, au pays de production , et l'autre de 3 p. 0/0, au port d'expédition.

Il en résulte qu'à cet égard l'empire ottoman est en parfait désaccord avec les états chrétiens puisque, tandis que ceux-ci favorisent, par tous les moyens, leur industrie nationale et qu'ils n'imposent les matières étrangères que selon le plus ou moins de besoin qu'ils en ont, la Turquie grève extraordinairement ce que rend encore son sol et n'exige qu'une faible rétribution des articles étrangers qui, cependant, achèvent de tuer ce qui restait d'énergie à ses sujets découragés.

Cette mesure est donc triplement fausse, 1° En devenant un obstacle à l'exportation des produits territoriaux ; 2° en empêchant l'extension de la culture, puisque celle-ci est toujours relative à la consommation ou à la vente pour la sortie ; 3° en favorisant l'introduction des produits étrangers que les machines font revenir à des prix contre lesquels lutteraient vainement les vulgaires procédés de la Turquie.

Un autre grand obstacle, au développement du commerce de la Syrie, est l'élévation des frais de transport, puisqu'ils augmentent considérablement le prix de revient des marchandises', surtout de celles dites pauvres, dont ils enlèvent le bon marché qui les ferait vendre.

Par le mauvais état des routes, le long de la côte, cet accroissement de dépense n'est que d'environ cinquante pour cent, mais lorsqu'il s'ajoute des dangers à celles d'Alep à Damas et de cette ville à Bagdad et à Jérusalem, qui sont infestées de Bédouins, la différence s'élève alors au triple et au quadruple.

A ces sacrifices, très importants, il faut ajouter ceux des péages, ou droits de passage, exigés sur divers points, de la côte et de l'intérieur, lesquels deviennent plus considérables en raison des détours que le peu de sûreté des chemins obligent de faire.

Le gouvernement ottoman, qui s'était engagé à les supprimer, croit avoir rempli sa promesse en ne les reclamant que des conducteurs de caravanes ; mais n'en résulte-t-il pas que ceux-ci se font payer le louage de leurs montures, en raison de ce qu'elles leur coûtent ?

Ce serait trop demander à la Turquie, surtout pour la Syrie, que de vouloir qu'elle reliât ses points commerciaux par des voies ferrées, mais on peut l'inviter à y faire, au moins, des routes stratégiques qui, permettant d'employer le charroi, produiraient une énorme économie.

Les routes une fois frayées, il serait facile de les garder, en les mettant sous la protection de quelques blockaus et en les faisant parcourir par une gendarmerie composée d'arabes soumis ; comme avait fait Ibrahim-pacha pour dompter le désert.

Une autre anomalie du système turc, était de faire payer plus du double de douane à ses sujets, et ce motif a été un de ceux qui ont porté un grand nombre de négociants indigènes à s'expatrier, ou à passer sous des protections étrangères, circonstances d'autant plus fâcheuses qu'elles avaient lieu pendant que les commerçants européens comptaient moins de capitalistes que d'industriels, ou de commissionnaires.

Mieux inspiré, sur ses intérêts, le gouvernement du Sultan a enfin établi l'égalité des droits entre tous les négociants étrangers et régnicoles, et maintenant il est promis autant de justice et d'égards aux uns qu'aux autres ; ce qu'il ne faut pas prendre toutefois pour un avantage réel, car si les Francs ne jouissent que très difficilement de leurs privilèges, les raias ne pourront profiter des leurs qu'avec infiniment plus de peine.

Après l'abandon des échelles par les Français, quelques Orientaux vinrent s'établir en Europe et, à la suite d'un temps d'arrêt, les relations reprirent entre les nouveaux négociants et leurs confrères du Levant.

Cependant, la supériorité acquise à la France, pour tous les genres d'industrie, devant nous valoir leur préférence, ce fut avec notre pays qu'ils renouèrent les rapports commerciaux qui furent de tout temps les liens des peuples.

Peu d'Arabes et beaucoup de Grecs se présentèrent à la fois : les uns par la seule manie des spéculations, par pur instinct ; les autres par suite de cet esprit qui en a fait une nation essentiellement commerçante.

Je serais porté à croire, au surplus, — et j'en ai plus d'une preuve — qu'ils étaient également éloignés de considérer le négoce comme une science qui demandât qu'on fît dépendre ses opérations de combinaisons spéculatives, ou d'évènements qu'un habile négociant sait pressentir ou prévoir et dont il s'attache à profiter.

Il est à propos de dire que les Syriens n'avaient pas fait autrefois le commerce au dehors, à cause des dangers auxquels ils se seraient exposés, par mer comme par terre, et que c'était ce qui les avait forcés à s'en tenir aux affaires de leur propre résidence et de quelques points de leur voisinage. Ce dont ils s'étaient tirés, au surplus, à merveille, faisant, pour ainsi dire, leurs opérations en pleine connaissance de cause et selon la portée de leurs idées et de leurs fortunes.

Mais du moment que les dangers maritimes eurent

cessé , que le droit de *consulat* fut aboli en France , que le gouvernement turc devint plus tutélaire , ces Arabes ayant fini par trouver à Marseille le crédit que nos négociants n'allaient plus leur accorder dans les échelles , ils en profitèrent et n'y mirent, avec leur imagination orientale, aucune limite , en attendant que les enseignements de l'expérience vinssent leur inspirer la prudence qui est si nécessaire dans les spéculations en général.

Un certain nombre de maisons françaises obtinrent, en même temps à Marseille, l'adresse des commerçants arabes voulant essayer la nouvelle manière de travailler, et elles le durent aux avances qu'elles leur firent , parce que c'était une raison concluante pour eux.

Les Syriens sont généralement consciencieux, mais les chutes sont terribles chez eux , l'édifice de leur bien être étant construit de matériaux qui, une fois à terre, ne présentent plus aucune valeur vénale.

Il est vrai qu'un marchand arabe est vite de bout et dans une position qui a même l'air d'être brillante , si ce n'est qu'il doit cette apparence flatteuse, à l'évidence de tous les éléments qui la composent.

Le commerçant de ces pays-là *s'il est propriétaire* c'est de la maison qu'il habite, et comme les mœurs locales la transforment en un sanctuaire impénétrable, il n'est obligé d'y tenir, à la rigueur, qu'une chambre de réception à l'ameublement de laquelle suffisent une natte, un divan composé de minces matelats et de coussins , souvent rembourrés d'étoupe.

On peut, par conséquent, dire hardiment que l'Arabe, ne possédant ni immeubles , ni meubles , pas même une garderobe, puisqu'il porte ordinairement sur lui ses plus beaux habillements, est sans ressource aucune du moment que son commerce cesse, par l'épuisement de son capital.

Cette opinion générale ne paraîtra pas trop sévère à ceux qui, comme moi, ont pu connaître les diverses supercheries dont quelques Syriens ont fait, tour-à-tour, usage à l'égard de crédules négociants d'Europe ayant cru trop facilement — à leurs dépens il est vrai — qu'*un nom* annonçait toujours un commerçant et qu'à ce titre il devait posséder un capital convenable.

A mon avis chacun devrait s'occuper des affaires de son propre pays et d'après ce principe les Syriens retourneraient à ce que faisaient leurs ancêtres, de même que les Français suivraient la marche de leurs devanciers. Les choses iraient alors le mieux du monde et à la satisfaction générale, c'est-à-dire à celle des uns et des autres.

L'établissement dont je développerai le plan, dans la suite de cet article, pourrait amener la cessation des spéculations actuelles, directes et restreintes, mais il réchaufferait parmi les étrangers les sentiments d'amour patriotique qu'ils ne peuvent avoir entièrement perdus, et ils n'auraient, plus tard, qu'à se louer d'être les intermédiaires des négociants européens avec les indigènes, surtout de l'intérieur, dont nul mieux qu'eux ne saurait connaître les besoins, ce qui les mettrait à l'abri de toute concurrence puis qu'ils exploiteraient exclusivement ce commerce.

C'est ainsi que les affaires se traitaient au temps passé, lorsque les négociants arabes et européens prospéraient, et c'est pour avoir abandonné les anciens errements qu'on

n'a jamais pu se procurer les avantages qu'ils produisaient, et qu'on a été loin d'obtenir des essais successivement tentés.

C'est surtout en Syrie que le commerce était considéré,
par nos négociants, comme une science pratique, [1] aussi
avaient-ils reconnu que c'était par cette voie qu'ils devaient l'apprendre, et même dans chaque localité séparé-
ment, les affaires d'une échelle ne ressemblant pas à
celles d'aucune autre. [2]

Dans la vue de former de bonne heure des commis,
propres à les remplacer, ils appelaient auprès d'eux leurs
fils et neveux, ou lescommis des maisons de Marseille,
celles-ci étant toujours les majeures de celles des échelles
de Syrie.

Le commerce de ce pays avait longtemps attiré toute
notre attention et pendant que nos fabricants s'étudiaient
à le fournir, dans ses besoins, si d'autres nous faisaient
la concurrence, par rapport à nos produits, ce n'était pas
de durée, ni avec avantage.

Pendant que la Syrie était en possession de produire
seule certaines étoffes de soie, nous parvinmes à imiter

---

[1] Il était d'une si grande importance pour eux que M. Julliany assure dans son Essai que « le commerce du Levant a
« fondé la prospérité de Marseille et l'a placée au rang des villes
« les plus florissantes.» Ajoutant que l'origine de ce commerce
remonte au berceau de la fille des Phocéens. — II. 209.

[2] « Autant d'échelles, autant de manière de vendre et d'ache-
« ter, autant d'usages dissemblables, autant de productions
« différentes et variées, autant de procédés divers de les pré-
« parer, autant de poids et mesures dont il faut étudier les rap-
« ports.» *Extrait d'un Manuscrit sur le commerce de Syrie.*

les *herbages* d'Alep et il s'établit à Lyon des manufactures de tissus à l'usage des Orientaux. On fabriqua à Orléans de bonnets imitant ceux de Tunis et nos diverses draperies, de l'ancien Languedoc, se faisant diriger par des avis salutaires, se tinrent au courant des goûts du Levant.

Il a déjà été dit que l'importation de ce produit s'éleva jusqu'à 2000 ballots par an. On verra à l'article *Alep* à quelle époque nous en dépossédâmes, entièrement, les Anglais, qui avaient été les premiers à fournir les draps à l'usage de la Turquie ainsi que l'indique le nom de *Londrins*.

D'après un mémoire, rapporté par Volney, le commerce de Marseille avec la Syrie s'élevait, à l'entrée, à 6,000,000 francs, repartis de la manière suivante :

Alep et Alexandrette. , .	fr. 3,000,000
Seyde et Acre.	2,000,000
Tripoly et Lattaquie. . .	400,000
Jaffa et Ramlé, ...	600,000
	fr. 6,000,000

Mais M. Julliany a trouvé, en consultant les registres de la Douane, que la valeur annuelle des importations et exportations de 1785 à 1792 fut

De Seyde	1,800,000 liv.	Pour Seyde	1,500,000 l.
D'Alep	6,250,000 »	Pour Alep	3,480,000
De Tripoly	600,000 »	Pour Tripoly	400,000
	8,650,000 liv,		5,380,000 l.

C'est ici le cas d'examiner quelles étaient les institutions qui servirent de base autant que de règle à nos établissements de Syrie.

Des statuts furent faits pour chaque échelle, en raison des marchandises qui s'y vendaient plus particulièrement.

Ils tendirent surtout à entourer les régisseurs de nos comptoirs du plus de considération possible, qui leur était plus nécessaire que le crédit, puisque leurs ventes se faisaient à terme tandis qu'ils achetaient au comptant.

Le nombre des établissements fut fixé selon l'importance de chaque échelle.

Aucun Français ne pouvait se rendre au Levant sans la permission de la Chambre de commerce de Marseille et, s'il était destiné à diriger un comptoir, il devait présenter une caution.

La résidence des régisseurs ne pouvait dépasser le terme de dix ans, et il était interdit aux nationaux d'épouser des femmes du pays.

Nul ne pouvait prendre un intérêt quelconque dans les affaires administratives, ni emprunter des autorités locales.

On avait même réglé le nombre de navires qui s'expédieraient en Syrie et les époques de leurs départs.

Les draps et les papiers étaient principalement soumis à une inspection sauvegardant ces utiles industries contre la fraude, ou la négligence, qui les avaient souvent compromises

Les négociants étaient si jaloux des libertés dont ils jouissaient, de faire exclusivement le commerce des échelles, qu'ils obtinrent de faire limiter le droit de pacotille accordé aux capitaines à 10,000 f., et lorsqu'ils apprenaient que cette valeur était dépassée, ils s'empressaient de formuler leurs plaintes sur ce que les marins vendaient à tous prix, pressés qu'ils étaient d'opérer leurs retours, ajoutant que le même motif faisait qu'ils. achetaient également à des conditions onéreuses.

Les raisons du commerce ayant leurs exigences, comme celles d'état, on avait obligé les Français de n'aller d'Alexandrette à Alep qu'à cheval, pour empêcher ainsi les matelots de faire le commerce de la pacotille.

La navigation jouissait en même temps de très grands avantages et l'on pouvait dès lors défendre que de simples marins fissent aussi concurrence aux négociants en s'exposant, surtout, aux dangers des voyages dans l'intérieur des terres.

La *caravane* enrichissait, en effet, a elle seule, au bout de trois ans, les nombreux équipages qui s'y livraient.

Un mémoire de la Chambre de commerce porte que l'Etat en retirait un bénéfice |de deux millions de francs et l'immense avantage de se voir former plusieurs milliers de bons marins.

Cet espèce de cabotage, dans les mers du Levant, était doublement utile à nos capitaines, par l'emploi de leurs bâtiments et par celui de leurs capitaux. [1]

Nous devions le haut crédit de notre pavillon à la protection dont il jouissait et aux prérogatives que la France avait d'abord obtenues du gouvernement ottoman, lesquelles ne furent accordées aux autres nations que par la suite.

C'est également aux institutions du temps, et à l'esprit d'union qu'elle leur avait fait adopter que les Français durent les grands avantages dont ils jouirent en Syrie.

---

[1] Nous reviendrons sur ce sujet au paragraphe de Lattaquie.

Mais ils s'écartèrent, dans quelques occasions, de cet esprit et ce fut à leur grand détriment.

Ne jouissant plus de la même considération, dans les échelles, nous avions successivement perdu nos anciens privilèges de Syrie, tels que l'achat des cotons à Seyde, la pêche des éponges à Tripoly, etc.

Il est vrai que les Français n'avaient pas été les uniques auteurs de la ruine de leur commerce, car bien avant la Révolution, et l'invasion de l'Egypte, des guerres intestines, suscitées par des pachas despotes, tels que Dgezzar, lui avaient déjà porté de terribles coups. Son existence inspirait de si vives craintes que le gouvernement avait été jusqu'à autoriser, en 1776, la Chambre de commerce de Marseille à contracter un emprunt de onze cent mille francs pour payer les dettes des échelles du Levant, tellement leur position était devenue critique.

Elle avait depuis nécessité l'inspection du baron de Tott et quelques temps après le comte de Bonneval fut chargé de s'informer de l'effet produit par les mesures prises sur le rapport de l'inspecteur général.

Les causes de l'état de langueur du commerce avaient été principalement attribuées à l'habitude contractée par la Porte de déroger aux capitulations, en fermant l'oreille aux plaintes contre les gouverneurs, qui se livraient aux extorsions les plus criantes et qui établissaient de nouveaux droits sur le café et la cochenille, se permettant aussi de défendre le commerce de quelques autres articles d'entrée comme de sortie.

Je dirai à cette occasion que d'après le comte de Bonneval l'importance de notre commerce ne consistait pas dans la vente, plus ou moins considérable, de nos draps mais dans celle des denrées coloniales que nous fournissions p esque exclusivement.

Attendu, cependant, que ce capitaine de vaisseau n'avait visité que l'Archipel et les échelles voisines il serait possible que son raisonnement ne fut pas d'une aussi juste application à la Syrie , quoique j'y aie remarqué que ces denrées étaient souvent citées comme étant le premier élément de notre commerce dans ce pays.

J'ajouterai que pendant vingt-quatre ans, passés en Syrie, les seuls articles dont l'abondance ou la rareté donnait lieu à [de grandes fluctuations dans les prix , étaient ces mêmes coloniaux , le poivre inclusivement, à cause de son indispensabilité puisqu'il ne peut être remplacé dans l'énorme consommation qu'on en fait.

Nos établissements ne furent pas repris à la petite paix et ce n'est qu'en 1815 que réparurent quelques Français en Syrie , sous le régime du cautionnement qui avait donné pendant si longtemps de si heureux résultats , mais avec des moyens insuffisants qui ne leur permirent pas de se mettre sur le même pied que leurs devanciers.

Ces négociants ouvrirent des maisons de commission —sorte d'industrie qui consiste moins à bien réaliser qu'à vendre beaucoup —et lorsque la révolution grecque vint à éclater , ils se chargèrent de prêter leur nom aux marchands rayas qui voulurent continuer leurs relations avec l'Europe , pendant tout le temps que les corsaires Hellènes infestèrent la Méditerranée.

C'eût été une occasion de les en détourner et une interruption assez prolongée aurait suffi pour les en dégoûter entièrement, mais l'intérêt privé l'emporte en toute circonstance sur celui général. D'un autre côté nos négociants, en empêchant les Arabes de faire le commerce de France, n'auraient pu les remplacer puisqu'ils travaillaient la plupart sans capital.

Nos relations se développèrent cependant un peu, quoique lentement, et l'échelle de Beyrout devenait le point le plus important de la Syrie, lorsque la monarchie de 1830, qui devait produire du nouveau, selon les idées de ses fauteurs, abolit le décret sur le cautionnement, malgré sa date récente 10 *messidor an* III et les portes du Levant s'ouvrirent alors à tout venant.

La manière de travailler éprouva un changement. Les hommes ne devaient plus agir qu'individuellement, malgré qu'on reconnut que le mal, qu'on laissait produire, réjaillissait sur la nation entière, et que l'arbitraire, par fois irréfléchi qui opère isolément, avait pour résultat distinctif une réaction souvent contraire, même à celui qui l'exerçait. Mais le prétexte spécieux, et trop généralisé, de la liberté du commerce, avait renversé les barrières élevées par l'expérience pour le bien commun, et il fallut qu'on en subit les conséquences. Or, l'avantage retiré du nouveau régime a été : pour la majorité de faire librement des affaires insignifiantes, et pour quelques-uns d'arriver à de fâcheux résultats : fruits de la concurrence aussi bien que de l'inexpérience.

Le mal se corrigea donc, par son excès, et maintenant les choses ont pris une assiette qui, sans être alarmante, n'est pas cependant tout à fait rassurante.

Beyrout est le seul point, il est vrai, où nous ayons plusieurs comptoirs nationaux, mais d'une médiocre importance puisque la majeure partie du commerce, qui s'y fait , est au pouvoir des étrangers. [1]

La France parait ainsi avoir renoncé au reste de la Syrie, parce que les vastes champs nouvellement ouverts à ses spéculations semblent l'occuper exclusivement. Si cependant l'Angleterre, dont le commerce est autrement étendu que celui de notre pays , ne dédaigne pas d'y verser annuellement une douzaine de millions de ses produits, pourquoi ne suivrions-nous pas son exemple?

On me répondra, qu'il s'expédie continuellement du port de Marseille des marchandises pour le Levant et que c'est une preuve que nons ne l'abandonnons pas : mais une pareille raison ne résout pas ma question fondée sur ce que ce commerce étant, presque entièrement, au pouvoir des étrangers , ceux-ci l'exploitent selon que leur

---

[1] Cette esquisce était écrite lorsque j'ai eu occasion de lire l'ouvrage de M. Julliany auquel j'ai déjà emprunté quelque notes et dont je citerai encore le passage suivant qui est de la plus grande vérité :

« Le commerce marseillais trouve encore dans ce pays un « aliment assuré. Mais il n'y domine plus. Il n'y possède aucun « établissement qui ait quelque consistance. Cela tient aux chan- « gements survenus dans la manière dont s'opèrent les transac- « tions entre le Levant et Marseille. Autrefois les affaires en « commission étaient inconnues. Ceux qui commerçaient avec « la Syrie y entretenaient des agents ou régisseurs dont ils « étaient les *majeurs.* Aujourd'hui le privilège en faveur des « nationaux n'existe plus. Les étrangers ont pu nouer des rap- « ports directs. Ils demandent à Marseille les objets dont ils « ont besoin. Les positions sont changées : Marseille donnait « les ordres, elle les reçoit, mais le commerce ne s'en fait « pas moins. » *Essai sur le Commerce, p.* 268.

intérêt les y engage et que nous n'en faisons pas un objet de patriotisme, ou seulement de sympathie pour des fabricants nos compatriotes, en composant uniquement nos envois des produits de leur industrie, au lieu d'y employer des coloniaux et des articles étrangers que fournissent nos entrepôts.

Ne voyons-nous pas, d'ailleurs, que la consommation de ce que nous produisons diminue sensiblement en Syrie ; et comment pouvons-nous douter que cela ne provienne de l'indifférence des manufacturiers et des négociants à rechercher la cause de cette diminution et à tacher de la faire disparaitre ? Car on porte toujours des bonnets et des habillements de drap, dans ce pays [1] et si ce sont d'autres qui les fournissent, c'est qu'ils le font à des conditions plus avantageuses que nous pour les consommateurs. [2]

[1] Je ferai observer, à ce sujet, que le costume ayant éprouvé de grands changements, depuis l'adoption de la tunique pour tous les emplois civils et militaires, les habitants ne portent plus les deux vêtements appelés *jubbé* et *bénich*, qui par leur ampleur employaient chacun de 3 à 4 mètres d'étoffes et que c'est le principal motif de la réduction remarquée dans le commerce des draps.

[2] Les draps belges remplacent nos londrins seconds, les bonnets de Vienne communs sont préférés à ceux de nos fabriques et les *fess* de Gênes luttent toujours avantageusement contre nos bonnets fins d'Orléans.

Un observateur ami des arts industriels, et jaloux de la prospérité des intérêts nationaux, a calculé que sur 507,242 kilog d'étoffes imprimées fournies chaque année à la Turquie par les deux grandes puissances manufacturières de l'Europe 13,250 kilog. sont seulement d'origine française, et il a cru trouver

Les consuls ont envoyé de nombreux échantillons, pour faire connaître les divers tissus en coton, blancs et feints, qui jouissaient d'un grand débit en Syrie et ils ont engagé les fabricants à les imiter, les invitant, s'ils n'y étaient pas assez encouragés, par les renseignements donnés, d'envoyer des commis pour mieux s'en instruire.

Les Français ne cessent pas, néanmoins, de voir avec indifférence l'Allemagne et la Suisse enlever aux Anglais une partie de la fourniture dont ils ont eu quelque temps l'exclusiveté, lorsque avec nos manufactures similaires nous pourrions concourir à ce commerce, si ce n'est y supplanter ceux qui l'ont possédé sans associés.

En affrontant les difficultés de leur position à Beyrout, les Français en avaient accepté les désavantages connus, mais il en fut un auquel ils ne s'étaient pas attendus et qui, cependant, devint désastreux pour eux, en établissant une différence de 2 et de 9 p. 0/0 à l'entrée et à la sortie sur leurs opérations, puisque les négociants russes ne payaient, d'après leurs traités, qu'indifféremment

une cause de cette différence dans l'inconcevable irréflexion qui aurait laissé partir pour la Turquie des figures d'animaux. (*Revue des Deux-Mondes* 1847, p. 144.)

Mais c'est le meilleur marché des étoffes anglaises, suisses et allemandes qui jusqu'ici leur ont valu la préférence, sur celles de nos fabriques, malgré leur supériorité, surtout sous le rapport de la teinture, choses que l'appauvrissement des populations orientales ne leur permet pas de prendre en considération. L'horreur pour les figures humaines est, il est vrai, générale chez les musulmans ignorants, tandis qu'elle n'est relative qu'aux statues seulement chez ceux qui sont instruits· Les animaux n'ont jamais été compris dans cette répulsion canonique·

3 p. 0/0 de douane, lorsque nos importations nous les acquittions sur le pied du cinq et nos exportations sous celui du douze.

Les commerçants rayas voulant profiter de ces avantages s'empressèrent de se faire nommer agents, correspondants, ou commissionnaires d'une maison russe et tous obtinrent facilement ce titre.

Ces inégalités abusives ont heureusement disparu depuis que la Russie a renouvellé son tarif avec la Turquie et tous les Européens , rangés dans la même catégorie, ne se distinguent que par leur plus ou moins de moyens physiques et moraux qui les engagent à étendre leurs opérations, ou les portent à les resserrer, pour arriver à des résultats relativement avantageux.

Je dois dire que si je n'ai point fait mention de l'inspection de M. de Beaujour c'est que je l'ai considérée comme purement de luxe, puisqu'elle n'avait été chargée de visiter que des échelles depuis longtemps veuves de tout véritable établissement français.

Le gouvernement animé du désir de faire revivre notre commerce, dans l'un des pays où il fleurit le plus , avait accueilli ce moyen de connaître par quelles voies on parviendrait à renouer nos anciennes relations ; mais c'était aux hommes secondés par le temps à rétablir, peu à peu, ce que les événements n'avaient détruit également que progressivement ; et, d'ailleurs, quels autres renseignements aurait-on pu recueillir que ceux transmis par les consuls au ministère des Affaires Etrangères, puisque les points visités de la Syrie ne devaient mettre l'inspecteur en relation avec aucun Français capable de lui fournir la moindre idée générale sur le commerce de cette province, notamment sur ce qu'il conviendrait de faire pour lui rendre son ancienne activité et le reporter à la splendeur qu'il avait eue ?

Je n'ai pas cessé pour ma part de répéter, dans mes rapports au ministre, que l'espoir d'une reprise de relations, avec un succès égal à celui qu'elles avaient obtenu autrefois, pourrait dépendre des négociants de Marseille, qui mettraient une attention particulière à fournir les maisons qu'ils auraient en Syrie avec bonne foi, discernement et exactitude, et des fabricants qui se conformeraient aux goûts de ces pays au lieu de persister dans leur système de faire seulement du bon qui n'est pas estimé là bas.

Je n'ai pas été, non plus, sans dire que si l'obligation de lutter contre les manufactures étrangères les forçait de livrer leurs produits à des prix qui couvrissent à peine celui du revient et que cela provint des droits qui se perçoivent sur les matières premières une prime, que le gouvernement ne manquerait pas d'établir, puis qu'il encourage les industries nationales ayant une grande portée, viendrait non seulement faire cesser la perte mais procurer aussi un raisonnable bénéfice.

Je ne ferai que consigner ici le vœu que les inspections périodiques soient rétablies pour que les abus qui s'introduiraient dans les échelles et les offices consulaires puissent être promptement réformés.

Une vérité, dont on ne saurait trop se pénétrer en France, c'est que du moment où des étrangers prennent part au commerce du Levant l'intérêt national s'en ressent virtuellement, parce que nos négociants ne le fournissent que de produits de nos manufactures, au lieu que nos remplaçants opèrent indistinctement leurs exportations et importations chez eux ou dans les ports qu'ils désservent.

Sans entrer dans des détails à ce sujet, je puis dire que la différence qui existe, entre le fret de nos navires et celui des étrangers, est digne de toute l'attention du gouvernement, puis qu'il s'agit du double en moyenne, c'est-à-dire, qu'on paye *vingt* par un Français ce qui n'en coûte que *dix* avec un étranger.

Il en résulte que la douane qui, en quelque sorte, protège à l'entrée le pavillon national, par des droits prohibitifs, ou relativement inférieurs, rend à la sortie, par l'exemption absolue, les diverses nations égales, et que l'infériorité des nolis permet, aux navires étrangers, de nous enlever les cargaisons puisque la différence est toute au profit de l'expéditeur.

Ce qui a été dit jusqu'ici a prouvé, je crois, deux choses : la première, que le commerce français a prospéré lorsqu'il a été fait sous un certain régime, avec intelligence, avec des fonds convenables et à l'ombre d'une autorité tutélaire; et la seconde, qu'il n'a présenté que des résultats insignifiants, ou désastreux, du moment qu'il a été rendu libre et que des *négociants* l'ont entrepris en dehors des anciens principes, avec des capitaux insuffisants et ne recontrant pas, de la part du pouvoir, tout l'appui qu'ils avaient cru devoir s'en promettre.

Je conçois que les restrictions d'autrefois aient été relatives au temps et que leur renouvellement nous ferait retrograder d'un siècle. Aussi ne demanderai-je pas même le rétablissement des inspections ayant pour objet de ne laisser partir que les productions qui auraient rempli les conditions des règlements ; je comprends que chaque fabricant est, avant tout, le premier à désirer que son ouvrage soit estimé et agréé, puis qu'il ne peut avoir aucun intérêt à discréditer son nom et à porter par là atteinte à la considération nationale.

Mais il s'agit de reprendre en Syrie la position que nous y avions et ma longue expérience, des affaires de cette province, me dit qu'à la suite des faibles essais tentés, et du découragement qui en est resulté, il n'est qu'une forte maison qui puisse y réunir les relations qui se croisaient jadis dans tous les sens, depuis Jaffa jusqu'à Alep, ainsi qu'on s'en fera une idée par les détails qui seront donnés en traitant du commerce des diverses villes.

J'avais tracé le plan d'un pareil établissement, lors de mon voyage en France en 1852, et s'il ne fut pas mis en exécution c'est moins parce qu'on ne trouva pas un homme capable, qui voulut le diriger, que par la raison que le goût des entreprises par actions n'avait pas encore résolu le problème, *qu'on peut tout tenter au moyen de l'association.* Elle remplace, en effet, les forts capitaux sans l'inconvénient de leur possession, qui, en amenant la satiété, éloigne ordinairement des grandes entreprises incertaines.

Étant toujours plus persuadé que mon projet serait susceptible de réussir, je le relatai sommairement dans l'ouvrage que je publiai en 1847,[1] mais en le renfermant

---

[1] Relation d'un séjour à Beyrout et dans le Liban. Tome I, page 213.

dans une certaine spécialité, tandis qu'il faut que beaucoup d'éléments y concourent, parce qu'il est à désirer qu'une grande quantité d'industries y prennent part.

La société serait fondée par actions et chaque fabricant en prendrait en proportion de l'importance de ses produits, ou bien d'une manière relative à leur écoulement habituel en Syrie.

Le montant des, actions se paierait avec ces articles, et leurs valeurs s'établiraient d'après un tarif que la société arrêterait ultérieurement.

Les objets qu'on demanderait, par la suite, aux manufacturiers et aux négociants actionnaires, par l'entremise du directeur, établi dans la ville qu'on choisirait pour siège de la société, ou de son agent à Marseille, seraient également réglés sur le pied de la première fois.

Les fonds provenant des actions, placées au comptant, serviraient à acquérir les denrées coloniales et les produits des industries nationales pour lesquelles on n'aurait pas de souscripteurs, quoiqu'il serait à désirer d'en avoir dans tous les genres.

Les négociants pourraient verser le montant de leurs actions en coloniaux, aux prix du jour de la consignation.

Un pareil établissement aurait bien des chances de succès dans un pays où les éléments de prospérité sont si nombreux, quoique éparpillés, qu'ils ne demandent qu'à être exploités.

La rareté du numéraire étant, selon moi, la principale cause de l'infréquence des transactions, l'établissement obvierait à cet inconvénient en attirant à lui tous les possesseurs, grands et petits, pour faire avec eux des échanges.

Formé d'un personnel capable, réunissant même des hommes ayant la connaissance de la Syrie, il fonctionnerait d'après un système que la société adopterait et du quel il ne pourrait pas s'écarter.

En Turquie, plus qu'ailleurs, les bonnes règles sont la garantie des bons résultats.

On s'interdirait de faire crédit et, dans aucun cas, on n'avancerait des valeurs en numéraire ou en marchandises aux autorités. Si, cependant, on devait accorder quelque délai à des négociants indigènes, habitant la même ville et y possédant des propriétés, on aurait soin d'en exiger une caution.

Un Arabe, comme je l'ai déjà dit, paraît riche, parce qu'on le juge d'après son commerce ; mais que ses marchandises viennent à disparaître, que lui reste-t-il? Rien. Son comptoir n'est composé que d'une natte et d'une petite étagère à compartiments pour ses papiers.

Il est, à vrai dire, des négociants qui vont jusqu'à couvrir leurs nattes d'un tapis ou d'un divan, avec accompagnement de quelques chaises. Ainsi, ne comptant pas sur le magasin qui, les trois quarts du temps, n'est pas leur propriété, ce n'est point sur leur domicile qu'il faudrait se replier, en cas de catastrophe : d'abord, parce que l'immeuble est toujours dotal, ou seulement inscrit sous le nom de l'épouse, et ensuite par la raison que les Arabes ne connaissent pas les éléments qui représentent les fortunes européennes, pas même l'argenterie et les meubles, ou les autres objets d'art les plus vulgaires ; de sorte que leur chute ne laisse après elle aucun débris, leur ruine étant complète du moment qu'ils ne sont plus debout.

C'est surtout, avec une grande circonspection qu'on devra procéder au choix des censaux, ou courtiers, dont un pareil établissement aura besoin, puisque leur indispensabilité est en quelque sorte reconnue.

Ils sont véritablement précieux ; mais je me hate de déclarer qu'ils cessent d'être bons du moment qu'ils ne sont pas surveillés, à de rares exceptions près, la ruse chez les Arabes étant décorée du nom d'habileté.

Il faudrait même qu'on s'en tint à leur égard à notre système de tout régler, de tout écrire en ne confiant rien à leur mémoire, et encore moins à leur discrétion, en un mot de ne pas s'en rapporter à ces employés au point de ne pouvoir se rendre compte, sans eux, de ce qu'ils font pour nous.

J'aurai bien des exemples à citer sur des censaux chargés des ventes et achats, tenant aussi la caisse, lesquels étant dévoués aux autorités par crainte, aux gens du pays par considération, ou sympathie, dépensant par vanité plus qu'ils ne gagnaient, se faisant d'ailleurs une ressource pour les *temps malheureux*, précipitèrent, par tous ces moyens à la fois, leurs patrons dont l'esprit n'avait pas empêché d'avoir en eux une confiance aveugle.

C'est ici le cas de signaler quelques abus que la mauvaise foi avait fait introduire dans les transactions commerciales.

Il n'y a, en effet, qu'une vingtaine d'années qu'on s'est ravisé au sujet de la laine qui était reçue en suint et expédiée de même, ce qui avait insensiblement porté les vendeurs à la livrer avec sa crotte, donnant lieu à un déchet de 50 à 70 p. 0/0. Cette manière d'agir présentait cependant plusieurs désavantages : on encourageait la fraude ; on payait un fret en pure perte, sans compter le danger qui résultait du pressage de la laine salle, mouillée ou seulement humide.

La soie n'était pas débarrassée de la bourre et des saletés qu'on y laissait, en les cachant dans les flottes, fortement tordues et repliées.

Les autres produits, susceptibles d'un triage ou d'un arrangement, étaient reçus dans l'état qu'il convenait aux vendeurs de les apporter, et la routine les faisait expédier sans qu'ils fussent devenus l'objet d'aucune préparation, ni du moindre examen.

Il était connu, néanmoins, que tandis que nos négociants expédiaient leurs noix de galles *en sortes*, les étrangers les séparaient non seulement sous le rapport de la couleur, mais sous celui également de la grosseur, ce qui leur en faisait obtenir un meilleur prix.

Il serait superflu d'entrer dans d'autres détails sur les articles d'importation, qui peuvent être falsifiés ou fraudés, parce qu'un négociant de bonne foi, qui opère avec intelligence et dont le but doit être d'améliorer sa position, saura assez les éviter.

La maison se chargerait des produits qui lui seraient apportés, des divers points de la Syrie, et ceux des objets d'échange, qui n'entreraient pas dans la composition de ses retours en France, elle les expédierait dans les lieux où s'opèrent habituellement leurs placements. Elle aurait, au surplus, l'option de les garder pour les échanger avec ceux qui viennent habituellement les acheter ou les leur vendre.

En cas d'expédition, le produit lui en serait remis en

argent ou en marchandises, s'il y avait convenance de le recevoir directement, ou bien il passerait à la direction générale ou à l'agence de Marseille, selon l'occurrence.

La société aurait à faire connaître son existence, sur tous les points de la Syrie, par une circulaire annonçant les conditions auxquelles elle entendrait traiter, pour que chacun put régler ses opérations d'une manière relative à ses moyens.

Elle s'interdirait tout commerce avec le pays, par conséquent tout envoi partiel pour son compte, dans les villes intérieures ou de la côte, afin de l'abandonner aux négociants et marchands forains indigènes, qui seraient les intermédiaires actifs des autres commerçants éloignés, lesquels fourniraient les boutiques de leur localité et en ramasseraient les articles devant servir aux échanges.

En étudiant les besoins et les goûts des habitants, en imitant leurs manufactures, soit directement ou par des entremetteurs, en un mot en cherchant à les satisfaire, le catalogue de nos produits, à placer en Syrie, s'aggrandirait et de nouveaux débouchés seraient procurés à notre industrie.

La société composée d'actionnaires manufacturiers, n'aurait pas à redouter les funestes effets des articles fraudés, qu'une très coupable avidité fait assez souvent introduire dans nos envois à l'étranger, et notre antique réputation de bonne foi nous rendrait la confiance des Syriens, en même temps qu'elle épargnerait les vérifications minutieuses de la défiance qui l'avait remplacée.

Pour détourner, toujours plus, les négociants arabes du commerce d'Europe, la maison se chargerait aussi d'y faire leurs commissions, c'est-à-dire de leur procurer les articles qu'ils lui demanderaient, pour qu'ils puissent renoncer à la concurrence qui, sans les enrichir, est un sujet de continuelle contrainte pour les Francs : voici la raison que j'en ai donnée dans un autre ouvrage.

« A l'arrivée des marchandises, l'Arabe consulte moins
« la convenance de vendre que le besoin de faire de l'ar-
« gent, pour l'employer à ses spéculations fortuites ; car
« ici tout se fait par occasion. Lorsque cette nécessité se
« présente, le négociant du pays ne s'arrête pas à la
« perte qu'il doit essuyer, et c'est là une des causes ma-
« jeures qui rendent la lutte des Arabes funeste aux
« Européens. » *Beyrout et le Liban*, 1 p. 209.

Je n'expliquerai, qu'en deux mots, ce qu'un pareil système paraît avoir d'incompréhensible et je répéterai ici que cela vient de ce que les négociants du pays étant tenus de faire des avances continuelles, à des propriétaires pour s'en assurer les produits — cette industrie leur valant d'énormes bénéfices — ils ne sont pas arrêtés par l'idée de perdre, du moment qu'il leur faut du numéraire pour faire face à leurs anticipations, le haut intérêt dont ils jouissent étant une conséquence de la rareté de l'argent, autant que du peu de facilité que l'on trouve à s'en faire prêter.

Les avances sur les récoltes et la spéculation qui consiste à s'assurer de celles-ci, ont toujours été considérées comme deux moyens avantageux de faire valoir des fonds, surtout le second qui est plus sûr quoique l'autre le soit aussi en thèse générale. Je préférerai cependant l'achat des produits sur les marchés publics, ou de gré à gré pour n'avoir pas à s'alarmer du haut intérêt, que les Arabes stipulent, dans l'autre cas , et dont leur conscience ne s'inquiète nullement , malgré qu'ils soient favorisés sur le réglement du prix de la soie , à l'ouverture de la balance , puis qu'il est tenu à 10 p. 0/0 au dessous de ce qu'elle doit valoir.

Les spéculations en produits territoriaux réussissent constamment, parce que les prix augmentent à mesure qu'on s'éloigne de l'époque des récoltes et que la différence est souvent de 30 à 40 p. 0/0. Les huiles gardées dans des puits, ou des jarres, deux ou trois ans, doublent de valeur , par la raison que les récoltes varient et que sur trois il en est une bonne, une médiocre et une très mauvaise.

Qu'on ne s'étonne pas de ma proposition d'un grand établissement pour lequel je ne demande aucun privilège, malgré que je veuille lui devoir le mérite de nous réhabiliter dans l'esprit des Orientaux et de reprendre chez eux notre place d'intermédiaires en titre dans les relations de la France avec la Syrie.

Lorsque du temps de Colbert, le puissant régénérateur et protecteur de notre commerce, nos affaires s'embrouillèrent dans le Levant au point qu'il fallut y porter un prompt remède , il n'en trouva pas de plus efficace que celui de créer *une compagnie de vingt négociants de Paris , Lyon et Marseille* et de faire les règlements qui immortalisèrent son nom.

L'association proposée, d'industriels actionnaires, et les principes d'après lesquels elle agirait sont bien, relativement à notre temps, le juste équivalant de la mesure prise par le grand ministre.

Alors le port de Marseille était le seul *autorisé* à envoyer ses navires dans le Levant, tandis qu'aujourd'hui la France est libre d'y diriger ses opérations de tous les points maritimes qui lui conviénnent.

Avant 1851, comme l'a justement observé M. Caillat, [1] Rouen n'avait jamais affrété de navire pour la Turquie et pendant cette année il y a eu six départs pour Constantinople, qui ont emporté 841 tonneaux de marchandises, en majeure partie d'encombrement, et sortant presque toutes de Paris.

L'établissement que je propose aurait, entre autres avantages, de faire éviter :

1° Les retards qu'on éprouve, sur les divers points de la côte, à recevoir les articles démandés en France.

2° La longueur des cargaisons, à la cueillette, de nos bâtiments obligés de faire plusieurs ports avant de se compléter.

Le premier inconvénient est préjudiciable aux échelles éloignées de Beyrout, à laquelle aboutissent d'abord les navires chargés pour la Syrie, quoi qu'ils aient aussi des marchandises pour la partie Nord et pour celle Sud.

Qu'arrive-t-il en pareil cas ?

La rade de Beyrout étant éloignée, d'une petite lieue, de la ville le déchargement est impraticable lorsque la mer est houleuse, ou qu'il pleut ; de là une perte de temps souvent considérable.

Mais le navire part enfin et s'il ne relâche pas à Tripoly et à Lattaquie, pour y faire de nouvelles stations, c'est le vent contraire qui l'empêche d'arriver ; aussi

[1] *Journal des Débats* du 10 février 1852.
Je regrette de ne pouvoir reproduire son long article plein d'intérêt, mais étranger à la question de la Syrie.

n'est-il pas rare de voir des traversées, de Beyrout à Alexandrette, employer un mois entier et même plus.

Souvent les capitaines sont autorisés à transborder à leurs frais *non à leurs risques*, ce qui n'empêche pas que, devant fournir un navire équivalant, on perd quelquefois beaucoup de temps à l'attendre.

Ainsi puis-je attester que dans bien des occasions, où des articles étant venus à manquer sur les marchés d'Alep, les demandes parties à la fois pour l'Angleterre et la France furent plutôt satisfaites, par les négociants de Londres que par ceux de Marseille, parce que les bâtiments arrivèrent directement du premier port à Alexandrette, tandis que les nôtres durent relâcher dans les échelles intermédiaires de Syrie, souvent après avoir aussi touché à Larnaca qui est sur leur route.

Le plus grave inconvénient attaché à l'agglomération de diverses destinations, après la perte de temps qu'elle impose aux intérêts maritimes et qui fait naturellement élever les frets, est celui qui naît, à chaque arrivage, par la décomposition d'une cargaison, de plusieurs centaines de colis, dont ces navires sont encombrés et qui se traduit par la fatigue excessive, souvent suivie de blessures, des équipages et par la détérioration des marchandises elles-mêmes.

J'avais voulu remédier à ces fàcheux préjudices en proposant de faire ajouter une lettre aux marques ordinaires des colis, afin qu'en les arrimant les marins sussent que C indiquait Chypre, B Beyrout, T Tripoly, L Lattaquie et A Alexandrette ou Alep et qu'ils se réglassent en conséquence ; mais on me répondit que les négociants étant entièrement libres on ne pouvait pas leur imposer des obligations.

L'arrimage des bâtiments a donc continué à être fait sans que les destinations fussent connues et comme c'est le hasard qui préside à l'arrangement, il se trouve, très souvent, que les effets sont placés dans un ordre contraire à leur tour de débarquement, ceux des premières échelles étant au dessous et ceux des dernières au dessus, avec une infinité de combinaisons plus ou moins compliquées.

Le commerce de Marseille, est à la vérité, au pouvoir de négociants de diverses nations et c'est, sans nul doute, ce qui leur inspire une sorte de méfiance, ou de jalousie, qui a fait qu'aucun d'eux n'a voulu opter pour la lettre accusatrice, d'après la quelle on aurait connu la précise destination des articles que . par les marques particulières, on savait déjà être expédiés par *tel* et *tel*.

Ce sont, à ce qu'il parait, de grands secrets qu'on n'est pas disposé à sacrifier, même en vue des graves dommages que je n'ai indiqués que sommairement et sans les tous rapporter.

La réunion à Beyrout, des principaux produits de la Syrie, aurait pour premier effet de former de nombreuses cargaisons entières et nos capitaines, n'étant plus obligés d'employer plusieurs mois à composer leurs chargements, réduiraient leurs nolis de retour, comme ils auraient diminué ceux d'entrée, par l'avantage de ne plus faire qu'une seule échelle.

Les paquebots à vapeur, qui desservent les échelles de Syrie, favoriseraient les opérations de l'établissement principal, avec les autres points, de même qu'ils le serviraient pour les opérations d'importation ou d'exportation qui exigeraient de la célèrité.

La maison à fonder serait, peut-être, plus avantageuse-ment placée à Seyde, à cause du Khan que nous y possédons, lequel contient d'amples logements et de nombreux magasins, question très importante, à cause de l'élévation excessive des loyers à Beyrout, où l'on se procurerait difficilement une grande maison et plusieurs magasins.

L'échelle de Seyde présente aussi l'avantage d'être plus rapprochée de Damas, en toute saison, puisque les hivers rigoureux n'en empêchent pas les communications directes—comme cela arrive de Beyrout—et d'être également moins éloignée des autres points-sud de la Syrie que cette dernière ville.

Elle ne compte pas, toutefois, des capitalistes parmi les habitants comme Beyrout.

On verra à l'article qui la concerne, dans cette Esquisse, que Seyde présente d'autres avantages sous le rapport du climat, des vivres et du mouillage.

Paquebots à vapeur. Les principales échelles de Syrie jouissent, depuis quelque temps, de la faveur d'être visitées par les paquebots à vapeur de la compagnie des messageries impériales et comme on a prétendu qu'en lui octroyant exclusivement [1] l'affermage de ce service, on donnerait

---

[1] Il y eut, visiblement, un parti pris de favoriser cette compagnie au dépend de tout autre, qui se fut mise sur les rangs, puisque la proposition de concéder par voie d'adjudication, conformement à la loi, fut rejetée et que les bonnes raisons présentées, pour ne point adopter le traité conclu par le Ministre des Finances eurent le même sort. Elles ne furent pas, au surplus, ce quelles devaient être, parce que les représentants parlant en faveur de ceux qui désiraient avoir la préférence avaient été instruits par eux, tandis que l'opposition ne put s'éclairer que des faibles reflets da la vérité et de quelques données du bon-sens commun, ce qui fit que la question ne put être longtemps débattue.

à notre commerce le développement qu'il avait vainement attendu de la précédente administration, *reputée complètement inhabile,* [1] il n'était pas à douter que les moyens de cette société étant parfaitement organisés les résultats ne fussent tels qu'on pouvait raisonnablement les attendre.

Ce qui est positif, cependant, c'est qu'il n'y eut pas de restriction dans les promesses faites à l'assemblée pour la diposer à voter en faveur de la compagnie des messageries que, *par un bonheur imprévu, par un concours de circonstances heureuses on trouvait sous la main* [2]

Ce qui fit dire, peut être trop naïvement par ce journal: » Et nous réfuserions, par un aveugle défiance, de livrer » à son activité dévorante et à ces capitaux inactifs la ma- « gnifique exploitation qu'elle sollicite! »

La loi présentée, dit encore cette feuille: « est une affaire » de vie ou de mort pour notre commerce d'Orient le pre- « mier et le plus ancien de nos intérêts » Et comme si ce n'eut pas été assez, elle se reprit en ajoutant: « Que dis-je » notre commerce? C'est notre existence internationale » qui est en jeu : Demain le vieux nom de Francs dont » l'Orient qualifiait jadis *tous les Européens* aura désor- » mais disparu de la langue musulmane et il n'y aura » plus que des Anglais et des Autrichiens dans le Levant, si » nous ne relions pas, par le lien d'une compagnie puis- » sante de transport, le port de Marseille aux échelles » levantines qui lui échappent. »

[1] M. Dupont (de Bussac) se chargea de justifier l'Etat de ce » blâme injuste. Il dit, dans la séance du 5 juillet 1851 : L'im- » puissance dont on l'accuse est l'œuvre de la position que lui avait » faite la loi et le négociant le plus capable n'eut pu faire mieux.

[2] Le Pays, 8 juillet 1851.

L'article suivant, également emprunté au Pays du 8 juillet 1851, me parut très remarquable.....

« Regardez à l'autre bout de la méditerranée! voici
» Constantinople la capitale opulente posée par la main
» même de la Providence, au confluent et au centre des
» mers intérieures! Constantinople nous tend les bras,
» ayant derrière elle 40 millions de consommateurs. Ces
» consommateurs sont précisément devenus les récents
» adeptes de notre civilisation. »

Ces très brillantes peintures durent d'autant plus ébranler la conviction de certains représentants, qu'on leur dit qu'un intermédiaire manquait à ces populations *pour se relier à la France, parce que au lieu de rechercher leurs marchés on avait l'air de les dédaigner, en leur envoyant à peine quelques marchandises surtaxées par le prix excessif du fret* [1]

Aussi, lorsque la chose fut décidée, l'auteur de ces articles s'empressa-t-il de l'annoncer en ces termes:

« La loi sur l'affermage du service postal de la médi-
» terranée a été votée par 468 voix contre 217. Le rôle
» de la compagnie des messageries va commencer en
» Orient. Ce rôle est admirable; le sort de notre com-
» merce méditerranéen est dans ses mains. Si elle sait
» être à la hauteur de sa mission, l'Orient est à nous. »

Maintenant que nos articles peuvent être fréquemment versés, et à profusion, sur les côtes asiatiques, notre commerce a-t-il obtenu tout l'avantage que s'étaient

---

[1] Entr'autres erreurs matérielles est celle-ci : Les voyages des bateaux de l'Etat étaient reglés sur le pied de trois par mois et la compagnie n'en expédie pas un plus grand nombre mensuellement pour la Turquie.

promis les partisants de l'affermage à la compagnie, comme pouvant seule redonner la vie à nos relations? je n'en sais rien. Ce que je n'ignore pas ce sont ces quatre choses :

1° Qu'on n'avait qu'un accroissement limité et relatif à espérer de l'exploitation par la compagnie ou par tout autre société, au lieu de l'État.

2° Que la fréquence des relations a ses inconvénients dans les pays où le commerce est plutôt de consommation que de spéculation.

3° Que les diverses nations ayant des produits spéciaux, elles ne peuvent se nuire entr'elles, chacune se chargeant de ce qui la concerne, en y employant la voile ou la vapeur, surtout lorsqu'à l'aller la différence est très peu considérable, des navires marchands faisant fort souvent le trajet de Livourne et de Trieste, comme de Marseille à Beyrout en 10 ou 12 jours. [1]

4° Qu'enfin ce qu'on croit ne devoir obtenir que par la vitesse des communications nous l'avions dù jusqu'ici aux qualités qui distinguent notre caractère national : la politesse, la probité et comme l'écrivait à la même époque (juillet 1851) le correspondant du Morning-Herald « La » France ne doit l'influence dont elle jouit en Orient qu'à

[1] Le Pays a cependant prétendu (5 juillet 1851) que par le Lloyd de Trieste et la compagnie péninsulaire orientale de Londres le commerce de l'Angleterre et celui de l'Autriche, se sont presque entièrement substitués au notre dans le Levant. Ce qui serait rigoureusement vrai si ces deux nations s'étaient chargées du transport des articles de notre fabrication, mais elles n'ont composé leurs cargaisons que de similaires et c'est ce qu'elles ont fait en tout temps, en y employant, concurremment, comme nous, la voile et la vapeur.

» sa langue et à sa littérature qui, de toutes celles de » l'Europe, sont les seules connues et étudiées » par la raison qu'on prend constamment pour modèle ceux qui plaisent davantage ou qu'on estime le plus.

Si les illusions se sont évanouies devant des résultats négatifs, les partisans bénévoles de l'affermage direct auront pu être déconcertés, à moins d'avoir usé de la ressource de dire : *on s'y est pris trop tard.*

Je ne présenterai, quant à moi, que peu de réflexions sur tout ce qui a été avancé d'erroné, parce que mes explications seraient également trop tardives [1]

On s'est recrié sur les sacrifices que le service postal avait coûté, cependant ils découlaient de son organisation. Si les voyages eussent été utilisés, comme le fait aujourd'hui la compagnie des Messageries, on n'en aurait pas attribué l'insuccès à *l'inaptitude spéciale des agents officiels chargés du service des paquebots poste,* [2] car les employés ont été tous conservés, ou à peu près, et quant aux officiers de Marine que l'accusation générale a pu atteindre ils ne pouvaient prétendre à une meilleure retractation que la continuité de leur service à bord de ces mêmes vapeurs sur lesquels on craignait cependant qu'on ne les accusât de *dureté, de*

---

[1] Je me trouvai à la Chambre le jour que la commission fit son rapport et en sortant je rappelai à un personnage, que j'avais eu pour voisin, l'inéxactitude de certaines propositions, comme aussi les fausses idées avancées par quelques représentants, et il me dit de communiquer mes observations à un de ses amis de la chambre .... je lui fis sentir l'inutilité des meilleures raisons devant la logique d'une opinion une fois prononcée et soutenue surtout par la majorité, et il m'approuva.

[2] Le Pays.

fierté, qu'on prendrait pour de la morgue ce qui ne seruit , ajoutait-on heureusement, *que de la dignité nationale* [1]

C'est, d'ailleurs, à tort qu'on attribuerait l'extension du commerce des Anglais et des Autrichiens , en Orient, à l'établissement de leurs paquebots à vapeur , car elle est due à d'autres circonstances nées du retour de la tranquillité et de la confiance, après la révolution grecque, les guerres intestines de la Turquie et l'invasion égyptienne de la Syrie.

Mais s'il fallait admettre que l'accroissement d enos propres relations viendrait de la facilité donnée aux correspondances par les communications à la vapeur, ne devrait-on pas en conclure qu'il n'y avait pas eu lieu d'accorder une subvention à l'entreprise privée, qui se substituait à l'Etat, puisque devant faire plus et mieux que lui, elle en retirerait de grands bénéfices ?

La compagnie des Messageries prenant, au surplus, la continuation d'un service déjà établi profitait des résultats obtenus et des connaissances acquises, car ceux mêmes qui ont calculé, comme perte, *les dépenses de construction de matériel et l'intérêt des capitaux engagés*, pour avoir un gros chiffre au passif, n'ont pu s'empêcher de reconnaitre que l'Etat ne s'était chargé que du transport de la correspondance, des voyageurs et, plus tard, de quelques marchandises fines avec cette différence *qu'il débutait* et *que les commencements imposent toujours des sacrifices.*

Ils n'ont pas été, cependant, entièrement perdus puisqu'on est convenu, que nos relations avaient doublé

[1] Discours de M. Dufaure à la chambre des Représentants, séance du 4 juillet 1851.

pendant les quatorze années que la Direction des Postes les a entretenues. Mais le commerce n'a pas été satisfait de cet accroissement et les amis des messageries impériales en ont jeté la faute sur l'Etat, tandis que je l'attribuerai aux négociants de Marseille, si les récriminations sont vraies ; car s'ils se sont contentés de doubler l'importance de leurs affaires, avec la Syrie, c'est que probablement leur ambition s'est bornée à cela, l'ayant sagement combinée avec les besoins de ce pays. Dans cette hypothése une compagnie n'aurait pas mieux fait que l'Etat, pour la correspondance et les voyageurs, et que les navires à voiles, pour le transport des marchandises.

C'est donc au dépend de nos bàtiments marchands que les paquebots du service maritime des Messageries font maintenant les gros bénéfices qu'ils se sont proposés, et nationalement parlant je ne puis voir autre chose si ce n'est, qu'on enlève à beaucoup de Français des avantatages qu'on assure à un très petit nombre.

Ce n'est pas, au reste, que les navires à voiles puissent être entiérement abandonnés, à l'aller comme au retour, les paquebots ne se chargeant que des marchandises pouvant supporter un fret élévé ; mais cette préférence cessera du moment qu'on reconnaitra que ce ne sont pas absolument les articles fins qui donnent les plus grands profits et que ceux-ci sont au contraire produits par de simples denrées, en raison *de leur rareté*, chose qui n'aurait jamais lieu si les communications à la vapeur devaient en tenir les échelles amplement pourvues.

Je redirai que chaque peuple ayant son propre commerce, les divers services de paquebots à vapeur ne s'occupent que de leurs intérêts nationaux particuliers, pour lesquels ils ne craignent pas la concurrence , certains produits étant tout spéciaux, ou d'un prix de revient qui ne saurait être égalé par d'autres pays ; que s'il est des articles que plusieurs contrées fournissent également, la France n'a pas été sans soutenir la lutte avec ses navires marchands, lorsqu'il s'est agi de denrées, ou de produits de poids et de volume , ne pouvant être transportés par des paquebots à vapeur.

On accuse, d'autre part, nos négociants de ne pas trop se soucier du commerce des pays parcourus par la ligne des bateaux-postes, et ce serait là la véritable cause de la prétendue décadence dont on a cru pouvoir se plaindre , et qu'on a voulu attribuer aux agents précédemment chargés du service des paquebots.

En effet , pendant que l'on voit des négociants et des commis voyageurs étrangers faisant valoir des capitaux et cherchant à étendre le commerce de leur nation respective , on ne rencontre généralement, en fait de français , que des industriels s'occupant de la simple commission, ou faisant des affaires selon la localité, ce qui n'est pas précisément travailler au profit de sa patrie.

On sait que les chambres de commerce, de plusieurs villes, ont été engagées *à imiter ceux qui envoyent des personnes expertes , munies d'échantillons, pour étudier les gouts des pays et tacher d'y introduire des produits nouveaux.* On n'ignore pas non plus, que des mémoires convenablement développés — suivis d'échantillons de ce qui est le plus courant dans les échelles à visiter —sont parvenus au Ministère du commerce qui les a publiés dans ses Documents et Bulletins, mais rien ne me prouve que ces appels à l'industrie française aient été écoutés.

On a dit que l'Angleterre n'avait pas un seul navire à vapeur dans la méditerranée en 1836, tandis que la ligne de Gibraltar à Beyrout, par Malte et Alexandrie, était desservie depuis plus de quatre ans, à cause des doubles rapports que la Compagnie des Indes entretenait avec ses établissements par Suez, en Egypte, et par Damas, en Syrie.

C'était pour se reserver les bénéfices, que le transport des passagers devait produire, que les Anglais envoyaient un de leurs paquebots de Malte à Marseille, d'où il ramenait les voyageurs ayant pris la voie de terre.

Avant 1830 ce furent les relations que la Syrie avait entretenues, avec Smyrne et Constantinople, qui fournirent à la consommation des manufactures anglaises, et elles s'établirent en suite avec les grands ports européens de la Méditerranée, principalement Livourne; mais aussitôt l'arrivée des négociants anglais à Beyrout et à Alep, et des nombreuses cargaisons, en tissus de tout genre, dont ils furent suivis, les gens du pays renoncèrent à leurs relations avec les places intermédiaires, pour se pourvoir auprès de ces mêmes négociants, se laissant engager, plutard, à s'adresser directement à Londres ou à Manchester, des commerçants grecs et arabes ayant jugé à propos d'aller s'y établir.

Le grand accroissement des importations britanniques, en Syrie, eut ainsi pour cause l'arrivée des négociants de cette nation, amplement pourvus d'articles de leurs manufactures, qu'ils cherchèrent à répandre toujours plus, et non à leurs paquebots à vapeur dont les voyages réguliers furent supprimés en 1839, lors de l'établissement de notre ligne, la correspondance ayant été quelque temps transportée d'Alexandrie à Beyrout par un *packet* à voiles.

Le commerce français jouirait d'autant de faveur, que celui des Anglais, si nos négociants, en les imitant, se faisaient suivre, dans les échelles, de chargements composés d'articles propres à ces pays, et s'ils s'y occupaient uniquement d'intérêts de leur patrie, en se servant, selon leur convenance, de navires à voiles ou à vapeur, puisqu'ils ont, sur les Anglais, l'avantage de pouvoir choisir entre ces deux moyens de transport, initiative de luxe et la plupart du temps inutile. [1]

Ce sont deux causes, s'accordant parfaitement, qui ont seules favorisé les établissements anglais : l'appauvrissement du pays et le bon marché de leurs tissus.

Pendant neuf ans, que j'ai demeuré à Alep, le commerce de cette nation a fourni constamment, par de simples navires, à plus de trente cargaisons, de la valeur de 4 à 5 millions de francs par an, et je n'ai pas vu que les bateaux à vapeur britanniques se soient montrés, une seule fois, pour les affaires de commerce, dans les échelles d'Alexandrette et de Lattaquie qui sont les ports d'Alep.

« M. Dufaure a pourtant dit à la Chambre [2] que l'An« gleterre fournissait tout à l'aide de ses transports si « rapides.

A l'autre assurance qu'il a donnée « qu'elle nous a sup« plantés dans le Levant pour tous les tissus de coton », on aurait dû répondre que depuis que l'Asie a cessé de nous fournir ses toiles blanches et teintes, c'est l'Angleterre, à l'aide de ses machines à vapeur, et non aucune autre

---

[1] Le transport de marchandises d'Angleterre n'a eu lieu que par les navires ordinaires, même lorsque des steamers venaient en Syrie avec des voyageurs et la correspondance.

[2] Séance du 4 juillet 1851.

nation, qui s'est chargée de pourvoir tous les peuples arriérés, chez lesquels le commerce avec l'étranger jouit encore de quelque liberté.

Je dis, en définitive, que ce n'est pas l'accélération qui a manqué à nos relations commerciales avec la Syrie, et que si elles ne sont pas plus prospères c'est la faute de nos négociants, qui n'ont pas cherché à les étendre, ou celle des circonstances, dans lesquelles s'est trouvé ce pays, et qui les auraient ainsi limitées.

Il faut reconnaître, au surplus, que notre commerce avec la Turquie n'a pas laissé de s'accroître depuis quelques années, mais que ça été, relativement aux progrès de l'époque, et non en proportion de ce qu'il était autrefois, et sans arriver aux succès obtenus par d'autres nations.

Ainsi, de 1726 à 1777, la moyenne des mouvements commerciaux du port de Marseille avec le Levant avait été, à l'entrée de 17,638,824, et à la sortie de 17,187,052, et depuis ces moyennes sont :

Années.	Importations.	Exportations.
	Millions.	Millions.
1827—1831.	14, 4	10, 4
1832—1836.	18, 3	15, 7
1837—1841. Turquie	31,0	14,9
Egypte	4,7 35, 7	4 4 19, 3
1842—1846. Turquie	49,9	21, 2 26, 6
Egypte	11,8 61. 7	5, 4

L'année 1847 a fait exception, parce que la France était menacée de disette, ce qui fit monter les importations à 95,900,000 fr. pour la Turquie et à 15,600,000 fr. pour l'Egypte, par les envois de fonds destinés à l'achat de céréales.

Depuis 1848, année que le commerce a marqué par un temps d'arrêt, les relations ont repris leur mouvement ascensionnel et il est à croire que les circonstances, que la paix achève de raviver, ne contribueront pas peu à les entretenir.

Je vais continuer à donner, comme preuve de ce que j'avance, le résumé du commerce général de la France avec la Turquie.

Années.	IMPORTATIONS.		EXPORTATIONS.	
	de Turquie	d'Egypte	de Turquie	d'Egypte
1848	24,7	9,3	29,1	6,2
1849	55,2	9,8	34,2	8,6
1850	59,7	10,6	35,8	11,0
1851	49,9	11,3	32,1	6,0
1852	55,6	17,7	28,8	9,3
1853	68,0	18,8	28,7	8,2

La moyenne des cinq dernières années a été, pour les importations : Turquie 57,7, Egypte 13,6 et pour les exportations : Turquie 31,9, Egypte 8,6.

La moyenne du numéraire importé de Turquie pendant dix années est de 3,669.203 fr.

L'augmentation qui se soutient, depuis trente ans, ne permettra pas de dire que, si nos rapports avec la Turquie acquièrent plus d'importance, ce soit aux voyages des paquebots à vapeur qu'on le doive, surtout si l'on veut bien remarquer que la disette de 1853, a fait expédier, aînsi qu'en 1847 , beaucoup de valeurs en Orient, pour en obtenir des grains , et que de pareilles circonstances constituent de véritables exceptions.

Les relevés que j'ai faits des mouvements du port de Marseille, avec les échelles de Syrie, pourront également servir à prouver que notre commerce s'accommode encore des navires à voiles , pour la majeure partie des marchandises qu'il expédie et pour celles qu'il reçoit , la célérité du transport ne pouvant lui convenir que dans certains cas , pour lesquels il peut seulement faire le sacrifice d'un fret plus élevé.

Le travail que je publie [1] a servi à me convaincre, toujours plus, que ce ne sont pas des Français qui reçoivent et expédient les navires portés sur le tableau , mais des étrangers , dans la proportion d'un peu plus de 8 sur 10, nos compatriotes paraissant se contenter d'un cinquième du commerce de leur pays. Le fait n'est que trop vrai et qui plus est très fàcheux.

Consuls. S'occuper de la prospérité du commerce sans parler des consuls ce serait nier leur utilité , je dirai même leur indispensabilité.

Colbert a pu croire que le commerce avait besoin de plus de liberté que de protection , mais c'était en thèse générale et la Turquie en est précisément l'exception, une pareille opinion n'y trouvant nullement son application.

Je puis en parler sciemment puisque j'étais en fonctions à la reprise des communications en 1815 et que j'ai été ensuite le premier consul en résidence à Beyrout, échelle nouvelle où tout était à créer. Aussi ne dois-je pas oublier de dire que j'intervenais continuellement pour

[1] Voir , à la fin de cet ouvrage , tableau nº 2.

faire accorder des bateaux de déchargement, des porte-
fais, des messagers, pour régler des comptes de douanes
et dans d'autres occasions qui se répétèrent fréquemment,
même longtemps après que les bons usages eussent été
péniblement établis.

C'est la partie la plus fatigante des fonctions consulaires,
ce qui fait qu'elle est souvent déléguée au chancelier
qui s'en décharge à son tour sur le drogman auxiliaire.
Cependant on préfère s'adresser au chef parce que la
mesure, étant commandée de plus haut, réussit mieux.

Ceux qui n'ont pas habité l'Orient ne sauraient se
faire une idée des incessantes difficultés qu'un négociant
éprouve et qui nécessitent ses recours au consulat. Ils
pourraient croire, d'ailleurs, qu'il ne s'agit que de simples formalités. Ce sera donc pour eux que j'ajouterai :
que les embarras dont la vie du commerçant est hérissée,
en Syrie, viennent autant de la jalousie de ses confrères
du pays, que du mauvais vouloir des autorités, toujours
plus disposées en faveur de leurs compatriotes qu'à l'é-
gard des étrangers.

Que si le consul ne prend pas la plainte du négociant
au sérieux, celui-ci se voit arrêté dans ses opérations
de déchargement, d'emmagasinage ou d'embarquement,
et que souvent il faut se fâcher pour obtenir ce qu'on
veut, et qu'on a droit de prétendre.

Le drogman, ou le janissaire, envoyé aussitôt la demande présentée, doit avoir reçu chaleureusement l'ordre d'en faire accorder l'objet, car c'est la condition de
sa réussite.

Si l'on se bornait à ce propos : « Monsieur un tel veut
« avoir une barque, des portefaix, ou tout autre chose.»

on n'obtiendrait rien. Il faut que l'envoyé puisse attester que le consul s'est mis de mauvaise humeur ; qu'il gronde. . . . On s'empresse alors de conjurer l'orage.

En quoi consiste notre force en Syrie ? Dans l'opinion. — Et surquoi est-elle fondée ? Sur la pensée de notre crédit et du péril qu'on court à le braver.

Rien n'est impossible à un consul qui a soin de sa réputation. C'est le moyen de l'emporter en toute occasion. Mais comme chez les Turcs les extrèmes se touchent, parce que c'est un peuple d'antithèses, selon l'expression de M. de Peyssonnel [1], il en est un autre entièrement opposé à celui-là : La voie de l'argent, la communauté des *vices* entre le réclamant et l'autorité.

Ce second moyen est, malheureusement, trop souvent employé et alors la considération de tout le corps en souffre, parce que les consuls qui se respectent sont enveloppés dans la défaveur qui se prononce contre les autres.

Jadis on exigeait des qualités spéciales chez les individus destinés à la carrière de Turquie, où les consuls jouissent de prérogatives qui ne sont accordées ailleurs qu'aux ministres publics, et cette garantie était relative au degré de considération dont ils se trouvaient entourés, par la nature de leurs fonctions.

L'avancement venait à la suite d'emplois progressifs, exercés dans certaines échelles où l'expérience avait montré qu'ils acquerraient des connaissances utiles. C'était un apprentissage approuvé par le temps et que de nouveaux résultats confirmaient sans cesse. Aussi, n'avait-on qu'à

[1] Ancien consul.

consulter le tableau du personnel pour trouver, dans l'occurence, quel était celui qui convenait le mieux et il se présentait comme une spécialité.

Ce mode est changé, je ne le sais que trop, car on tient aujourd'hui que les individus sont propres à tout. Mais j'ai besoin qu'on me dise, ce qu'on a gagné en partant de ce principe ? Je croirais autant qu'un colonel de cavalerie peut remplacer un capitaine de vaisseau, tous deux hommes de guerre et chefs.

Ce système a, sans doute, été inventé pour mieux cacher les abus du dernier régime, sous des ministres sans sollicitude pour leurs employés, qu'ils ne cherchaient pas à connaître, ne s'occupant qu'à recueillir des votes et s'attachant, par tous les moyens, les personnages qui pouvaient leur en procurer. C'étaient ceux-ci, en effet, qui obtenaient l'avancement immérité de leurs protégés, au détriment des agents qui, dans la vieille habitude de devoir le leur à des efforts de zèle, continuaient à remplir leurs fonctions avec dévouement et résignation.

L'amour des ministres, pour la conservation de leur portefeuille, était tel qu'ils faisaient eux-mêmes les moindres promotions, de sorte que le directeur des consulats n'étant pas consulté, ne parvenait jamais à faire observer les réglements constitutifs, quelle que fut sa conviction intime sur la nécessité de les mettre à exécution, sans compter qu'il était persuadé de la justice due à des employés attendant un avancement mérité, par de longs et loyaux services.

Le prince de Talleyrand, qui était encore de la vieille école, a dit : [1] « Qu'il faut savoir beaucoup pour être un

---

[1] A l'Institut, le 2 mai 1838, à l'occasion de la mort de M. Reinhart.

« bon consul; car ses attributions sont variées à l'infini,
« elles sont d'un genre tout différent de celles des autres
« employés des affaires étrangères. Elles exigent une
« foule de connaissances pratiques pour lesquelles une
« éducation particulière est nécessaire. Les consuls sont
« dans le cas d'exercer, dans l'étendue de leur arrondis-
« sement vis-à-vis de leurs compatriotes, les fonctions
« de juges, d'arbitres, de conciliateurs. Souvent ils sont
« officiers de l'état-civil ; ils remplissent l'emploi de no-
« taire, quelquefois celui d'administrateur de la marine.
« Ils surveillent et constatent l'état sanitaire; ce sont eux
» qui, par leurs relations habituelles, peuvent donner
« une idée juste et complète de la situation du com-
« merce, de la navigation et de l'industrie particulière
« au pays de leur résidence. »

M. de Sartine, faisant sans doute allusion aux postes
de Turquie, écrivit en 1776 à M. de la Tour, intendant
général du commerce, à Marseille.

*Qu'il était difficile de rencontrer en France des hom-
mes réunissant toutes les qualités que l'on doit désirer
dans un consul.*

Et il ajoutait :

« Aussi les consuls ont été souvent mal choisis et il en
est résulté des inconvénients fâcheux. »

Ferait-on un pareil aveu aujourd'hui, qu'on emploite
les hommes comme étant également bons par tout? Je sais,
cependant, et bien des gens le savent aussi, que des
évènements graves ont été provoqués par l'inexpérience
de nouveaux venus.

Un des torts de la dernière administration, qui paraît
devoir se continuer, étant fondé sur la loi des retraites,

est celui qui fait rappeler l'agent qui voudrait continuer à servir et qui joint à une longue expérience les autres qualités qu'exige l'état de consul.

Les pensions étaient, autrefois, graduées pour engager les employés à se retirer le plus tard possible.

C'est encore là une des idées disparates des temps présents, comparées à celles des temps passés.

Cela semblerait prouver, qu'on ne cherche pas autant à conserver ces mêmes hommes, qu'on a cependant acceptés, comme étant propres à servir, en tout lieu, avec d'égales chances de succès.

Sous le régime des spécialités, les consuls pouvaient s'adonner à l'étude des idiômes de l'empire ottoman, le turc et l'arabe principalement, et ils se trouvaient très bien de les posséder, car c'était le plus sûr passe-partout pour y bien soigner les intérêts de leurs nationaux. [1]

L'idiôme turc est magique par l'effet qu'il produit sur l'esprit des gouvernants qui, la plupart du temps, n'en savent pas d'autres. C'est d'ailleurs la langue du commandement, à laquelle l'Arabe ne saurait suppléer, si ce n'est dans certaines localités, en Syrie par exemple, où elle est aussi indispensable.

Elle l'était de mon temps, la correspondance officielle se tenant dans cet idiôme, aussi me fallait-il porter une grande attention à la rédaction de mes lettres, qu'on composait bien, me disait-on, d'après les idées que j'avais données mais que l'écrivain arrangeait, prétendument, selon le *génie* de la langue arabe, c'est-à-dire

---

1 A l'époque où chacun voulait des places pour les siens, je vis nommer élève consul en *Amérique*, quelqu'un sachant bien le turc et le persan, langues qui lui auraient parfaitement servi en Orient.

qu'en effleurant mes raisons il les accompagnait de phrases de convention qui les submergeaient.

J'étais, néanmoins, parvenu à faire entendre à mes scribes que la logique était préférable à l'éloquence et qu'en diplomatie il fallait donner beaucoup de signification à peu de mots, et non s'étendre diffusément pour ne rien dire.

Les principaux écueils que les consuls ont à redouter en Syrie se trouvent dans la protection qu'ils accordent au clergé catholique en général, et à certains rayas en particulier.

Dans le premier cas, ils doivent être en garde contre les excès de zèle et la fausse application du devoir des missionnaires, qui leur font entreprendre des conversions hasardeuses, parce que n'offrant pas de solidité elles présentent, au contraire, des dangers réels.

Quoique les missionnaires ne demandent pas conseil, sur ce qu'ils comptent faire, le concours des consuls leur plairait assez, parce qu'alors ils s'assureraient, disent-ils, de vastes moissons ; mais comme le prosélitisme ne s'opère point par des coups d'autorité, les religieux ne doivent s'attendre à aucun appui officiel dans cette partie de leurs fonctions.

Rarement les consuls ont eu à se louer, au surplus, d'avoir secondé les convertisseurs, même indirectement, parce qu'une fois leur obligeance engagée il fallait continuer, ou, s'ils la retiraient, le blâme d'avoir fait manquer de belles œuvres, presque toujours éphémères, était la récompense qu'ils devaient en attendre.

On verra dans la suite de cette Esquisse que le choix des sujets, pour les missions de Syrie, n'a pas été toujours heureux. Les consuls ne sauraient être, à cause de cela, trop circonspects à l'égard de tout religieux débarquant dans le pays de leur résidence. Je ne ferai une distinction qu'en faveur des Français dont je n'ai eu qu'à me louer, pendant mes vingt-sept ans de consulat à Lattaquie, à Beyrout et à Alep.

Une coutume trop prônée, dans cette dernière ville, est celle d'y recevoir avec éclat les prélats qui arrivent: révérendissimes ou délégués du St-Siège, et comme les gens du pays ont voulu suivre notre exemple, pour l'entrée de leurs évêques, il en résulte chaque fois une animadversion publique, une haine très prononcée. Je ne serais donc pas éloigné d'admettre que ce soit le fanatisme musulman, blessé par la pompe développée à l'arrivée du patriarche grec-catholique à Alep, qui ait déterminé, en octobre 1850, les mahométans à s'en venger par le pillage et le massacre des chrétiens. Ce fut du moins le sentiment public.

Il est toujours dangereux de heurter les préjugés d'un peuple ignorant, surtout en matière de religion, et dans un pays où l'autorité est impuissante à maintenir l'ordre.

Ce péril est d'autant plus à éviter qu'on le court sans un véritable besoin, s'agissant d'un usage uniquement goûté et approuvé par le vulgaire.

Le gouvernement français veut qu'on exerce son protectorat à l'égard des personnes attachées aux divers établissements fondés sous son égide, mais il entend qu'il soit pratiqué avec prudence et mesure, pour ne pas blesser les susceptibilités, ni jamais hasarder la tranquillité d'un pays, pour une simple satisfaction d'amour-propre.

Je m'occuperai à l'article *Mont-Liban* de la protection

accordée au clergé maronite et aux autres nations catholiques, dans leur divers rapports avec les villes, protection dont jouissent également les évêques et prêtres orientaux, qui desservent des églises de leurs rites dans diverses échelles de Syrie.

La protection des sujets du Grand Seigneur, qui sont au service de notre nation, donne également lieu à de nombreux désagréments, du moment qu'on s'écarte, à leur égard, du principe établi par nos sages règlements, d'après lesquels ils n'ont droit à l'appui des consuls que pour les affaires des négociants qu'ils servent, et non pour les leurs propres, ainsi qu'ils l'entendent constamment, leur *prétention*, en se mettant au *service* d'une nation, étant d'en faire partie intégrante et, parconséquent, de jouir de tous ses privilèges.

C'est uniquement à cette fin que les Arabes se donnent tant de mouvement, pour arriver au titre de protégés, parce que si son obtention leur a coûté quelques sacrifices [1] ils savent s'en dédommager, par les avantages qu'ils font rendre à la protection.

J'ai remarqué, dans bien des occasions, que les plus fâcheuses affaires étaient dues aux protégés, aussi peu mesurés dans leurs spéculations que dans leurs propos.

Est-ce le cas, disent-ils, de se mettre sous l'égide d'une nation puissante, si c'est pour continuer à être prudents et réservés ?

Pendant longtemps nous avons pu faire admettre les censaux, magasiniers et domestiques des négociants au

[1] Chez les consuls étrangers, qui ne reçoivent pas de traitement, de leur gouvernement, les emplois de drogman et de courtier donnent lieu à une rétribution.

nombre des protégés, mais l'extension démesurée donnée à ce qui n'était qu'une concession, a ouvert les yeux sur un abus privant le fisc de contributions dues par les rayas, et depuis lors l'autorité cherche à supprimer cet usage, que les Francs voudraient voir seulement restreindre.

L'exemption mentionnée dans les capitulations n'est, au fait, relative qu'aux domestiques de l'ambassadeur, dont le nombre est fixé à quinze, et dans les échelles c'était le percepteur du *karach* qui avait l'attention d'en envoyer neuf au consul et deux à son premier drogman, pour les gens à leur service ; ce n'était donc qu'une simple courtoisie qui était reconnue par un petit présent du consul au préposé.

C'est, au surplus, en vue des améliorations que promet l'administration turque que les ambassadeurs ne tiennent plus à la conservation de ces anciennes coutumes, qui avaient eu pour but d'enlever, à l'autorité locale, jusqu'au plus petit prétexte de se mêler des affaires des Européens, et si le gouvernement ottoman parvient enfin à organiser son pays de manière à faire disparaître les anciens abus, qui neutralisaient ses lois, en rentrant dans le droit commun, on ne pourra pas en exiger des concessions contraires à ses intérêts, autant qu'à une exacte justice.

Les puissances qui ont voix prépondérante à Constantinople ont pris un bon moyen d'assurer la tranquillité des sujets non musulmans, en déclarant que la sympathie qu'elles montreront au Grand Seigneur sera relative au bien être dont il fera jouir les chrétiens dans son empire, car c'est une haute protection accordée à tous et c'est la seule digne de la sollicitude des souverains, puisque les emplois auprès des négociants ne préservaient que quelques individus, souvent même fort peu recommandables, tandis que leurs coréligionnaires de l'intérieur, étaient exposés à tous les écarts d'une administration rien moins que paternelle. [1]

Le choix des *consuls* étrangers devrait être fait avec d'autant plus de discernement que la profession de commerçant, qu'ils exercent, à l'exception de ceux d'Angleterre et de Sardaigne, les met plus particulièrement en évidence.

Il est vrai qu'un certain public a appris à les distinguer, sans que cela empêche, entièrement, que le méfait de l'un de ces consuls ne réjaillisse, en quelque sorte, sur tous ses collègues, à cause de la parité de nom, et parce qu'on ignore, en général, qu'ils ne sont pas de même catégorie.

L'habitude que l'on a, en Orient, de confondre les agents avec les consuls, est toute au désavantage de ceux-ci, la classe qui a fourni les autres offrant moins de garantie pour le décorum—qu'il serait pourtant utile de leur voir tenir—et pour une régularité de conduite, quoiqu'ils devraient concourir au maintien de notre considération, surtout avec le désir qu'ils ont d'en profiter.

Ces agents sont trop multipliés, et c'est par la faute des consuls qui, en les établissant, ont moins consulté l'intérêt de leur nation que le leur propre. Je me suis constamment

---

[1] Le temps qui vient de s'écouler est loin d'avoir confirmé ce jugement et ce vœu, tandis que la conduite du gouvernement turc n'a cessé de prouver qu'il est aussi facile à promettre, qu'impossible à s'exécuter, et qu'au demeurant il continue à se jouer de ses alliés ou amis.

abstenu de nommer des agents sur les points où nos navires n'avaient pas à se montrer, et quand il a fallu pourvoir à un poste, j'ai évité d'y placer des étrangers, surtout des sujets ottomans.

Parmi les privilèges que les capitulations accordent aux consuls de France, celui de protéger les individus qui n'ont point d'agent de leur nation, dans la ville où ils se trouvent, est sans doute un des plus beaux ; mais il devient une lourde charge, dans bien des occasions, parce que l'admission de l'étranger dans le giron du consulat y est suivie de ses mauvaises affaires.

J'ai rempli mes fonctions en Syrie pendant que diverses nations n'y avaient pas de consuls, et en 1840 j'ai dû recevoir, sous la protection de France, plusieurs établissements de commerce anglais et des sujets russes, que l'éloignement forcé de leurs protecteurs officiels abandonnait à eux-mêmes.

J'avais déjà rendu de nombreux services à ces mêmes nations ainsi qu'à d'autres, notamment à la Toscane en faisant rendre un de ses navires [1], et si j'ai eu à me féliciter d'une chose, ç'a été de penser qu'en m'employant pour des étrangers j'avais travaillé, en même temps, à la considération de ma nation dont ces protégés et le public

---

1 Pendant la révolution grecque un corsaire enleva un bâtiment toscan en chargement devant Beyrout, et comme le vice-consul n'était pas écouté, parce qu'il faisait le commerce et avait la réputation d'être lié d'intérêt avec les marchands du pays, je dus intervenir pour attester que la cargaison du navire était entièrement la propriété de négociants de Livourne et de Gênes. Le Grand Duc accorda, à cette occasion, une récompense, mais elle fut adressée à son vice-consul l'auteur supposé de cette délivrance.

ne manquaient pas d'exalter la générosité , car il ne m'a été donné de garder d'autre souvenir agréable des bons offices rendus aussi à des sujets sardes, suisses, bavarois, belges et grecs que les décorations que les Rois de Grèce et de Sardaigne ont daigné m'accorder, ce qui fait que je les considère comme la rémunération insigne des peines prises pour tous [1]

Intérêts religieux européens. Les intérêts religieux de la France en Syrie sont de trois sortes: les lieux saints; les couvents établis dans les villes, au carmel et dans le Liban; la protection accordée, dans certains cas , aux chrétiens [2] qui habitent cette province.

Les sanctuaires de la Palestine ont été , de tous temps, un motif de discussion entre les peuples pour lesquels ils sont pourtant un juste sujet de dévotion, et attendu qu'ils se traitent réciproquement de schismatiques , chacun pense, se croyant le droit de les posséder seul, ne pouvoir en laisser aux autres sans une sorte de profanation.

[1] La présence de Lord Palmerston au *Foreign-Office* a fait que je n'ai reçu aucun témoignage de la Grande Bretagne et quant au gouvernement russe il a dû ignorer que je me fusse occupé de ses nationaux, le vice-consul d'Alep n'étant qu'honoraire et n'ayant point de rapports avec le Ministère à St. Pétersbourg.

[2] Je dis les chrétiens, et non les catholiques, parce que les consuls de France n'ont jamais fait de distinction, entre les rites, toutes les fois qu'ils ont pu exercer leur humanité à l'égard des chrétiens, les autres protecteurs étant de récente date. C'est ainsi que j'eus de nombreuses occasions de servir des Hellènes de 1824 à 1830; qu'en 1834 je fis rendre une fille grecque d'Antioche, dont le gouverneur d'Acre avait fini par s'emparer et qu'en 1845 plusieurs Arméniennes de Killis furent arrachées des mains des musulmans qui les avaient fait apostasier.

Sans aborder la question sous le point de vue de ces scandaleuses dissensions, je l'envisagerai sous le rapport historique , puis sous celui de la légalité.

Je ne ferai pas découler notre droit de ce que *Haroun el Rachid soumit à la puissance de Charlemagne le Saint et salutaire lieu du Sépulcre et de la résurrection de Notre Seigneur*.

Ni de ce que, pendant les croisades, les religieux-francs ont possédé des établissements connus de tout le monde, tels que le Mont-Sion , au pouvoir des enfants de Saint Basile , l'hospice de St. Jean et le bazar du Temple, que les Chevaliers de ces deux noms rendirent si célèbres.

Les religieux franciscains durent , d'ailleurs , abandonner les lieux saints après la prise de Ptolémaïs et ils ne purent y rentrer qu'en 1333. Ce fut le Père Rogerio Guarini qui en obtint la permission du Soudan d'Egypte. [2]

En 1342 Robert d'Anjou , roi des deux Siciles , et la reine Sanche , son épouse, obtinrent, par leurs instances auprès du Soudan, et de nombreux sacrifices, que ces religieux pussent demeurer dans l'église du Saint Sépulcre et y célébrer les divins offices et qu'ils possedassent aussi , sur le Mont-Sion , un petit couvent que la reine fit bâtir à ses frais. Ce couvent contenait douze religieux et l'église renfermait le fameux Cénacle.

La reine Jeanne de Sicile dut intervenir, en 1363 , auprès du Soudan, pour protéger les religieux franciscains, contre les mauvais traitements dont-ils étaient l'objet de la part des autorités locales, et la lettre écrite à cette

[1] H. Martin, Hist. de France. VII. 418.
[2] *Notizie Storiche intorno ai luoghi della terra Santa* par le P. *Agapito* de Palestrina page 29.

occasion fait mention de l'établissement de ces moines à Bethléem, prés du lieu de la naissance de Jesus-Christ. La reine demanda, en même temps, qu'on accordàt aux pères latins la permission d'avoir d'autres hospices.

Ces religieux restèrent donc paisibles possesseurs de l'église du Saint-Sépulcre et, si diverses circonstances durent les en éloigner, ils y retournèrent toujours par les soins des princes catholiques.

Ils furent cependant obligés d'abandonner, en 1559, le couvent de Mont-Sion et ils ne purent plus ravoir ce sanctuaire vénéré.

De fanatiques musulmans avaient représenté au Grand-Seigneur que le tombeau de David se trouvant sur le lieu occupé par le couvent des Francs, il était plus convenable que les restes du Saint Prophète fussent recouverts d'une mosquée que d'une église.

François Ier intervint auprès de Soliman II pour faire rendre le couvent du Mont-Sion, mais ce fut inutilement.

Le plus ancien document que possédent les religieux franciscains remonte à l'année 899, de l'hégire (1484), époque où Jérusalem dépendait encore des Soudans d'Egypte. C'est une sentence rendue, par ordre souverain, en faveur des pères latins possesseurs *ab antiquo*, y est-il dit, de *tout le Mont-Calvaire*.

Je ne ferai pas la description des autres titres, au pouvoir de nos religieux [1], mais après en avoir donné les dates je réunirai, dans un seul article, les noms des principaux lieux qu'ils désignent.

[1] J'en fis un relevé en 1831 à Jérusalem, où je trouvai le Révérendissime qui avait suivi à Constantinople les réclamations pour les lieux-Saints, de 1828 à 1830.

Je reviendrai à ces mêmes documents , lorsqu'il sera nécessaire d'appuyer quelques uns des faits que j'avancerai : je le ferai en les accompagnant des dates correspondantes de l'ère chrétienne.

Les actes prouvant la propriété des sanctuaires sont au nombre de vingt-six. Celui que j'ai déjà cité est seul antérieur à la domination ottomane en Syrie.

Ils se composent de : cinq jugements , deux actes de notoriété juridique, quatre contrats d'achat , sept Khatt Chérifs , sept Firmans.

Leurs dates , avec correspondance aux années chrétiennes , sont les suivantes :

889—1484, 972—1564, 973—1565, 1020—1611,
1030—1620, 1041—1631, 1042—1632, 1045—1635,
1048—1638, 1066—1681, 1097—1685, 1101—1689,
1102—1690, 1104—1692, 1107—1694, 1115—1703,
1121—1709, 1144—1731, 1145—1732, 1146—1733,
1169—1755, 1170—1756, 1225—1810, 1225—1810,
1227—1812.

Toutes ces pièces constatent que les sanctuaires, dont les noms suivent, appartiennent aux religieux franciscains.

Le Saint-Sépulcre ; les deux coupoles qui le recouvrent ; l'espace qui l'entoure ; celui qui est devant, jusqu'à l'église des Grecs ; la grande Arcade ; la moitié du Calvaire ; les sept arcades de la Magdelaine, haut et bas ; la Pierre de l'Onction; la grotte de la Croix; la grande église de Bethléem; la Crèche ; les trois clefs de l'église et de la Crèche ; le sépulcre de la Vierge ; les deux jardins. [1]

Les actes des années 1681, 1692, 1732, et 1733 , sont

[1] De Gethsémani et des Oliviers.

des titres de propriété des terrain, grotte, citerne, oliviers et enclos du village *des Pasteurs*.

Jusqu'en 1565 l'autorité n'était intervenue que pour défendre les religieux francs , contre les tentatives des Grecs, et le jugement rendu à cette époque porte : « que « les pères franciscains jouissent seuls du droit de placer « des lampes et autres ornements dans l'église et la crê-« che de Bethléem et qu'ils ne peuvent pas être forcés « par les Grecs d'ouvrir ce sanctuaire. »

Mais il paraitrait que les inconvénients de pareilles discussions souvent répétées, entre les Latins , et d'au-très chrétiens, étant vivement sentis à Rome, les papes ordonnèrent aux religiéux de Terre-Sainte de n'être pas exclusifs à l'égard des Grecs , qu'ils pourraient rame-ner à leur communion en leur permettant, au contraire, d'officier dans leurs sanctuaires et d'y avoir même des chapelles.

Les Grecs , profitant largement de la faculté qui leur était donnée, sembleraient avoir également tiré parti de fàcheuses circonstances pour nous déposséder de ces mêmes lieux, que notre générosité les avait autorisés à partager avec nous.

Par surcroit de malheur il advint, en 1599, qu'un fana-tique musulman d'Espagne, venu sans doute pour ac-complir le précepte du pélérinage , déplora hautement la possession des lieux sacrés de la Palestine , par le reli-gieux franciscains, et prophétisa qu'aussi longtemps que ceux-ci ne seraient pas expulsés de la Syrie les armes musulmanes ne vaincraient pas les Chrétiens.

Ce dévot personnage s'insinua tellement dans l'esprit des ministres de Mahomet III que le Sultan ordonna de supprimer les établissements religieux francs et d'en faire transporter les ornements à Constantinople.

Les vives représentations des Ambassadeurs de France et de Venise parvinrent pourtant à faire révoquer le décret du grand Seigneur.

Ce fut quelque temps après (1611) que fut obtenu le premier firman de la Porte, par lequel il *est déclaré* que nos religieux possédaient exclusivement la grande église de Bethléem et la Crèche *avant même que la ville de Jérusalem fut passée sous la domination du Sultan de Turquie.*

Le firman suivant (1620) « en confirmant la posses-
« sion *ab antiquo* de tous les sanctuaires, au pouvoir des
« pères latins, *sans mélanges d'autres nations*, fait
« défense aux Grecs et aux Arméniens de célébrer la
« messe, de faire d'autres fonctions, de placer des
« chandeliers, lampes et autres choses dans les lieux au
« pouvoir des Francs, ni de *prétendre* à la posséssion
« des sanctuaires des religieux latins, et que si les dites
« nations formaient de telles prétentions, elles ne fussent
« pas écoutées. »

Cet ordre prouve que les pères franciscains, ayant pressenti ce qu'aurait de facheux pour eux la liberté donnée aux Grecs, avaient voulu en arrêter l'effet.

Le firman de 1631 ordonnant que « si les Grecs et les
« Arméniens s'étaient emparés de quelques-uns des
« sanctuaires, possédés *ab antiquo* par les moines Francs,
« on eût à les enlever de leurs mains » prouverait, que
ce n'était encore que par leurs intrigues, à Jérusalem,
auprès des autorités qui nous étaient des plus hostiles,
depuis la perte du Mont-Sion et la prédication du maure

d'Espagne, que les Grecs avaient débuté dans leur usurpation; mais en se présentant, trois ans après, à Constantinople la corruption, qui leur avait valu un *Ilam* Juridique, fut aussi employée à le faire admettre. [1]

Les Grecs, avec leurs propres sanctuaires de Jérusalem, et le large usage qu'ils firent de la liberté à eux accordée par les Latins, purent bien se déclarer *occupants*, ce qui, en justice turque, étant l'équivalant de *propriétaire*, il coulait de source qu'ils eussent fait constater la chose juridiquement. J'ajouterai que c'est la voie ordinaire pour obtenir une décision suprême, parce que l'autorité veut être fixée sur la légalité de la demande et que l'*Ilam* du Cadi fait seul foi en pareil cas.

Les Francs avaient profité d'un moment favorable [2] pour faire prononcer en 1655, par un barat du G. S.

[1] Les cordeliers disent que la liberté qu'eurent les Grecs, « dans leurs églises, fit naître en leur esprit le dessein de s'en « rendre maîtres..... Tant y a que ces derniers vinrent l'an 1634 « à la Porte et produisirent d'anciens titres de possession du « Mont-Calvaire, de la grotte de Bethléem et d'autres lieux. Les « cordeliers furent cités au Divan. Ils y comparurent avec les « ambassadeurs des princes de la Chrétienté qui étaient alors à « la Cour de Turquie. L'affaire y fut plusieurs fois plaidée en « présence du Grand-Visir. Tous les Chrétiens qui ont alliance « avec la Porte s'intéressèrent dans le procés, aussi bien les « protestans que les catholiques romains. Il fut fait de grosses « dépenses de part et d'autre. Enfin les Grecs gagnèrent et « furent mis en possession des Saints lieux, comme ils le de- « mandaient. » Chardin, voyage en Perse T. I.

[2] Le Grand Visir qui prononça en leur faveur (celle des Grecs) étant mort au bout de deux ans, les Européens demandèrent que le procés fut revu. Cela fut fait et entièrement à l'avantage des Cordeliers. Chardin.

l'exclusion des Grecs de la totalité des sanctuaires, avec obligation d'en retirer les chandeliers, lampes et autres qu'ils y auraient placés.

En 1655 un firman contenait la décision « que le tom-« beau de la Vierge *devait rester au pouvoir des* reli-« gieux latins, qui l'ont *toujours possédé*, sans que les « Grecs puissent les inquiéter à ce sujet. »

Chardin, qui se trouvait à Constantinople, pendant qu'on y traitait la question des Saints-lieux, attribue l'insuccès des négociations à deux causes : Il met la première sur le compte de M. de la Haye qui, pendant que les femmes et les eunuques gouvernaient, sous la minorité de Mahomet IV, ne voulut pas faire de visite, ni de présents au Grand Visir Cupurli-Mehemet Pacha, pour ne pas les perdre comme avec ses prédécesseurs, qui étaient restés moins d'un mois au pouvoir, et il en fut très mal reçu lorsqu'il résolut enfin de lui présenter ses félicitations. Cette faute eût une facheuse et longue influence sur les affaires des Français à la Porte, attendu que le Grand Visir eut son fils pour successeur et que M. de la Haye fils remplaça aussi son père.

La seconde cause venait du dépit du gouvernement turc contre la France qui avait preté secours à ses ennemis les Vénitiens et les Hongrois.

Chardin ajoute :

« Ce furent MM. de la Haye (père et fils) et M. de Noin-« tel qui furent chargés de négocier la reintégration des « cordeliers dans la possession des sanctuaires qu'on « leur avait enlevés. »

« L'Ambassadeur de l'empire et le Baille de Venise « avaient fait de vains efforts pour les faire rendre aux « religieux de Terre-Sainte.

« Les cordeliers voulaient que la restitution fut le *sine
« quâ non* du renouvellement des capitulations, qui
« était alors l'intérêt du jour ; plusieurs questions à l'a-
« vantage des deux pays s'y rattachaient d'ailleurs.

« Les commissaires de Terre-Sainte offrirent cent
« mille écus au Visir pour rentrer en possession des Lieux
« Saints, qu'on leur a ôtés, et en voulaient encore dé-
« penser autant à faire des présents au Grand-Seigneur
« et aux ministres de la Porte, mais leur argent ne leur
« servit de rien. » [1]

Cette dernière réflexion ferait croire que les négociations ne réussirent pas, et comme Chardin avait annoncé,
trois pages plus haut, « que le Grand Visir était plutôt
« disposé à accorder la diminution des droits de douane,
« et le commerce de la mer Rouge » ce seraient les intérêts commerciaux qui l'auraient emporté sur ceux religieux. Telle n'est pas, cependant, l'opinion de M. Pouqueville, auteur du *Mémoire historique et diplomatique*
sur le commerce, puisqu'il dit page 62 :

« C'était l'époque des grandes conceptions : Colbert
« venait d'établir la compagnie des Indes Orientales ;
« on se proposait d'ouvrir de nouvelles voies au com-
« merce par le golfe Persique ; on demandait la libre
« navigation du Pont-Euxin. On touchait au moment
« d'obtenir d'heureux résultats, mais tout fut entravé
« par les menées de quelques cordeliers qui aspiraient
« à la possession exclusive des Saints-lieux. La diploma-
« tie reçut l'ordre de négocier en leur faveur et elle dut
« sacrifier, pour cela, des intérêts de la plus haute
« importance. »

[1] Chardin, Voyage T. 1er. p. 22.

Le P. Agapito affirme qu'en 1674 les Grecs usurpèrent, aux Latins, les deux grands sanctuaires du Saint-Sépulcre et de la Crèche, ce qui prouverait qu'il y eut restitution et reprise.

Ils ne s'en tinrent pourtant pas là, eux qui avaient profité des facheux événements qui affligèrent la France de 1648 à 1652, et du discrédit de notre légation à Constantinople, pour faire valoir leurs prétendus titres, avec la facilité que procure la vénalité, là où elle fait rendre à l'intrigue les honneurs du droit.

Sans se contenter de partager les sanctuaires, dans les quels ils avaient été charitablement admis, ils achevèrent d'en dépouiller entièrement les catholiques.

Notre crédit ayant nouvellement repris, une première enquête fut ordonnée (1686) par la Porte aux primats et juges de Jérusalem, en présence du Pacha de Damas, et sur la présentation de la pièce qu'elle produisit, entièrement favorable aux religieux franciscains, un officier du Grand-Seigneur reçut la mission d'aller vérifier les faits consignés dans l'exposé. Ayant été trouvés conformes à la vérité, les pères latins furent remis (1689) en possession de tous leurs sanctuaires. Le *Khatt Chérif* qui l'ordonnait portait : « Que la faculté « de placer des ornements dans les sanctuaires et d'y « officier appartient aux seuls religieux Francs et que « la préséance leur est due dans les fonctions. »

A chaque changement d'Ambassadeur, ou avénement de Grand-Seigneur, de 1690 à 1755, un nouveau *Khatt Chérif* confirmatif, des droits des religieux était obtenu.

Un firman de 1756 déclare: 1° « Que le droit de ba « layer et nettoyer les sanctuaires appartient aux seuls

« religieux Francs ; 2° que les documents que posséde
« la nation grecque sont faux, ayant été obtenus par
« des voies illicites ; 3° que les trois religieux grecs
« agresseurs, Sofronio, Anania et le sacristain seront
« punis. »

Les pères latins jouirent longtemps de la possession
des Saints-lieux et lorsque l'indifférence, qui précéda
notre désastreuse Révolution, laissa les sanctuaires dans
un certain abandon, les augustes souverains d'Espagne
et d'Allemagne leur prêtèrent une puissante protection ;
mais ils eurent aussi des troubles à conjurer et devant
les grandes questions d'intérêt national s'effacèrent celles
qui y étaient étrangères et qui pouvaient être différées.

Les Grecs profitèrent de ces circonstances, pour revenir à leurs premières prétentions, et lorsqu'en 1808 un
incendie, qui fut, dit-on, leur œuvre, vint détruire le
grand temple, les pères latins n'étant pas en mesure de
réparer le dommage, les Grecs se mirent à leur lieu et
place pour s'en faire un droit ; saisissant aussi cette occasion pour enlever les tombeaux des rois croisés placés
en face de la pierre de l'onction. La présence, dans ce
lieu, d'épitaphes latines était un témoignage trop évident de la possession des Francs.

Dès 1810, M. de Latour-Maubourg avait obtenu l'ordre
« de faire rentrer les religieux franciscains dans la pos-
« session de tous les sanctuaires usurpés par les Grecs. »

Un autre commandement, de la même année, confirmatif des khatt-chérifs en faveur des pères latins, ajoute:
« Que la reconstruction de la coupole du Saint-Sépulcre
« ayant été altérée par les Grecs, elle doit être rétablie
» dans son ancienne forme. »

Mais la Porte n'avait eu alors qu'un pouvoir nominal à Jérusalem, ce qui lui fit ordonner, en 1812, au Pacha de Damas de faire exécuter les précédents firmans restés sans effet.

L'autorité du Sultan ne prit pas davantage de consistance par la suite, dans la cité sainte, et les Grecs, qui n'avaient reculé devant aucun sacrifice, conservèrent ce qu'ils ne devaient qu'à la ruse et à la corruption, ainsi que le gouvernement ottoman l'a lui-même reconnu, et comme tout le prouve.

Plusieurs fois il a été question de revoir cette affaire des Saints-lieux et des évènements sont constamment venus arrêter les négociations.

Enfin, sous la célèbre ambassade du comte Guilleminot, elles avaient été poussées avec énergie et tout faisait présager une solution satisfaisante lorsque les funestes journées de 1830 vinrent imprimer un nouveau temps d'arrêt à cette affaire, dont les difficultés augmentèrent en raison de l'intervention de la Russie qui, se déclarant en faveur des établissements grecs, les prend sous sa protection en l'état où ils se trouvent, c'est-à-dire sans s'inquiéter s'ils sont bien ou mal possédés, tandis qu'elle ne peut ignorer les réclamations des véritables propriétaires.

Cette question était facile à juger puisque l'un des plaidants possède de nombreux titres authentiques et que ceux de l'autre sont contestables, le gouvernement ottoman ayant lui-même déclaré qu'ils avaient été obtenus par des voies illicites.

Les capitulations, deux fois renouvelées avec la France, n'étaient-elles pas une preuve évidente et solennelle de l'incontestabilité des droits des latins sur les lieux-saints, droits contre lesquels il n'avait jamais été réclamé ?

Mais la Russie en se déclarant la protectrice des intérêts grecs, en Orient, a voulu profiter aussi du bénéfice des faits accomplis.

L'intervention de cette puissance, en faveur d'une nation chrétienne nombreuse, constitue sans doute un bienfait ; si ce n'est que la protection devrait avoir ses conditions comme elle a ses bornes. L'hospitalité fut prônée partout, mais le recélement nulle part.

Les puissances intéressées à la question auraient dû la faire résoudre par leur seul bon vouloir et l'emploi de leur loyauté ; cependant la Russie, continuant son rôle, a préféré se servir de son ancienne tactique et consacrer une fois de plus le principe de *la force factice*, dont on n'est que trop porté à user en Turquie, la ruse et la vénalité y tenant lieu de droit et lui faisant une guerre acharnée en toutes occasions.

La France eût pu nouvellement triompher de ces moyens, mais « le Gouvernement a compris que dans les
« affaires humaines rien n'était absolu. Il a tenu compte
« et grand compte des circonstances accomplies depuis
« soixante années ; il n'a pas voulu réveiller dans l'em-
« pire ottoman, déjà si ébranlé, des passions religieuses
« qui se fussent infailliblement retournées contre le pou-
« voir même du Sultan ; il a tenu également à ne pas
« froisser les sentiments personnels de l'empereur Nico-
« las, chef dans son pays, d'une religion identique à
« celle que professent le plus grand nombre des chré-
« tiens en Orient, et ce sont toutes ces considérations
« qui l'ont décidé sans peine à réduire ses prétentions

« dans les limites exactes de la dignité de ses devoirs. [1]

Telles sont les explications que le Ministre des Affaires Étrangères a données sur sa conduite dans la question des lieux-saints et elles lui font le plus grand honneur. Nous avions souffert des spoliations depuis un temps infini , et tous les gouvernements qui se sont succédés, dans l'intervalle , n'avaient pu en obtenir la restitution , malgré que le pouvoir ottoman l'eût ordonné; que devait faire le gouvernement de l'Empereur , si ce n'est passer sur ce qui était consacré par près d'un siècle, pour ne revendiquer que ce qu'il tenait à ravoir et à conserver , puisqu'on tentait encore de l'enlever à son protectorat?

Mais « autant avons nous mis de modération , de pru-
« dence et d'esprit de concorde dans nos négociations
« avec la Porte, autant , je dois vous l'avouer — dit le
« ministre dans sa correspondance — nous avons été
« surpris des efforts que la mission de Russie à Constan-
« tinople a tentés pour annuller les concessions, cepen-
« dant bien légères, qui nous ont été faites. [2] »

Il n'a pas été question dans mes informations, sur les lieux-saints , des nouvelles usurpations que les Grecs et les Arméniens tentèrent , contre nous , pendant les huit années que dura l'occupation égyptienne, mais dont nous parvinmes à obtenir une prompte réparation.

Ce fut, d'abord, une grille en fer que les Grecs avaient établie à la place de la cloison en bois qui sépare leur église du chœur des latins , devant le Saint-Sépulcre.

[1] Lettre de M. Drouyn de Lhuys à M. le général Castelbajac, en date du 25 janvier 1853.

[2] Même dépêche.

C'était plus élégant pour eux ; si ce n'est que nos religieux en eussent beaucoup souffert.

Je dus aussi faire retirer un cercle en fer, avec barreaux, posé intérieurement, autour de la grande coupole, dans le but de s'approprier cette galerie et d'y faire circuler leurs pélerins, ce qui leur eut valu une rétribution de plus et de nouvelles places à vendre. [1]

Les Arméniens, protégés par Boghos-Bey, nous enlevèrent la chapelle de l'Ascension et refusèrent d'ouvrir la porte de l'église de Bethléem, qui sert de communication aux religieux franciscains, pour passer de leur couvent à la grotte de la Nativité.

L'ouverture de cette porte nous fut accordée par Méhémet-Aly, mais ce n'a été qu'après le rétablissement du pouvoir ottoman que nous avons pu recouvrer la chapelle.

J'ai cru devoir séparer ces circonstances pour ne point compliquer la question des Lieux-saints, que j'avais voulu réduire aux griefs des Grecs vis-à-vis de nous et du gouvernement ottoman.

Protection des Religieux Catholiques Levantins — La sauvegarde des intérêts religieux chrétiens, principalement de ceux catholiques, a été de tout temps un objet de grande sollicitude du gouvernement de la France, comme de celle de ses agents en Orient, et il faut dire

---

[1] Les Grecs et les Russes tiennent beaucoup à posséder une portion, quelconque, du local renfermant les augustes sanctuaires, et l'on voit au revers de leurs statues, généralement plates, selon le rite oriental, les noms des personnes qui en ont acquis la propriété ; un ange, par exemple, peut être acheté par plusieurs, parce que l'un en paye un bras, l'autre une jambe, une aile ou seulement une partie.

que si, dans quelques occasions, ceux-ci ont éprouvé des désagréments, en protégeant les courageux missionnaires, qu'une foi vive portait partout à répandre la lumière de l'Évangile, ils en ont reçu le service d'ouvrir plus d'une voie à leurs compatriotes et de leur préparer même un bon accueil, là où ces religieux s'étaient faits connaitre sous les rapports les plus avantageux.

Ce fut vers le commencement du xviie siècle que les capucins parurent en Syrie, envoyés par la province de Bretagne, et sans la Révolution, qui détruisit leur ordre, ils auraient continué à y édifier le pays par un esprit que leurs successeurs, par suite de l'interruption, ont été assez loin de montrer, du moins un certain nombre.

Aussi, ne doit-on pas juger les maisons religieuses de la Syrie d'après ce qu'elles sont à présent, puisque je dois dire, à mon grand regret, que je les trouve peu utiles, mais les considérer en raison des services rendus et de ceux qu'elles pourraient rendre encore, si elles étaient mieux organisées.

Les ordres religieux venus en Syrie après les capucins sont : les carmes dont l'établissement principal est le Carmel, les jésuites remplacés pendant quelque temps par les lazaristes et les mineurs-franciscains. Ces derniers étant venus garder les Saints-lieux, dévancèrent tous les autres religieux, mais ils ne firent pas, comme eux, la mission en Syrie.

La piété de nos rois a toujours voulu que les intérêts de la religion, dans ce pays, fussent défendus par les consuls de France et, dès lors, ceux-ci durent prendre sous leur égide les prélats et les prêtres maronites, grecs, syriens et arméniens catholiques si nombreux dans cette province.

La question de la protection accordée parfois aux nations, de ces divers rites, fera le sujet d'un article à part qui suivra celui-ci.

Les capucins ont eu jusqu'à neuf maisons ou hospices : cinq dans les villes d'Alep, Damas, Tripoly, Beyrout et Seyde ; quatre à Solima, Abey, Gazir et Antourin, dans le Liban. Elles sont en grande partie fermées et je dirai peu nécessaires, à l'exception de celle de Beyrout, parce que l'instruction étant plus répandue chez les catholiques, en même temps que l'aisance y a diminué, ils ont moins besoin de missionnaires auxquels ils ne peuvent plus rien donner. C'est donc un double motif de s'en passer.

La question des ordres mendiants, auxquels appartiennent le plus grand nombre des moines actuellement en Syrie, serait donc ainsi résolue de fait, à moins d'une réforme radicale.

Je dirai, aussi, que les missionnaires ne pouvant plus compter sur les secours qu'ils retiraient de l'ancienne piété des peuples orientaux sont obligés de demander leur subsistance aux larges subventions, que leur fait l'Œuvre de Lyon, ce qui ne remplit pas, pour quelques-uns, l'obligation de n'employer ces fonds qu'à la Propagation de la Foi.

Les Lazaristes français et les Jésuites, qui le sont en grande partie, soutiennent leur ancienne réputation par d'utiles travaux qu'un zèle éclairé leur fait sans cesse entreprendre, selon les besoins des peuples chez lesquels ils se trouvent, ou qu'ils vont visiter pour leur porter les bienfaits de l'instruction, et les autres consolations dont ils sont les larges dispensateurs.

Nos religieux ont aussi des secours à distribuer, grâce à leurs ressources, surtout à la généreuse institution qui ne veut pas laisser nos missionnaires en peine de leur lendemain, ce qui les met à même, au surplus, de donner à manger à ceux qui ont faim, à boire à ceux qui ont soif et de vêtir ceux qui sont nus, lorsque la nécessité de satisfaire ces besoins est accompagnée de quelque danger pour la foi des individus qui en sont affligés.

Les Jésuites n'ont rouvert que trois maisons, à Bekfaya, à Màlaqa, près Zahlé et à Beyrout, ayant l'intention de joindre à celle-ci une école d'arts et métiers. Un médecin est, en même temps, attaché à leur établissement principal et se porte partout où il est appelé, avec autant d'empressement que de désintéressement ; circonstances qui rappellent les premiers missionnaires, prenant les hommes par leur faible et se prêtant d'abord à les guérir des maladies du corps, avant de se proposer pour celles de l'âme.

Les Lazaristes occupent encore les maisons de Damas, d'Alep et d'Antoura et ils en fondent une à Beyrout où des sœurs de St-Vincent de Paul ont déjà établi une école pour les jeunes personnes ; en attendant de se faire connaitre dans un hôpital sous leur sublime caractère de sœurs de la charité dont elles remplissent si dignement les préceptes.

C'est dans les pays où les mœurs publiques ne laissent aux femmes que les fonctions les plus infimes de leur intérieur, et où *la décence* défend même qu'on s'occupe jamais d'elles, que l'abnégation de ces filles vouées au service des pauvres malades, produit laplus touchante édification. Oui, ces gens-là, dont l'inté ét est le seul guide, reconnaissent parfaitement que le véritable stimulant de nos sœurs est l'amour du prochain et que si elles ne désirent pas une récompense mondaine, c'est que leur confiance est uniquement placée dans le Rémunérateur suprême.

Les Lazaristes ont un collége à Antoura qui a formé de très bons élèves. C'est une grande ressource pour les Européens, comme pour les gens du pays, qui peuvent faire instruire leurs enfants, non loin d'eux, sans qu'ils négligent les langues orientales qu'ils parlent ou qu'ils peuvent apprendre, ce collége entretenant des professeurs pour l'Arabe et pour le Turc.

Ces idiômes sont indispensables, surtout le premier, à toute personne qui veut s'établir en Syrie et je dirai nouvellement que si j'ai eu quelque succès, pendant les longues années que j'y ai exercé les fonctions consulaires, je le dois à la facilité d'entendre, de lire et d'écrire l'Arabe, qui m'a si bien servi dans les affaires que j'ai eu à traiter, autant avec les autorités musulmanes qu'avec celles chrétiennes.

Les Lazaristes avaient des maisons à Seyde et à Tripoly. Ils ont abandonné la première et l'autre ayant été réduite de près de moitié, par un tremblement de terre, n'occupe plus qu'un seul missionnaire.

Les Carmes entretenaient des religieux à Alep, à Tripoly, à Becharré, à Seyde et au Carmel. Ils sont réduits aujourd'hui à ce seul couvent magnifiquement rebâti depuis sa destruction par Abdallah Pacha, en 1822. Ils y sont nombreux s'agissant d'un prieuré.

Les pères franciscains, appelés en Syrie religieux de Terre-Sainte, sont chargés de toutes les cures, celle de

Beyrout excepté, malgré qu'ils y aient depuis quelques années une maison.

Ils sont plus nombreux en Syrie, que les autres religieux européens, y possédant quatorze hospices : à Jérusalem, Bethléem, St-Jean-du-Désert, Nazareth, Ramla, Jaffa, St-Jean-d'Acre, Seyde, Damas, Harissa, Tripoly, Lattaquie et Alep. Jérusalem en compte deux.

Ils sont sous l'autorité immédiate de leur supérieur, qu'on appelle communément *Révérendissime,* et sous la haute direction d'un patriarche de nouvelle création.

Toutes ces missions avaient dépendu d'un chef spirituel commun, le délégué du St-Siége, dont la résidence est au pied du Liban, non loin d'Antoura.

Ce n'est donc ni la direction, ni la protection, qui a manqué aux religieux envoyés en Syrie mais, pour la généralité, un peu plus d'instruction, et pour quelques uns un meilleur caractère. Si dans la vie monacale toute employée, en Europe, aux fonctions du saint ministère, les défauts passent inaperçus, il n'en est pas de même quand ces moines sont placés isolément, la plupart des hospices des villes d'Orient n'ayant qu'un desservant : c'est alors que le manque de lumières et la légéreté d'esprit sont jugés en raison de l'effet qu'ils produisent, les Orientaux étant très rigoureux par rapport à leurs prêtres qu'ils n'apprécient point, par ce qu'ils sont, mais d'après ce qu'ils font, ou ce qu'ils en apprennent.

Nous avons dit aux Orientaux que nous étions civilisés, que nous tendions toujours plus vers la perfection. Ne leur avons nous pas donné le droit de prétendre que nous nous montrions avec des qualités analogues?

« Lorsque les temps étaient difficiles les hommes s'y conformaient davantage et les religieux, comme les autres nationaux, destinés à vivre en Syrie, n'y étaient envoyés qu'à la suite d'une épreuve ; aussi, missionnaires et négociants y étaient-ils pris pour modèles. De sorte que si l'on s'édifiait de la piété des uns et de leur philantropie , l'urbanité et la loyauté des autres ne nous vanaient pas moins de sympathie. Cela faisait qu'alors rien n'avait plus de valeur que la parole française.

J'ai dit que l'Œuvre de Lyon répand également ses bienfaits en Syrie. Elle le fait par l'entremise du délégué du St-Siège et, du temps du dernier évêque, on remarqua que les vues de cette utile institution ne furent pas parfaitement remplies ; du moins que ses secours ne produisirent pas tout l'effet qu'on avait le droit d'en attendre.

Cela ne venait-il pas de ce que les administrateurs n'étaient pas suffisamment renseignés ?

Pour obvier à cet inconvénient, il serait nécessaire qu'il se tint à Beyrout, ou dans ses environs , un conseil composé de consuls des nations catholiques et de missionnaires des divers ordres, sous la présidence du délégué apostolique, pour connaître les véritables besoins des divers prélats de Syrie et des religieux qui y sont établis. De cette manière les demandes présentées ne seraient expédiées, par le délégué, à l'Œuvre de Lyon, qu'après avoir été examinées et définitivement admises ou réduites. On pourrait les faire suivre des délibérations dont elles auraient été l'objet. Le conseil devrait être aussi informé de la répartition des sommes qui seraient allouées à la délégation de Syrie, à moins que la transmission de cet avis fut jugé inutile par suite des comptes rendus que renferment les Annales de la Propagation de la foi.

Puisque l'œuvre désire que ses fonds soient employés d'une manière efficace elle doit tenir à ce que les missionnaires, ses intermédiaires, se mettent en mesure d'utiliser leurs soins autant que ses sacrifices.

Or je ne connais pas de meilleurs moyens de préparer les voies, dans l'un et l'autre but, que l'accroissemens de l'instruction, parce que c'est l'ignorance qui est l'auteur de tous les maux que la religion a eu à déplorer dans ce pays.

Les moines parviennent difficilement à apprendre l'Arabe et s'ils arrivent à débiter leur morale c'est dans un langage qui est inintelligible par trois raisons : ils se servent de traductions littérales, pour lesquelles on n'a pas eu égard aux idiotismes du dialecte local, ils les prononcent mal et ils s'adressent à des gens dont l'intelligence est bornée. C'est, parconséquent, une peine inutile qu'ils prennent [1]

[1] Un Consul chargé de donner, en 1816, son opinion sur le service des missionnaires s'exprima ainsi.

« Un moine arrive en Syrie. Je le crois instruit en théologie « quoique souvent très jeune. On lui donne un maître de lan- « gue arabe ; six mois après il la lit sans la comprendre. On « le conduit dans différentes maisons pour qu'il y prenne l'ha- « bitude de parler une langue dont la prononciation est un « obstacle qu'on ne surmonte pas aisément. L'extrème besoin « de missionnaires oblige ses supérieurs à le faire lire l'évan- « gile en public et il le fait de manière à n'être compris de « personne. On lui donne une liste de tous les péchés et lorsqu'il « la sait par cœur on le charge de confesser. Son zèle le décide « et il fait ce qu'il ne devrait raisonnablement faire qu'au bout « de plusieurs années d'étude de la langue la plus difficile « peut-être pour un Européen. La même chose peut se dire « en Arabe de vingt manières. La femme qui n'a de la religion

Il faut multiplier les écoles en Syrie, afin que tous les enfants apprenant à lire puissent profiter des livres d'instruction religieuse et morale qu'on repandrait parmi eux et qui leur manquent entièrement.

C'est ce besoin absolu qui a suggéré l'idée des petits ouvrages, que les agents biblistes ont publiés, pour les intelligences puériles ; mais attendu que les nations catholiques reçoivent avec méfiance tout ce qui leur vient par ce canal, le dénument de ces populations est toujours le même, ne leur connaissant d'autres livres que les *Psaumes* et les *épitres*, qui sont par trop sérieux et parconséquent, peu instructifs pour des enfants.

Les annales de la propagation de la foi [1] contiennent sur le Liban un passage que je suis obligé de relever, le voici :

« Un collége par diocése ; dans chaque village une
« école où l'on enseigne la lecture, l'écriture, le calcul
« et les éléments de la doctrine chrètienne. Toutefois à
« côté de cette admirable organisation, une grande pau-
« vreté existe. Le prêtre condamné à vivre du travail de
« ses mains, partage ses heures entre la culture de la terre
« et celle des âmes. Les pères de famille s'imposent de
« pénibles épargnes pour entretenir le maitre dont leurs
« enfants reçoivent les leçons ; les sanctuaires nus,
« delabrés, clair-semés, dans les montagnes, sont

« que l'écorce trompe aisément son confesseur ; il lui donne l'ab-
« solution. Elle remplit en apparence très souvent ses devoirs
« et elle vit dans le pêché. »

Voir à l'article Mont-Liban un passage sur la proposition d'une inspection à envoyer en Syrie.

1 Tome 12, page 321.

« insuffisants pour la multitude qui s'y presse et indi-
« gnes du Dieu qui y descend. »

Mais cette merveilleuse organisation n'existe que dans
la composition de cet article et la réalité tout entière est
seulement dans le narré de la misère et ses conséquences,
deux raisons qui militent en faveur de la proposition
d'établir un conseil qui informe.

Les deux *colléges* que j'ai connus, pourraient être
à peine comparés à des écoles de nos villages, et quant
aux endroits où l'on montre seulement à quelques enfants
à lire et un peu à écrire, de la manière la plus routi-
nière, ce sont tout bonnement des chambres, [1] quelque
fois garnies d'une natte, et les écoliers s'y accroupissent
avec le papier, ou le livre, qu'on leur met entre les
mains. Dans la plupart des lieux c'est le curé qui fait
l'école, en même temps qu'il s'occupe de son existence et
qu'il pense à soigner ses ouailles, ce qui doit faire croire
que les enfants ne l'ont pas toujours auprès d'eux. Dans
les grands villages les maîtres d'école sont des laïques,
et ils n'instruisent pas davantage, les meilleures études
consistant à apprendre à lire les psaumes et les épitres.
Le catéchisme est ordinairement enseigné le soir, dans
les églises, par un prêtre ou un diacre.

A l'égard des prélats, des religieux et des prêtres
du pays, je dirai que l'autorité du St. Père devrait intervenir pour en proportionner le nombre, à la population
de chaque nation, autant pour soulager celle-ci que

---

[1] Ces chambres de plein-pied se composent de quatre murs
en pierres informes souvent sans mortier, quelquefois recrepis
d'argile ainsi que le sol. Elles ont de petites fenêtres avec
de simples volets.

pour donner à leurs évêques et desservants les moyens de remplir leurs charges avec un décorum convenable, tout en les mettant à même de se rendre également utiles par leurs aumônes.

On jugera de l'opportunité de cette réforme, dont je consigne ici le vœu, par le rélevé que j'ai pu faire des catholiques de Syrie et de leurs nombreux clergés.

	Maronites.	Grecs.	Arméniens.	Syriens.	Totaux.
	215,090 [1]	67,240.	3.560.	4,930.	290,820.
Patriarche .	1.	1.	1.	1.	4.
Évêques . .	13.	5.	3.	4.	25.
Prêtres. . .	813.	181.	10.	17.	1,021.
Religieux. .	1515.	387.	95.	5.	2,002.
Religieuses.	577.	68.	»	»	645.

Les persécutions que les Schismatiques faisaient, autrefois, éprouver aux nations catholiques avaient forcé les patriarches grecs, arméniens et syriens, des rites unis, à chercher un refuge dans le Liban et ce n'est que depuis l'émancipation, de 1830, qu'ils se sont permis d'en sortir, pour visiter les villes où leurs très nombreuses nations ont aussi obtenu d'avoir des églises.

En s'établissant à Alep, le patriarche syrien se rapprochait du Diarbékir et du Kurdistan, qui sont les deux provinces renfermant le plus de Syriens-Catholiques. Celui grec fait habituellement sa résidence à Damas, et l'Arménien est seul resté dans son ancienne demeure de *Bezemmar* (Liban), parce que sa nation se trouve avoir deux chefs qui sont: ce patriarche, pour le spirituel et un personnage, qui n'est pas même évêque, que la

[1] A ce nombre on doit ajouter 7 à 8000 Latins ou chrétiens du rite romain pour avoir la totalité des catholiques de Syrie.

nation élit et qui est reconnu comme chargé de ses affaires, *ce qui le fait résider à Constantinople avec le titre de Patrik* qui, en Turc, veut dire patriarche. *Le pouvoir qu'il exerce, sur tous les Arméniens est donc purement temporel.*

Les Arméniens possédent également, dans cette montagne, un séminaire et un collége qui, à la rigueur, peuvent bien prendre ces noms, parce qu'ils sont organisés et dirigés d'une manière assez satisfaisante.

Ce ne sont pas précisément les capitulations qui servent de base à notre droit de protéger les chrétiens, répandus dans l'empire ottoman, mais les diverses immunités obtenues, en bien des circonstances, de la munificence des empereurs osmanlis, lesquelles passées à l'état d'usages avaient acquis, dans le pays, une autorité quasi légale.

Le mot usage *aadet* dérive de la racine arabe *répéter, retourner;* de là l'obligation de continuer, ou de permettre, ce qu'on a une fois accordé. Les Turcs étaient tellement loyaux dans leur générosité — devenue proverbiale — qu'ils ne s'arrêtaient pas à la portée de cette coutume; ils en acceptaient les conséquences.

C'est principalement pour nos intérêts religieux, en Orient, que les habiles diplomates du temps passé en profitèrent. Ils n'auraient pu leur rendre, sans cela, des services qu'à bon droit nous devons trouver éminents, puisque nous ne serions, peut-être, pas en mesure de leur en faire accorder de pareils aujourd'hui.

Quelques modestes établissements sont là pour attester que nous avons protégé efficacement les chrétiens de l'Orient; mais l'histoire ajoute que c'est aussi en portant chez eux le bienfait de l'instruction, qui leur manquait et que notre considération en a grandement profité.

Dès le dix-sept siècle des maisons religieuses s'ouvrirent à Diarbékir, à Mardin et à Mossoul et comme elles ont resisté aux malheurs des temps les missionnaires de notre époque ont pu y trouver un asile. [1]

N'a-t-on pas vu dernièrement un pacha d'Alep s'opposer à la reconstruction d'une chapelle européenne ayant deux cents ans d'existence et qu'il ne s'agissait que d'agrandir ? Les raisons qu'il donnait étaient celles-ci : « Elle « suffit aux besoins des Francs de l'échelle et l'on ne doit « point y admettre les chrétiens du pays puisqu'ils ont « maintenant leurs lieux particuliers de prière. »

Ce pacha n'était-il pas retrograde par rapport à ses devanciers qui avaient facilité la fondation des établissements de la Mésopotamie ? Ce pays, cependant, ne jouissait nullement des bienfaits du commerce et ses gouverneurs ne connaissaient l'Europe que par ses missionnaires.

Je vainquis sa vive opposition, en lui présentant la copie d'un *Khatt-Chérif* autorisant les jésuites à voyager dans toutes les villes du vaste empire ottoman, à y lire l'Evangile et à y réunir les chrétiens des divers rites, bien exactement énumérés, sans que personne put les en empêcher.

Ce précieux document, dont l'original est resté dans les archives de l'ambassade, était devenu le passeport obligé de tout religieux qui voulait évangéliser avec fruit, aucune arme n'étant plus propre à le protéger dans sa mission.

---

[1] Il est digne de remarque que c'est à leurs risques et périls que des moines entreprirent ces établissements et que ce furent eux qui les premiers ouvrirent les voies au commerce et à la diplomatie.

Les difficultés éprouvées d'abord, furent la véritable cause du besoin que nous eûmes de protéger les chrétiens rayas, que nos missionnaires n'auraient pu instruire s'ils n'eussent eu la faculté de les réunir dans leurs églises ou chapelles, et du moment que la chose était accordée en principe il fallait que les consuls pussent intervenir, toutes les fois que l'autorité la méconnaissait.

On ignore, généralement que ce n'était pas seulement les musulmans, qui inquiétaient les catholiques, les Grecs et les Arméniens leur suscitant de continuelles avanies, en excitant les autorités contre eux.

Sans la généreuse protection de la France nul catholique n'eut pu vivre en Turquie, et cela est d'autant plus vrai que, malgré cette protection, les Grecs conservèrent, dans plusieurs villes de l'empire ottoman, le droit d'en exiler les membres de l'église-unie. Comme c'est la Syrie qui m'occupe, il me suffira de nommer Tripoly, Lattaquie, et au besoin Antioche, où un catholique n'aurait pas osé s'arreter une nuit.

Le public peut ignorer, également, que le gouvernement turc ne reconnaissait officiellement que l'existence de deux nations chrétiennes dans ses états: La Grecque et l'Arménienne dont les patriarches recevaient l'investiture du Sultan, privant ainsi les catholiques d'un chef spirituel et temporel accrédité, ce qui les mettait dans la dure alternative de souffrir sans se plaindre, ou de s'adresser à des supérieurs qu'ils savaient leur être foncièrement hostiles.

C'était dans ces facheuses circonstances que les catholiques recouraient aux missionnaires et par eux aux consuls, car ces malheureux chrétiens n'avaient pas même des prêtres , avoués par l'autorité locale , étant soumis aux curés schismatiques pour toutes les fonctions ecclésiastiques: les baptèmes, les mariages et les enterrements.

Ce n'etait là qu'un échantillon de l'affreuse injustice qui régnait, au temps passé, dans l'empire ottoman et il fallut la persévérance du gouvernement français, et du célébre ambassadeur , pour arriver au grand acte de l'émancipation des catholiques de Turquie. Ce fut avec la destruction d'Alger les plus éminents services que la France pouvait rendre à l'humanité.

Je l'ai déjà dit[1] « L'émancipation de 1830, cette grande « œuvre du Comte Guilleminot, a fait le pendant d'une « plus belle action encore, la destruction d'Alger.

« Tandis que la diplomatie française rompait, dans « l'Orient les chaines de tant de milliers de catholiques « tyrannisés par les schismatiques , l'artillerie nationale « renversait, en Occident, les murs d'un infernal repaire « qui n'avait que trop longtemps opprimé la chrétienté.»

Le général Aubert du Bayet ne s'accommoda pas seulement des usages qu'il avait trouvé exister, car il voulut les étendre , ses vues étant des plus bienveillantes pour les nations catholiques , à l'égard desquelles la France avait toujours été une seconde Providence en Orient.

Il fit ce juste raisonnement, basé sur les capitulations qui nous promettent la parité des privilèges qu'on accorderait aux autres nations:

« Les Russes , qui se sont déclarés protecteurs des « églises grecques, ont obtenu, par le dernier traité avec « la Porte, de protéger aussi ceux qui les fréquentent ;

---

[1] Beyrout et le Liban, T. II p. 178.

« nous avons dès-lors ce même droit à l'égard des rayas
« catholiques. »

Cette conclusion qu'il adopta fit le sujet d'une circulaire aux consuls pour qu'ils eussent à agir en conséquence.

Le comte de Rigny, commandant les forces navales dans le Levant, avait bien compris, en 1823, qu'il était absurde de se laisser renfermer dans les limites étroites des capitulations, lorsque nos devanciers les avaient autant dépassées et il répondit à l'ambassade qui lui avait fait remarquer « que les traités ne nous autorisaient à « intervenir qu'en faveur des églises, « *Vous voulez donc que je ne puisse protéger que des pierres ?* »

Les Russes n'étendirent-ils pas leur droit aux Arméniens depuis que par le traité d'Andrinople leur patriarche, résidant à Eczmiazin, se trouvait placé dans une province de la dépendance du Czar ?

Les Anglais, non contents de s'être assimilés aux nations les plus favorisées, poussent la prétention jusqu'à faire considérer comme *sujets* de leur souveraine tout raya qui se fait anglican, et attendu que de nombreux agents biblistes exercent largement le prosélytisme dans l'empire ottoman, cette nation se crée ainsi beaucoup de partisans, sans que cet abus donne lieu à aucune protestation du pouvoir.

Ainsi, tandis que les autres nations avancent nous reculons, puisqu'en renonçant au bénéfice des usages, qui ont force de loi en Orient, nous nous laissons resserrer dans le sens étroit d'une traduction littérale.

La diplomatie a dit :

« Le Sultan doit prendre rang parmi les souverains

« européens et gouverner son empire comme les Etats
« civilisés ; mettons-le, en conséquence, dans la pléni-
« tude de ses droits, pour qu'il ne soit pas gêné dans
« l'application du système gouvernemental que nous lui
« conseillons d'adopter. . . . »

C'était très sympathique sans doute, mais avant de
prendre une pareille résolution, il eut fallu considérer si
notre régime convenait à ce pays ;[1] si d'ailleurs il y
était préparé et si le Sultan pouvait compter sur des forces suffisantes, pour l'exécution de mesures devant être,
il est vrai, très utiles à ses peuples, mais devenant aussi
fort nuisibles à ses agents généralement assez exclusifs.

Le fait n'a t-il pas suffisamment prouvé, qu'on ne pouvait pas raisonnablement attendre que l'administration
turque fit des progrès réels sous une organisation qui
contrarie autant ses mœurs, que ses préjugés religieux ?

Le Sultan a beau vouloir et chercher des ministres qui
lui obéissent — lorsqu'il n'est pas forcé d'en prendre qui
voudraient le ramener au temps passé. — Ses résolutions
frappées au coin de la sagesse, donnent lieu à des ordres
d'une admirable précision !... Mais à quoi ont ils abouti,
depuis plus de dix ans ? Nous l'avons vu, et nous l'ap-
prenons tous les jours, par les avis que nous recevons, je
ne dis pas des contrées éloignées où la barbarie est encore
à l'état normal, mais des environs de la capitale, de
Smyrne cette seconde ville de l'empire.

Il y a peu de temps qu'un voyageur revenant d'Orient
me dit en propres termes :

« Le commerce de Smyrne se ressent de la misère et
« du mal aise des provinces qui entourent cette ville ;

---

[1] **Montesquieu eut été pour la négative.**

« aussi n'est-il plus brillant comme par le passé. La belle
« administration de l'empire Ottoman n'existe que dans
« les journaux, qui donnent partout le change à l'opinion
« publique. L'on ne peut se faire une idée des extorsions
« que souffrent les malheureuses populations de ces pays
« là. Le Sandjak d'Aïdin qui payait, il y a quelques an-
« nées, quatre millions de piastres au gouvernement lui
« en rend aujourd'hui plus du double. Le Pacha de cette
« ville a de singuliers moyens de se procurer de l'argent,
« pour le plus grand avantage du fisc, ce qui le met à
« l'abri de toutes les plaintes qu'on porte contre lui. Il
« envoie des chevaux, des fusils ou des fourrures à ses
« administrés les plus aisés, leur faisant dire avoir appris
« qu'ils désiraient se procurer ces objets; or pour aller au
« devant de leur intention, de les payer, il les taxe bien
« au delà de leur valeur. Il met, au surplus, des formes
« dans ses avanies disant à l'un : *J'ai su que vous aviez*
« *fait une course à pied, ce qui prouverait que vous*
« *n'avez pas une bonne monture* ; à un autre : *le temps*
« *invite à la chasse et je suis bien aise que vous soyez*
« *muni d'une arme sûre;* a un troisième: *l'hiver pa-*
« *raît devoir être rigoureux et dans ce cas les bonnes*
« *pelisses ne sont pas de trop.* »

Le voyageur ajouta :

« Si ce que j'ai vu se passe dans un pachalik comme
« celui de Smyrne, sous les yeux, pour ainsi dire, du
« Souverain, que ne doit-on pas se permettre dans les
« contrées éloignées où les défauts des nouveaux employés
« de l'empire, ont été ajoutés à ceux des anciens pour
« former ainsi du tout un système de vexations de la plus
« plus hypocrite espèce. »

Il me parla ensuite du peu de sûreté des environs de Smyrne, en accusant également l'autorité de son incapacité à réduire les bandits qui infestent le pays, sous la protection du fameux *tanzimat* mal compris et plus mal appliqué, ce qui doit le faire considérer comme une véritable lettre morte.

Pourquoi les gouvernements qui prennent intérêt aux rayas de l'Empire ottoman, n'ont-ils consenti à garantir son intégrité qu'à la condition que ces malheureux sujets seraient protégés? N'est-ce pas parce qu'ils ont bien souvent éprouvé que des promesses obtenues, en leur faveur, n'avaient produit que peu d'effet, lorsqu'elles n'étaient pas tout-à-fait illusoires?

Il est certainement à désirer que le mal soit radicalement guéri, mais avant que ce résultat soit obtenu nous ne devons pas croire, comme cela a lieu habituellement à l'égard de la Turquie, qu'une mesure prise, ou arrêtée, y est à demi exécutée,

PACHALIK D'ALEP.

Cette partie de la Syrie qui a dû en être la plus importante — lorsque l'agriculture, l'industrie et le commerce
y étaient en grande activité — est d'autant plus appau-
vrie, depuis qu'on a presque laissé tarir ces sources de
prospérité, que l'on en voit les villes et les villages se
transformer graduellement en ruines : aussi est-on tenté
de prédire qu'ils prendront bientôt place parmi ces anciennes constructions byzantines et arabes, gisant à
l'ouest d'Alep, quoique si florissantes jadis.

Quelque route que l'on prenne pour traverser le pachalik d'Alep, ou pour se rendre dans cette ville, on ne
voit que terres incultes devenues épineuses et pierreuses,
par le défaut de labour, et si la vue est par fois recréée,
par de très rares plantations, c'est à l'entour de quelques
villages — si l'on peut appeler de ce nom des amas de
pauvres cahutes—et à l'approche des villes. On doit considérer, en outre, qu'il ne s'agit partout que de cultures
simples, les arbres étant de la plus grande rareté dans
presque tout le pays en deçà de l'Oronte ou comprenant
la partie centrale du pachalik.

Le manque d'eau est la raison donnée par les gens de
la campagne, pour justifier leur insouciance à se procurer
quelques légumes, mais puisqu'ils possèdent de vastes
citernes qu'ils pourraient remplir à l'époque des pluies ;
ce n'est là qu'un prétexte, la véritable cause étant dans
le découragement profond qui les domine chaque fois
qu'il ne s'agit pas d'une absolue nécessité.

Ce n'est donc que dans certaines localités, et autour des
villes, que les habitants se livrent encore à quelques cultures, car dans ces endroits ce sont seulement les auto-

rités qui les ont dégoûtés du travail, tandis que dans l'intérieur, et même autour d'Alep, les Arabes du désert n'ont jamais fait défaut, aux agents du gouvernement, pour vexer aussi les habitants de la campagne et les obliger, quelques fois, à chercher leur salut dans la fuite.

La partie la moins dépeuplée du pachalik comprend le pays qui, du Nord-Est, s'étend circulairement à l'Ouest en passant au Sud, jusqu'à *Chogr* et décrit les bords du grand bassin dont la ville d'Alep forme le Centre.

Les montagnes et accidents de terrains protègent, en effet, contre les incursions des Arabes, de sorte que les pays qui peuvent vivre derrière ces remparts naturels, seraient heureux si l'autorité redevenait tutélaire à leur égard; mais hélas, les Arabes ne sont pas les seuls tyrans extérieurs, de ces contrées, puisque les Kurdes et les Turkménes se livrent aussi à des actes de brigandage.

Le pouvoir a donc besoin, pour s'occuper utilement du bien être de ce pays : 1° de se faire représenter par des agents intègres; 2° de soutenir leur autorité par une force suffisante ; deux choses qui manquent également à son administration.

ARRONDISSEMENT D'ALEP.

Il se compose de quatre villages qui sont au bout de ses jardins, le reste de la campagne étant entièrement désert à 30 ou 40 kilomètres à la ronde.

L'état sauvage du pays, aux environs d'Alep, a toujours fait craindre aux voyageurs, que leurs conducteurs ne se fussent trompés de direction, les sentiers qu'ils suivaient n'ayant pas l'air d'une route conduisant surtout à une grande ville.

Ce n'est, en effet, qu'à une demi heure de distance qu'on la découvre, les arbres qui peuplent ses jardins, des deux rives du Kouaïq, ne pouvant s'apercevoir qu'un peu avant d'y arriver.

Quoique la ville d'Alep ne puisse être vue en entier, une citadelle bâtie sur un monticule assez élevé en cachant plus de la moitié, on s'imagine facilement, à ce premier aspect, qu'une cité aussi étendue, ait dû sa prospérité à l'industrie et au commerce, le désert qui l'entoure n'annonçant pas que l'agriculture ait autrefois concouru à sa fertilité.

Mais l'illusion dure peu, car on s'aperçoit vite que si elle fut florissante elle a cessé de l'être.

Ce sont des ruines qu'on rencontre, au lieu de monuments, et ces coupoles comme ces murailles qui ornent de loin le tableau ne recouvrent, le plus souvent, que des bâtiments à demi écroulés, ou n'entourent que des maisons sans toits.

De grands vides, qu'on n'avait pu voir, présentent des espaces jadis occupés, et les nombreux décombres amoncelés, çà et là, ne laissent aucun doute sur la réduction de cette ville au tiers de ce qu'elle a été.

Ceci est pour la partie matérielle, car pour celle industrielle la réduction a été encore plus considérable.

Mais, avant de m'occuper de l'industrie locale, je ne puis me dispenser de faire, au moins, l'énumération des autorités constituées et ce sera pour représenter combien le mécanisme, trop simplifié, de l'administration turque est sujet à des abus : d'abord, parce que les employés non surveillés, ont une plus grande liberté d'action et ensuite, par la raison que leur petit nombre, les empêche de suffire à tout, ce qui donne forcément lieu à des négligences.

Quoique la ville d'Alep compte, dans son sein, plus de soixante mille habitants, elle ne possède que le peu d'autorités dont les titres suivent :

Pacha. . . . . . . Préfet.
Kiaya. . . . . . Secrétaire-général.
Mutsellem. . . . Maire et commissaire de police.
Mudir. . . . . . Receveur-général et payeur.
Cadi. . . . . . . Juge.
Naquib . . . . . Juge spécial des chérifs.
Muphti . . . . . Interprète de la loi.

Le Medjelis, tribunal pour les affaires courantes, est composé de seize membres, jouissant d'un traitement mensuel de 1500 à 400 piastres.

Il en a été question à la page 48 et nous y reviendrons à l'article, *arrondissement de Beyrout*, à cause de la modification que ce tribunal a subie par l'adjonction d'Européens au nombre de ses membres, ce qui lui vaut une garantie d'équité qu'il n'avait pas toujours.

On jugera d'ailleurs de l'économie qui préside au régime bureaucratique ottoman, par la composition de la direction de la poste qui est représentée par *un seul* employé.

L'affranchissement étant obligé les lettres ne sont pas remises à domicile, les destinataires devant les retirer.

La taxe sur les plis se perçoit en raison d'autant de fois *trois dragmes* qu'ils pèsent, et elle est d'un para par lieue. On en compte 250 de Constantinople à Alep et 80 de cette ville à Beyrout ; de sorte que le port d'une lettre simple est de 6 piastres 1/4 pour la première destination et de 2 pour la seconde.

— 151 —

Le commerce d'Alep n'a conservé que peu d'importance.
Quoi, dès-lors, de moins étonnant qu'une ville mal gou-
vernée et privée de ses éléments de prospérité, soit tombée
pour ne plus se relever.

Les anciens auteurs ont donné à Alep une population de
285,000 à 290,000 âmes, et d'après Savary le nombre des
Arméniens était de 12,000 sur 30,000 chrétiens que le
chevalier d'Arvieux y comptait en 1683.

Or, ces chiffres prouveraient que, si les chrétiens ont
diminué d'un peu moins de la moitié, la décroissance des
Mahométans et des israélites a été de plus des trois quarts.
Si les Arméniens se trouvent réduits à près de deux mille,
c'est que dans ces derniers temps le catholicisme en a déna-
tionalisé un grand nombre. [1]

Les productions du pachalik se composaient, en 1844,
de :

Beurre	3,375,000	kilog. valant	4,500,000 fr.
Cire	22,500	»	49,695
Coton	585,000	»	975,000
Laine	740,000	»	495,264
Huile	5,625,000	»	2,756,250
Poils de chevron	22,500	»	19,000
Scamonée	900	»	21,320
Sésame	675,000	»	337,500
Soie	37,750	»	902,540
Tabac	180,000	»	198,000
		Total.	10,254,569

Dont la consommation et l'industrie locale ont absorbé
les quantités suivantes :

[1] Voir pour la population d'Alep le tableau n° 3.

La totalité du beurre ; 2,250 kil. de cire ; 546,030 kil. de coton ; 180,000 kil. de laine, 4,691,750 kil. d'huile ; 300,700 kil. de sésames ; 11,250 kil. de soie ; 144,250 kil. de tabac.

Le reste, livré à l'exportation , a représenté une valeur de 1,301,195 francs.

Sans pouvoir assurer que toutes ces quantités proviennent du pachalik d'Alep, je dirai seulement qu'elles ont été réellement versées sur ses marchés, et dans les proportions rapportées.

La fabrication des étoffes de soie et or, que les Alepins avaient imitée des Indiens, et que nous leur prîmes, après avoir été longtemps leurs tributaires, n'y occupe plus aujourd'hui qu'un millier de métiers, c'est-à-dire à peu près le vingtième de ce qu'elle en avait autrefois. Cinq cents autres métiers tissent des espèces de printanières pour rivaliser avec l'industrie anglaise, dont les produits inondent tous ces pays, qui n'ont à lui opposer que le bon marché de la main-d'œuvre, des loyers et des vivres, lesquels sont loin de balancer les avantages de la vapeur, même lorsque les indigènes se servent pour leurs tissus de cotons filés anglais.

Les autres fabrications du pays sont :

Les fils d'or et d'argent, les passementeries, le savon, le tabac rappé et les tanneries.

En voici le relevé :

	Produits.	Valeurs.	Consommation.		Exportation.	
Fil d'or....	276,310 [d][1]	224,356	207,230 [d]	168,266	69,080	56,090
Fil d'argent.	547,250	233,280	512,525 [d]	209,952	4,725	23,328
Passem**...	2,193,600 [d]	329,040	731,200	109,680	1,462,400	249,360
Savon......	2,453 [q][2]	624,400	163 [q]	156,400	1,810	468,300

1 Dragmes. 2 Quintal de 100 rottes ou 180 ocques.

	Produits.	Valeurs.	Consommation.		Exportation.	
Soieries 1.	278,927p	2,547,809p	40,100p	342,000	238,827p	2,205,809
Tissus de Coton .	225,460	350,180	24,296	46,159	201,164	304,021
tabac rappé	7,250oc.	23,000	1,450oc.	4,600	5,800oc	18,400
tanneries .	40,000p.	145,000	20,000p.	72,500	20,000p.	72,500
		4,477,065		1,109,257		3,367,808

Tous ces produits et bien d'autres secondaires, dont je
ne ferai pas mention, pourraient être améliorés, surtout
augmentés, si le gouvernement encourageait, ou facili-
tait seulement, le travail, mais loin de là, il le contrarie
en y apportant des entraves.

N'écrivant pas pour faire l'avocat, des fabricants arabes,
c'est par pure philantropie, et par occasion, que je m'en
occupe, devant aussi ma sympathie aux habitants de cette
ville, en retour de celle qu'ils m'ont montrée pendant les
nombreuses années que j'ai passées parmi eux.

Je sais, d'ailleurs, positivement, que s'ils ne sont
point protégés, dans leur industrie, ce n'est nullement
parce que les maux dont ils souffrent ne sont pas connus,
puisqu'ils ont fait le sujet de plusieurs rapports et mémoires envoyés aux ministres ottomans.

Ne voulant, toutefois, entrer dans quelques détails
qu'en ce qui concerne la fabrication des soieries, parce

---

1 Du temps de M. Russel, auteur anglais, la fabrication des
étoffes en soie et or avait produit en une année 504,562 pièces
qu'il fait écouler ainsi: 70,281. en consommation 180,000 expédiées à Constantinople et 254,281 envoyés dans d'autres pays.
Il ajoute: « les manufactures pour jetter cette quantité d'étoffes
dans le commerce employent 3,500 ballots de soie, qui pèsent
132.500 rottes et valent 7,350,000 p. la piastre valait 1fr.20c.

que c'est la plus importante d'Alep, je dirai qu'au lieu de l'aider le gouvernement l'écrase de ses impôts, auxquels s'ajoutent malheureusement ceux non offiicels, dont il ne sera fait aucune mention pour ne pas trop assombrir le tableau.

On sait généralement que la dîme est prélevée sur tout ce que produit le sol ottoman et, comme elle se perçoit à raison d'un *sur dix*, cela fait. . . . . . , . 11 pour cent

La soie, comme le coton, paye en outre à la consommation. . . . . 9 »

Plus la douane de sortie, par terre ou par mer . . . . 12 »

Ces droits s'élèvent ainsi à 32 p. 0/0 auxquels il faut ajouter trois piastres de satinage et de timbre par pièce. Mais ces charges ne sont pas les seules, que le fisc impose aux fabricants, puisqu'ils doivent en supporter d'autres, non moins onéreuses, par l'emploi forcé de certains teinturiers spéciaux, lesquels font ainsi payer leur privilége à ceux qui s'en servent.

Je ne donnerai qu'un exemple de ce qu'a de décourageant le faux principe de la levée des impôts.

Le coton filé, employé comme chaine dans les tissus de soie, et comme chaine et trame dans ceux en coton, est fourni par l'industrie étrangère à cause qu'il est plus égal et meilleur marché que celui qu'on obtient dans le pays. La régularité du fil est ainsi due au perfectionnement des machines et la différence des prix vient de ce que le coton filé étranger ne paye que la simple douane de 5 p. 0/0, tandis que le coton indigène, que l'industrie locale emploie, lui coûte, en dime et droit de consommation, 20 p. 0/0.

Le temps n'est peut-être pas éloigné où les fabricants de tafetas et de satins se verront obligés de préférer, pour les mêmes raisons, les soies exotiques à celles de la Syrie et ce sera un découragement de plus pour cette industrie, qui est la principale ressource de plusieurs villes de cette province dont les manufactures emploient l'importante quantité de 86,535, kilogrammes de soie valant 2,510,000 f.

On a vu à la page 36 que l'exportation en était deux fois plus considérable.

Les droits énormes, qui pèsent sur cet article, en élèvent tellement le prix que c'est comme pis aller que les négociants le font entrer dans la composition de leurs retours, pour lesquels ils ramassent le plus de matières et de monnaies d'or et d'argent qu'ils peuvent.

Ces nouveaux motifs d'appauvrissement de l'Empire ottoman auront infailliblement pour effet de réduire la culture du murier, comme les autres causes ont fait abandonner celle du coton.

De ce qui vient d'être exposé, trop sommairement sans doute, à cause du cadre étroit de cette Esquisse, il résulte que la ville d'Alep riche autrefois, de son agriculture, par la bonté de son sol — qui avait d'abord déterminé ses premiers habitants — et de son industrie, due à leur bien être, le fut surtout par le commerce, que sa position avait attiré dans son sein, mais que de tous ces avantages il ne reste que des souvenirs, d'autant plus affligeants, qu'il n'est nul espoir de les voir renaître un jour, du moins dans les larges proportions qu'ils avaient atteint.

La culture des terres a diminué en raison de la

destruction des hordes agricoles et des villages de ce pachalik , de la dépopulation de ceux qui existent encore et
des vexations des autorités et des Bédouins. [1]

Les fabricants livrés à eux mêmes et pressurés, plutôt
que protégés, n'ont pu soutenir la concurrence étrangère
qui les écrase toujours plus.

Quant au commerce on va voir à quoi il est réduit,
après avoir été si florissant.

Commençons, toutefois , par dire que la production
étant son premier principe et la consommation son second,
la diminution , de l'une et de l'autre, a dû nécessairement
influer sur son importance.

Alep servit longtemps d'intermédiaire entre les riches
contrées de l'Asie centrale et l'Europe , mais différentes
causes, déjà rapportées , en déterminèrent d'abord la
réduction, puis la cessation presque complète.

Pendant sa plus grande importance commerciale, Alep
comptait jusqu'à quatre-vingts établissements européens,
dont vingt deux français les autres étant hollandais,
anglais, vénitiens etc.

Aujourd'hui c'est tout au plus si l'on peut en faire monter le nombre à une douzaine, en y admettant tous ceux
qui se qualifient de négociants.

Il parait que l'année 1775 fut la dernière de celles
heureuses que le commerce d'Alep avait eu à compter.

Un relevé des importations et exportations, depuis lors,
en ce qui concerne les relations avec la France, m'a
effectivement fourni la preuve que la décroissance de ce

[1] Ce sont ces motifs qui , en faisant abandonner la campagne, ont obligé les paysans à s'établir à Alep.

commerce s'est soutenue pendant la période qui nous sépare de cette époque déjà assez éloignée.

Voici les chiffres que j'ai obtenus.

	Importations.		Exportations.
En 1775.	8,531,544 fr.		9,162,639 fr.
de 1783 à 1792.	6,250,000	en moyenne	3,480.000.
1815 1822.	3,134,785	idem	1,548.358.
1835 1840.	1,224,430	idem	1,067,680.
1841 1846.	807,150	idem	984,745.

On verra dans la suite de cet article qu'une dernière moyenne a présenté une légère augmentation, mais étant de circonstance, la progression de la décadence n'en continue pas moins.

Les causes qui se présentent pour expliquer cette diminution sont, après celles générales déjà rapportées, au nombre de quatre: 1° la rupture de la France avec la Turquie, qui suivit notre révolution, et la guerre maritime; 2° les troubles civils sous les pachas de la Porte et le tremblement de terre de 1822 ; 3° les nouvelles voies ouvertes au commerce de l'Europe avec la Perse et quelques autres contrées de l'Asie centrale ; 4° les vices de l'administration locale.

Je ne m'étendrai pas sur les trois premiers points qui sont assez connus ; j'en ferai seulement le sujet de quelques réflexions.

Le commerce s'était soutenu jusqu'en 1793. Mais à cette époque commença la chute de nos établissements à Alep et si d'autres leur succédèrent, ils ne les remplacèrent pas. Ce ne fut, à proprement parler, que des maisons en commission, fondées dans le but principal de prêter leurs noms aux négociants arabes, qui s'étaient substitués aux nôtres, dans le commerce de France, pour leur épargner le droit de *consulat*, perçu à Marseille sur les marchandises des étranger, à raison de deux pour cent, et les faire bénéficier d'autant sur la douane du pays, qui était de cinq pour les rayas et de trois pour les européens. Les résultats d'un pareil trafic ne furent pas brillants.

Dans mes considérations générales, sur le commerce français en Syrie, je n'ai pas précisément accusé les étrangers d'être la cause de sa réduction, mais je puis déclarer ici qu'ils en ont dénaturé les rapports, ne s'en occupant que simultanément avec ceux des autres pays, entre lesquels ils se partageaient selon leurs convenances et l'intérêt du moment, qui détermine toujours leur préférence.

Quoique les importations aient diminué en raison de l'appauvrissement du pays et de la réduction de la population, décimée par tous les désastres qu'elle a subis, le nombre des débitants étant à peu près le même, il est évident qu'ils font médiocrement leurs affaires, par le peu d'étendue de leurs clientelles. De là la difficulté des négociants à retirer le montant de leurs ventes à terme, les revendeurs étant dans une grande disproportion par rapport aux acheteurs.

Ceci est pour le commerce local, ou de consommation, mais les mêmes motifs existent dans l'intérieur pour celui de spéculation, indépendamment des inconvénients dûs: 1° à la variation continuelle des monnaies; 2° au monopole que se permettaient les autorités; 3° à la faculté qu'elles exerçaient, quelquefois, d'arrêter les envois en espèces, des marchands rayas, pour les convertir en pièces de nouvelle fabrication, moins avantageuses, pour l'importation en Europe que les anciennes monnaies.

Mais il est d'autres causes, comme j'ai dit, qui ont opéré la réduction du commerce d'Alep.

Damas n'était pas autrefois en relation avec Bagdad, et c'était également Alep qui fournissait à toute la Syrie; Trébisonde et Tiflis ne possédaient pas des établissements Européens. Or, ces villes sont autant d'entrepôts qui approvisionnent maintenant les pays qu'Alep pourvoyait exclusivement.

Il est aussi différents articles riches qui ont pris la voie du golfe Persique et des comptoirs de l'Inde, parce qu'on a trouvé une grande économie à les faire parvenir directement et sans danger aux lieux même de leur débouché.

Ce ne serait pas dans un moment où toute l'Europe prend un si vif intérêt au sort des habitants chrétiens de l'empire Ottoman, francs et rayas, que l'on devrait craindre la continuité des abus dont ils ont eu si longtemps à souffrir, mais puisque je les ai signalés comme étant la cause de ce que la position des habitants a de fâcheux en Orient, je me vois obligé de m'en occuper encore, ne fut-ce que, pour mieux faire sentir le besoin d'empêcher le retour de ces mêmes abus.

On a vu, dans le commencement de cette Esquisse quelle a été mon opinion sur l'Administration et les Tribunaux de ce pays. Le Medjelis de commerce, unique simulacre de justice mercantile, n'était qu'une amère dérision avant que le gouvernement eut appelé dans son sein des négociants Européens, qui malgré leur minorité, ont quelques chances de faire triompher les bonnes causes toutes les fois qu'ils pourront s'entendre avec leurs collègues.

Les créanciers chrétiens sont ici constamment soumis aux caprices des débiteurs musulmans et tout arrangement raisonnable devient impossible à moins d'intrigues qui répugnent à l'honnête homme.

On conçoit, d'ailleurs, que la jalousie des négociants indigènes chrétiens, voulant se débarasser de leurs concurrents Européens, et leur faiblesse à l'égard des musulmans, ne doivent pas peu les porter à s'unir déplorablement avec ces derniers pour agir dans un but commun.

Les autorités généralement hostiles aux francs, dont ils trouvent les réclamations d'une fréquence insupportable, se pressent le moins du monde d'y faire droit et jamais elles n'y mettent cette bonne grâce qui est l'expression de la sollicitude. Ainsi, des ordres réclamés avec énergie, mais donnés avec une insigne malveillance ne peuvent produire des résultats satisfaisants, et ceux qui les ont obtenus, fatigués de se présenter à des employés mal disposés, finissent par accepter des transactions désavantageuses.

Ce sera en vain que l'on recourra aux administrations Turques tant qu'une création nouvelle, ou une épuration radicale, ne les aura pas entièrement régénérées, car vouloir agir avec elles d'après nos principes, c'est s'exposer à être constamment leurs dupes.

C'est pour éviter ce désagrément qu'on emploie en Orient les Drogmans indigènes et qu'on préconise leur caractère se prêtant à toutes les exigences de la ruse musulmane, ce qui répugne aux interprètes nationaux, parce qu'ils préfèrent exceller par l'esprit et le tact plustôt que par la supercherie et l'intrigue.

Mais tel est encore le mécanisme de ces institutions

qu'on ne peut faire aller que par l'unique moyen qui lui est propre : la subreption aidée de la corruption.

Les corvées, ordonnées par l'autorité, font aussi le plus grand tort au commerce, en empêchant le transport des marchandises, dans les moments propices, et en donnant lieu à l'élévation du prix de *voiture*, le port se payant d'une manière relative à la présence, plus ou moins rare, des gens et des montures à employer.

Si les causes générales, que je viens de rapporter sommairement, ont eu pour effet de réduire, à la fois, le commerce de sortie et celui d'entrée, d'autres motifs ont, plus particulièrement, pesé sur] les principaux articles de consommation que nous produisons.

La fourniture des bonnets, pour laquelle les Français ont été presque seuls pendant longtemps, a subi une diminution relativement plus considérable, que les autres objets d'importation nationale, et dans les années où la concurrence étrangère nous a le plus dépassés, sur cet article, notre part a été de moins du quart sur les quantités qu'Alep en a reçues.

L'industrie des petits bonnets, que nous appelons *Grecs*, n'a pris, à ce qu'il paraît, un grand développement que depuis une cinquantaine d'années, à la faveur d'un changement de mode, la coiffure des hommes et des femmes ayant cessé d'avoir pour base le gros bonnet que Tunis fournissait exclusivement.

Je n'ai trouvé, en effet, à l'importation de 1775, que 121 caisses de bonnets de France, et 96 de Tunis et de 1783 à 1792 le terme moyen a été de 100 caisses, tandis qu'en 1810 leur nombre s'est élevé à 327, dont 243 de France. En 1817, il y en eut 270, dans lesquelles les envois de Marseille figurèrent pour 193 caisses. Depuis lors les *Fess* de Tunis ont cessé de prendre la voie de France et sur des importations qui ont varié, de 467,665 fr. à 66,000 fr., notre part n'a été que de 74,500 fr, sur la première somme et de 15,600 sur la seconde.

On attribue l'abandon de cet élément, de nos rapports avec le Levant, à l'indifférence des fabricants français qui préfèrent travailler pour l'intérieur et pour l'Algérie plutôt que de chercher à rejoindre, et même à dépasser, leurs concurrents de Gènes, de Florence et de Vienne, qui leur sont aujourd'hui préférés.

La draperie française est menacée du sort qu'elle fit éprouver en 1765 à celle anglaise, ainsi que le prouve le rapport du consul et des négociants résidants à Alep, adressé le 30 juillet, de la même année, au comte d'Halifax.

C'est une réponse aux questions de M. de Granville, ambassadeur britannique à la Porte ottomane, sur les causes de la décadence du commerce anglais, pendant les vingt années antérieures, et il y est dit : « qu'ils attri- « buent le dépérissement du commerce à la mauvaise « qualité de leurs draps et aux progrès faits, en ce genre « de manufacture, par les Français qui, voyant que la « principale consommation des bonnets de laine des der- « nières années a été restreinte aux parties les plus mé- » ridionales de la Turquie, ont sagement adopté leur fa- « brication au climat, au goût, et aux usages du pays. Ils « annoncent que bientôt ils ne pourront plus lutter avec « eux. «

Les draps de Belgique et d'Allemagne sont d'un tissage plus fort que les nôtres, que l'on rend tous les jours plus légers, mais qui sont encore remarqués à cause de leurs couleurs vives, que les étrangers n'ont pu entièrement imiter jusqu'ici.

J'ai ouï parler de draps importés d'Angleterre, mais je dois croire qu'il s'agit d'un produit étranger qu'on a attribué à la nation qui le transportait.

La partie dans laquelle excellent les Anglais est l'industrie cotonnière et puisqu'ils rencontrent de redoutables antagonites, dans les Belges et les Suisses, nous ne devrions pas laisser, à ces deux nations, l'avantage de profiter seules d'une branche de commerce aussi importante, pour laquelle on n'avait d'abord connu que les manufactures anglaises.

Alep a reçu, en une année, pour 2,283,000 fr. de coton filé et pour 1,382,400 fr. de tissus en cette matière.

Je vais laisser à des chiffres le soin de donner une idée exacte de l'état actuel du commerce à Alep, parce que je trouve qu'il est préférable de bien informer de ce qu'on peut faire encore que d'éclairer sur ce qui a été fait, dans un temps qui n'est plus à nous, n'en ayant rapporté quelques circonstances que comme sujet de réflexion et objet de comparaison.

Le commerce n'est pas invariable dans ses opérations et, comme les autres spéculations, il est exposé à bien des influences ; de sorte que tout négociant éclairé sait parfaitement qu'il ne doit pas se régler sur ce qu'une chose a été, ou qu'elle est, si sa conviction intime ne vient lui démontrer péremptoirement qu'elle puisse se produire encore.

COMMERCE MARITIME.

Importations. [1]

Provenances générales		de France
6,296,190 fr.		849,590 f.
Blé et farines.	713,000	400
Bonnets.	186,560	75,000
Café	221,470	69,600
Cochenille . . , . . .	416,670	84,690
Coton filé . . . , . .	856,100	. . . .
Drap.	509,000	255,000
Drogueries.	87,270	21,760
Épices	61,870	11,170
Étain	20,680	5,000
Fayence et verrerie.	26,850	15,100
Fer et acier.	15,080	4,500
Indigo. . , ...	218,500	15,100
Joailleries et dorures.	17,500	5,700
Papiers	80,500	18,700
Plomb	17,700	9,750
Quincailleries. . . .	121,600	39,520
Sucre.	215,670	50,000
Tissus de coton. . .	2,517,600	137,500
Soieries.	59,150	19,270
Articles divers. . . .	555,640	35,830

Angleterre . . . . 5,572,500 fr.

Café 76,340. Cochenille 278,670. Coton filé 678,450. Drogueries et épices 81,500. Etain 18,500. Indigo 148 mille 950. Quincailleries 54,400. Sucre 142,912. Tissus de coton 1,992,100. Divers articles 100,700.

Toscane. . . . . . 486,500 f.

[1] Valeurs moyennes pour toutes les provenances générales et particulières.

Bonnets 169,870. Café 21,080. Cochenille 26,180. Draps 28,620. Drogueries et épices 19,080. Fayence et verrerie 6,360. Papiers 70,080. Quincailleries 12,750. Tissus de coton 65,970. Soieries 14,500. Divers articles 55,810.

Turquie. . . . . 1,290,520 fr.

Blés et farines 797,580. Bonnets 52,260. Draps 65,720 Quincailleries 53,850. Tissus de coton 74,100. Divers articles 286,810.

Autres états. . , . . , 97,680.

Bonnets 56,700. Quincailleries 27,500. Tissus de coton 12,400. Divers articles 21,080.

Exportations.

	Destinations générales	pour la France
	3,054,430 fr. en moyenne	1,022,770 en moyen.
Alisaris.	55,600	400
Cire.	56,120	8,500
Coton.	29,800	27,100
Cuivre vieux	11,690	6,380
Éponges.	27,930	27,930
Fruits secs	6,840	630
Noix de galles. . . .	687,180	286,050
Graine jaune	5,490	2,230
Laines	567,740	132,980
Matières d'or et d'arg.	264,800	. . . .
Scamonée.	55,470	15,030
Sésames.	129,900	116,600
Soie.	552,380	368,640
Tabac.	546,700	12,800
Articlesdivers. . . .	500,790	17,500
Angleterre	251,490 fr.	

Noix de galles 177,690. Laine 45,700. Divers articles 28,100.

    Toscane. . . . .   521,400 f.

Cire 19,200. Galles 27,500. Laine 95,500. Soie 88,700 Divers articles 92,900.

    Turquie. . . . . .   1,508,800 f.

Laine 38,700. Soie 156,100. Tabac 781,000. Tissus 59,700. Divers articles 275,500.

    Etats-Unis. . . . . .   130,000 f.

Galles 34,500. Laine 94,700. Articles divers 800.

La grande différence qui existe entre les importations et les exportations provient de ce que les Anglais forment leur balance avec des lettres de change et, surtout, des envois en numéraire et matières d'or et d'argent qui, n'étant pas déclarés à la douane, figurent communément sur les manifestes sans spécification de valeurs.

Il n'a pu être fait mention des relations de l'Autriche, avec Alep, par la raison que tout ce qui provient de cet empire se débarque, d'abord, à Beyrout, et que c'est de ce port, également, que s'expédie ce qui compose les retours des envois qu'on en reçoit.

Ce relevé, des importations et exportations, prouve qu'il est un grand débouché d'articles auxquels nous restons presque entièrement étrangers, et que pour quelques autres, que nous fournissons, concurremment avec des rivaux, ce doit être le bas prix, auxquels ils les livrent, qui leur vaut la préférence.

Les Anglais qui ont reparu à Alep, depuis une trentaine d'années, s'étaient tellement étendus, dans leurs affaires, qu'après en avoir reconnu le grave inconvénient ils ont dû les restreindre, sans cesser, toutefois, de soutenir leurs clients par des avances plus modérées , pour ne point les voir fermer boutique et perdre ainsi ce qu'ils en reclameraient.

C'est la longanimité des négociants qui retarde la crise, dont le commerce d'Alep est depuis longtemps menacé , car une circonstance qui les obligerait à *retirer* leurs fonds la ferait éclater. Mais quel résultat espérer, en pareil cas, des débiteurs insolvables, après la perte de leur existence ?

Ils s'acquittent maintenant d'une manière si lente que souvent les anciens termes sont triplés et quadruplés. On a donc lieu d'être étonné d'un pareil état de chose, qui durera tant qu'il sera nourri par l'espoir d'une reprise des affaires.

Les négociants anglais , faisant presque tous la commission, vendent pour compte de leurs correspondants et ceux-ci trouvent , sans doute , dans de bons bénéfices, la compensation du temps qu'on leur fait attendre pour les réaliser.

Les envois continuels d'argent monnoyé , en Europe , rendant toujours plus rare le numéraire, dans le pays , fourniront bientôt aux débiteurs un bon prétexte de ne pouvoir remplir leurs engagements , même pour les paiements hebdomadaires auxquels ils étaient réduits par les circonstances.

Cet inconvénient majeur avait suggéré l'idée des billets à ordre et les négociants pensèrent d'en lancer quelques-uns à Beyrout et à Alep pour y être reçus comme versements, sous l'escompte des échéances. Ç'eût été un immense bienfait pour ce pays, mais le crédit public y est encore soumis à trop de chances défavorables pour

permettre que de simples signatures, y inspirent déjà
une entière confiance.

Il est d'autres réflexions qui trouveraient ici leur place
et rappelleraient les changements ayant rendu ces pays
tributaires de l'Europe, après lui avoir, en quelque sorte,
servi de modèle ; mais la digression en serait longue : je
me borne donc à un simple aperçu.

La Turquie n'a-t-elle pas eu, longtemps avant nous,
ses soieries, ses mousselines, ses indiennes, ses scamites,
ses cotons filés et ses produits agricoles pour lesquels
nous opérions de si grands envois de fonds ? Aujourd'hui
elle est relativement inoccupée, et inculte, et elle doit
se dépouiller de son numéraire pour payer ce qu'elle
est obligée de recevoir de nos marchés.

Les causes de cet inconcevable changement se trouvent dans l'histoire des terribles évènements que la Syrie
a éprouvés, mais dont le plus fâcheux a été, incontestablement, la domination des Arabes par les Turcs qui, en
les détrônant, ne les ont plus considérés que comme un
peuple d'esclaves. [1]

[1] Il ne sera pas sans intérêt de citer ici l'opinion du maréchal MARMONT sur la population asiatique de l'Empire ottoman,
composée de Turcs, de Chrétiens et d'un grand nombre d'Arabes qui professent la religion musulmane.

« Les Arabes ont, dit-il, compris leur force, essayé leur af-
« franchissement. . . .et chez eux une intelligence facile accom-
« pagne une grande volonté. Le prestige qui protégeait les
« Turcs s'est évanoui, ils sentent aujourd'hui leur supériorité,
« Voyage, 11, 99. »

Nous trouvons dans cette attitude des Arabes la cause de leur
résistance sur divers points de la Syrie et celle de leur prépo-
tence dans le désert. Nous reviendrons sur ce sujet.

Je finirai l'article d'Alep par quelques mots sur l'école gratuite, que nous y avions fondée, et pour laquelle des compliments nous étaient venus même de ceux qui, sans nous aimer, sont obligés de nous estimer, sur ce que nos faibles moyens nous avaient amené à réunir des enfants de toutes les nations et religions ce que n'avait pu obtenir la société biblique de Londres avec son budget de deux millions sterlings.

Quatre années de succès semblaient devoir en assurer la continuation ; mais en m'éloignant d'Alep, en congé, j'avais compté sans l'intrigue, et à mon retour je trouvai de telles complications que je dus en référer au ministre. A la suite de nombreuses démarches l'école fut fermée et elle n'a pas été rouverte.

C'est dans le Levant que des jaloux, de notre considération et de notre crédit, s'étudient à nous contrecarrer dans toutes les occasions qu'ils peuvent rencontrer, sans jamais se rébuter de la peine qu'ils y prennent pour n'en retirer souvent que de la confusion.

ALEXANDRETTE.

Ce petit village au bord de la mer, dans le fond d'un golfe, doit son existence au commerce d'Alep auquel il sert d'échelle.

L'ancienne factorerie anglaise, autrefois baignée par la mer, et qui en est assez éloignée maintenant, présente, dans sa vaste construction, une preuve de l'importance que les relations de cette nation y avaient acquise.

Si le mouillage d'Alexandrette est réputé bon, hormis pendant que souffle le vent appelé *Raguier*, qui oblige à dérader, son air est des plus délétères, ainsi que l'attestent les nombreuses victimes qu'il fait tous les ans sur les navires européens.

Les émanations méphitiques, constituant l'insalubrité, viennent d'un vaste marais, entretenu par un ruisseau et par des sources, que l'amoncèlement des sables empêche de déboucher dans la mer.

Quelques travaux exécutés en 1836 eurent le plus heureux effet, pour la santé publique, mais ils ne furent pas continués, ou entretenus, par la fatale négligence des Syriens, et le mauvais air reparut par l'influence des causes qui l'ont toujours produit.

Les propriétaires des environs de ce triste village, fort indifférents sur le compte des Européens, qui ne laissent pas, cependant, d'être utiles au pays, ne considèrent point que c'est de la convenance de ceux-ci à se servir d'Alexandrette, plutôt que d'un autre point de la côte, que dépend le sort de cette échelle, et que si les équipages y succombent, par l'effet des exhalaisons malignes des marais, ils pourraient bien l'abandonner.

Ces propriétaires, dignes représentants du fatalisme, qui mène de l'indifférence à l'égoïsme, n'ont qu'un désir: le maintien de l'état actuel.

Les eaux répandues dans le pays leur donnent également la fièvre; mais ils n'en meurent pas : ils trouvent alors que l'avantage qu'ils en retirent, *en y élevant leurs buffles*, les dédommage largement des petits désagréments qu'elles leur causent.

Les montagnes voisines envoyent à Alexandrette le bois, de construction navale, qu'on transporte sur la côte de Syrie où ils sont employés.

Le fond du golfe a été tristement célèbre par les corsaires qui ont longtemps infesté la Méditerranée.

Ce fut à cette occasion, et non à cause des pertes auxquelles étaient exposés nos marins, que le commerce d'Alep abandonna l'échelle d'Alexandrette pour celle de Lattaquie.

Ce changement eut lieu plusieurs fois depuis; si ce n'est que les négociants ne considérant les choses que sous le rapport de leurs propres intérèts, ont fini par revenir à leur ancienne factorerie.

Les propriétaires du sol ne renonçant pas, de leur côté, à l'élève des buffles, ce serait à l'autorité seule qu'il appartiendrait d'entreprendre les travaux d'assainissement, parce qu'elle pourrait le faire avec plus de chances de durée.

Il serait d'autant plus aisé de s'en occuper qu'il ne s'agit que de l'endiguement d'un ruisseau et de l'écoulement des eaux de petites sources, opérations peu dispendieuses.

Elles auraient pu être faites par des particuliers si, comme cela est mainte fois arrivé, les éleveurs de bestiaux, où les buffles eux-mêmes, n'avaient promptement détruit les travaux et rétabli les choses dans leur état défectueux.

ANTIOCHE.

Après Alexandrette les points les plus importants du pachalik sont : Antioche , Idlib, Killis et Antab.

Antioche, [1] ancienne métropole réduite à l'état de bourg,

---

[1] Quoique les auteurs orientaux soient d'accord avec nous sur son fondateur ANTIOCHUS, ils veulent que « ce personnage « étant tout-à-fait privé durant la nuit de la jouissance du som- « meil, et ayant appris des docteurs que le climat de ce pays « disposait à dormir, y bâtit la ville d'*Antakia*, afin d'y jouir « de cette faculté qui lui manquait. » *Itinéraire de Constantinople à la Mèque,* par M. Bianchi, p. 25.

est relégué au coin ouest de la grande enceinte bastionnée qu'occupait autrefois l'immense ville. L'espace qu'elle couvrait de ses fastueuses maisons est aujourd'hui planté d'arbres, de sorte qu'en quittant la ville, pour se rendre dans l'est, on se croit en pleine campagne quoiqu'on soit encore enfermé dans les murailles de l'antique capitale de la Syrie, que l'on quitte par la porte dite de Paul.

Les plaines dépendantes d'Antioche ne sont pas toutes cultivées, étant abandonnées, en très grande partie, aux Turkmènes qui les occupent pendant l'hiver et ne les quittent qu'à l'approche des fortes chaleurs.

Les pays montagneux sont couverts d'arbres surtout d'oliviers et de mûriers blancs. Les figuiers et les vignes réussissent également dans ce climat.

Ainsi qu'on l'a vu dans le tableau, n° 3, les habitants d'Antioche, au nombre de 15,300 âmes, ne comptent pas un seul catholique et cela avait fait trouver extraordinaire qu'un religieux franc soit allé s'établir là où il n'existait aucun individu de son rite.

Ce fut donc en s'imaginant, que le P. Basile se flattait de convertir des Musulmans, des Grecs ou des Nesseiris, que, dans son exaltation fanatique, Omar-Effendy résolut d'assassiner l'inoffensif capucin, aussi aimable homme que bon religieux, en même temps qu'il était spirituel, sage et prudent.

Ce meurtre causa bien des désagréments au consulat de France à Alep et les difficultés rencontrées à obtenir une réparation me font autant applaudir au zèle du consul, M. Edmond de Lesseps, qui l'a poursuivie, qu'à l'énergique ambassade qui l'a fait accorder.

Mais je ne crois pas devoir me borner à cet éloge. Il

me semble que je puis trouver mauvais que le gouvernement, qu'on requiert dans tous les accidents qui arrivent aux religieux catholiques, ne soit pas consulté sur le choix de ceux qu'on envoie dans les missions, nouvelles ou anciennes. Il conviendrait, avant tout, de n'y pas expédier ceux dont les mœurs ne sont pas irréprochables.

La France, ne s'attachant à considérer que le caractère et non l'homme, la religion et non la nation, s'est toujours mise au dessus des sentiments de ceux qu'elle a eu la générosité de protéger —ce qui est sans doute le fait de la véritable grandeur —mais si notre noble patrie ne prétend à aucune reconnaissance de la part de ces étrangers qu'elle couvre de son égide, elle devrait, au moins, empêcher qu'ils ne la payent d'ingratitude, ne fut-ce qu'à cause de la déconsidération que produisent en Orient les éternels desagréments et tous les ennuis que nous y attire notre bonté, autant que notre indifférence.

Les produits d'Antioche, c'est-à-dire des pays qui l'avoisinent principalement de Suédié, qui en est le port, se calculent ainsi : soie, de 180 à 200 quintaux. Elle est inférieure à celle du Liban. De bonnes années en ont donné plus du double.

Coton de 300 à 400 quintaux.

L'huile que produit ce pays est toute employée à la consommation; la récolte peut s'élever, année commune, à un millier de quintaux.

La seule industrie des habitants d'Antioche est la marroquinerie. Il y existe beaucoup de cordonniers et bottiers dont les ouvrages forment des articles d'exportation pour les contrées voisines.

Il se fait aussi un commerce considérable de poisson

péché dans l'immense lac appelé *el Goleh*, ainsi que d'anguilles que l'Oronte produit en abondance. On les sale pour les porter sur la côte de Syrie et en Chypre.

IDLIB.

Ce bourg a joui de quelque importance, pendant que le coton était filé et tissé pour l'Europe, et il en conserva même une partie lorsque ce produit composait, dans son état naturel, les cargaisons des navires devant y faire leur retour ; mais du moment que l'Egypte s'adonna à la culture du coton, les villes intérieures de la Syrie ne purent plus lutter avec un pays si rapproché de la mer par son fleuve et ses canaux, de sorte que les habitants d'Idlib durent ramener leur production aux proportions de la consommation locale, et ils cherchèrent à utiliser les terres, qui leurs restaient, d'une manière analogue aux besoins du moment.

Par l'emploi qu'on fait en Europe du sésame, cette graine trouve beaucoup plus de semeurs qu'autrefois, quoique la consommation ait toujours été assez considérable pour les préparations culinaires arabes, surtout pour la pâtisserie.

L'huile de sésame n'est pas encore entrée, là bas, dans la composition du savon, parce que les gens de ces pays ne savent pas sortir de leurs procédés routiniers, qui leur présentent seuls une planche de salut. Ils sont privés des auxiliaires que la chimie met sans cesse au service des industries européennes.

C'est l'huile d'olive, comme corps gras, qui avec la cendre de soude et la chaux, forment le savon.

Le pays d'Idlib est riche en champs d'oliviers et c'est

ce qui a fait choisir cette petite ville pour des savonneries, principalement pour l'exportation. Le nombre des cuites est annuellement de 100 à 120. [1] Ce savon passe en très grande partie en Caramanie.

KILLIS.

Les produits de cette ville sont principalement le coton et l'huile, 200 à 500 quintaux pour le premier, 6 à 700 quintaux pour le second. L'huile est recherchée pour la cuisine, sa qualité étant réputée la meilleure de tout le pays.

On récolte aussi environ 150 quintaux de galles des montagnes qui avoisinent cette ville.

Une savonnerie y fait annuellement de 15 à 20 cuites, c'est-à-dire de 160 à 200 quintaux de savon.

ANTAB.

Petite ville bâtie sur une élévation et habitée par des Musulmans, des Arméniens et des Grecs. Les Catholiques et les juifs, qui s'y trouvent, sont étrangers,

La marroquinerie fait la principale industrie des habitants.

Les produits agricoles sont le coton, qui est presque tout filé et tissé dans le pays pour l'usage de ses habitants, et les raisins convertis en raisiné. On le rend blanc en le clarifiant, et il remplace, dans les classes peu aisées, le miel et le sucre. Il est d'ailleurs si agréable que beaucoup de personnes le préfèrent, pour certains gâteaux, et le mangent pur en guise de confiture. Ce raisiné, appelé *Dubs* par les Arabes, est purifié en le débarrassant de la mélasse.

[1] De 11 quintaux de 100 rotes.

Les tissus de coton anglais y sont transformés, par la teinture, en toiles de couleur bleue et, par l'estampage, en indiennes grossières. Ils sont dès-lors reçus comme produits de l'Empire ottoman, dans tous les ports Russes de la Mer Noire. Le grand commerce qui s'en fait donne quelque importance à la ville d'Autab.

Ce sont des négociants arabes d'Alep qui l'exploitent au moyen de lettres de change, à dix-huit mois de terme, que la rareté de l'argent ne leur fait, toutefois, placer qu'au change de 20 à 25 p. 0/0 de perte.

Les valeurs qu'ils en obtiennent servent, à leur procurer les tissus, à leur faire subir l'opération de transformation et à les expédier jusqu'au lieu de vente.

C'est sur leur seul crédit que ces affaires lucratives sont ainsi entreprises successivement.

PACHALIK DE TRIPOLY. [1]

⸺⸺◆⸺⸺

Le pachalik de Tripoly a 22 myriamètres en longueur et 10 myriamètres dans sa plus grande largeur, que la rentrée de la chaîne de l'anti-Liban réduit à moins de 4, du côté de Lattaquie, et à 6, vers la limite méridionale.

Le pays est généralement élevé et les contrées planes, qu'il renferme, sont très-fertiles, se trouvant arrosées par les eaux qui descendent des montagnes du Liban et de l'anti-Liban, ainsi que de leurs contreforts.

La production n'est pas, cependant, partout relative à l'étendue, et cela tient autant au caractère des habitants qu'à la malveillance des autorités à leur égard.

La partie nord est occupée par les Nesséïris, sorte d'idolâtres généralement enclins à la fainéantise, lesquels, en s'adonnant faiblement aux travaux de la terre, se trouvent souvent arriérés pour leurs contributions. Cela amène des contraintes, des soulèvements, puis des châtiments que la réprobation des musulmans, pour tout ce qui n'est pas de leur religion, rend toujours terribles.

Les Nesséïris sont l'objet d'une exception inhumaine; en ce que les mahométans les considèrent comme hors la loi commune, ce qui fait que leurs biens et leurs personnes peuvent donner lieu à une cession sur le seul ordre d'un gouverneur. D'après ce principe, on s'emparait de leurs propriétés sous le moindre prétexte, et, à la suite de quelques

[1] Pour la population de ce pachalik, voir à la fin de l'ouvrage le tableau n° 4.

troubles, les personnes tombées au pouvoir de l'autorité étaient vendues en plein marché. [1]

Sur les croupes, est et ouest, du Liban et dans quelques pays environnants, habitent des Métoualis, autre nation peu énergique et qui ne travaille que pour vivre, recourant à leurs voisins même pour les arts les plus grossiers, afin de se borner à l'unique culture des terres qui leur appartiennent.

Les autorités leur sont également hostiles, moins à cause du schisme qui les en sépare, que parce qu'elles leur connaissent un esprit d'indépendance qui les conduit souvent à la mutinerie.

Les autres districts sont peuplés de chrétiens et de musulmans.

ARRONDISSEMENT DE LATTAQUIE.

Le chef-lieu de cet arrondissement est un des points de la Syrie que le commerce et la navigation ont dû faire le plus fleurir et qui n'a pu se relever du moment que ces deux auxiliaires lui ont manqué.

Lattaquie était une ville de second ordre et aujourd'hui elle peut prendre à peine celui de quatrième, grâce, toutefois, à la fertilité de ses immenses terres, partiellement semées à la vérité, mais qui rendent encore d'abondantes récoltes.

---

[1] Pendant l'occupation égyptienne un pareil fait eut lieu et les consuls généraux d'Alexandrie l'ayant révoqué en doute, ils demandèrent qu'on le vérifiât. Il fut alors reconnu que des femmes et des filles nessériennes avaient été réellement vendues dans les rues de Lattaquie au nom du vice-roi d'Egypte.

Celle du coton était autrefois toute transformée en fils et
tissus, ce qui valait doublement à ses habitants.

Ne trouvant plus ce même profit, et ne pouvant lutter
avantageusement avec les autres pays cotonniers, ils ont dû
considérablement se réduire.

Ils se sont mis à semer plus de sésame, et les récoltes en
augmentent d'année en année.

Le territoire de Lattaquié produit divers grains. Le tabac
est cultivé dans les districts intérieurs et montagneux, qui
ont été préservés des tribulations de la plaine. Cette culture
n'a donc éprouvé qu'une diminution relative à la réduction
de la population.

Voici quelle est, en moyenne, la quantité de chaque
produit :

Tabac	2,400	quintaux valant F.		480,000
Blé	296,000	kilots	»	986,700
Orge	236,000	»	»	413,000
Maïs	39,350	»	»	68,000
Légumes	22,000	»	»	65,000
Sésames	90,000	»	»	315,000
Coton	1,300	quintaux	»	286,000
Laine	85	»	»	21,400
Beurre	70	»	»	16,800
Miel	53	»	»	10,800
Huile d'olive	930	»	»	187,300
Cire jaune	10	»	»	7,500
Soie	25	»	»	107,000
Éponges	3,050	ocques	»	55,850
		Total ... F.		3,020,850

Ces produits se ressentent, en général, des moyens grossiers employés dans les diverses cultures et du peu de soins que l'on apporte aux récoltes, de sorte qu'il serait probable que plusieurs centaines de mille francs s'ajouteraient aux trois millions ci-dessus, si d'autres instruments aratoires étaient substitués aux anciens, et surtout si les paysans de ce pays s'attachaient à choisir leurs semailles et à sarcler leurs champs, au lieu de faire indifféremment usage de mauvaises graines et de laisser pousser les herbes sauvages jusqu'à la formation des épis, pour moissonner ensuite le tout à la fois.

Les céréales sont mêlées de graines étrangères ; les cotons sont sales et tachés ; les huiles sont troubles et fortes. Tout, en un mot, atteste l'incurie des producteurs, lesquels, ne parvenant à vendre leurs denrées que difficilement et à bas prix, ne prennent pas, malgré cela, la résolution de s'en occuper davantage à l'avenir, tellement la nonchalance les domine et les détourne de ce qui leur donnerait un peu de peine, mais aussi beaucoup de profit.

De toutes ces terres, celles de la banlieue sont les plus mal cultivées, par l'unique raison qu'elles dépendent du domaine. Étant louées par le gouverneur aux notables, ceux-ci les donnent aux Nesséïris ; mais sachant à combien de désagréments elles les exposent, ils ne les acceptent que par contrainte, et ne s'en occupent qu'avec découragement.

Les montagnes de Lattaquié sont assez boisées, et, dans la partie nord surtout, la construction navale y fait opérer des coupes considérables, malgré qu'on préfère les bois de la Caramanie et ceux des montagnes qui couronnent le golfe d'Alexandrette.

Les autorités égyptiennes avaient ordonné de grandes plantations d'arbres dans le terroir de Lattaquie, mais les Nesséïris ayant éprouvé la brutalité de leurs répressions n'obéirent que dans les pays les plus à portée d'être inspectés. Cette sage mesure, quoiqu'elle n'ait été exécutée que partiellement, et à contre-cœur, a eu cependant pour résultat de faire produire, en 1847, à la campagne de Lattaquie 3,000 ocques de soie, lorsqu'elle n'en avait rendu que 500 avant le départ des Egyptiens.

Son port est le seul qui mérite ce nom en Syrie, mais l'état d'abandon où l'a laissé le gouvernement turc, malgré les améliorations introduites dans son administration, fait craindre de le voir bientôt entièrement comblé, la mer l'envahissant de tous les côtés.

Dans un temps, qui n'est pas bien éloigné, il a contenu jusqu'à douze navires de 100 à 150 tonneaux, et lorsque le commerce d'Alep dut fuir les extorsions du gouverneur de *Bayas* et le brigandage des *Beghdach-li*, qui infestaient la route d'Alexandrette à Alep, il s'y réfugia pour reprendre, néanmoins, son ancienne échelle du moment que ces vexations eurent cessé. Ce qui lui avait été d'abord onéreux, ce fut la double douane qu'il fallut payer, à Lattaquie, port d'arrivée relevant du pachalik de Tripoly, et à Alep, lieu de destination, l'exemption par *Teskéret* n'existant pas alors. Mais au moyen d'un arrangement, il fut plus tard fixé un petit droit sur les colis qui se débarquaient et se chargeaient à Lattaquie, et les négociants d'Alep, en se servant des deux échelles, purent tenir les autorités d'Alexandrette en considération, pour les quitter entièrement à la moindre exaction qu'elles se seraient permises.

Nos équipages préfèrent le port de Lattaquie où ils sont plus en sûreté et sous un excellent climat. Aussi voudraient-ils que le commerce ne l'eût jamais abandonné pour l'échelle d'Alexandrette qu'ils considèrent comme leur tombeau, la mort y frappant chaque année quelques-uns de nos marins.

Il est vrai que Lattaquie est plus éloigné d'Alep ; que les routes en sont moins bonnes ; ce qui fait élever les frais de transport : mais à l'époque des vexations soufflertes les négociants n'osaient pas laisser leurs marchandises à Alexandrette, dont le sol est en même temps très-humide, tandis qu'ils n'avaient rien à redouter sous ces deux rapports à Lattaquie.

Aujourd'hui que le tarif avec la Porte a établi que les objets importés et ceux exportés paieraient un droit distinct aux lieux de débarquement et d'embarquement, et un autre également différent à celui de production et de consommation, la question de la douane tombe devant ce fait, pour laisser dans sa réalité la difficulté du port et celle de la plus grande distance puisqu'elle fait grever la marchandise d'un surcroît de dépense.

A ne considérer que cette différence, qui est peu importante, et à laquelle on pourrait obvier en réparant les routes, en établissant un charroi plus économique, ou en fondant une association privilégiée dont les prix de transports seraient fixés par le gouvernement local, on reconnaît que le sacrifice exigé serait insignifiant, en raison de l'immense service qu'on rendrait à l'humanité, et que la marine marchande de toutes les nations, qui fréquentent le port d'Alexandrette, apprécierait infiniment.

Les marchandises qu'on importe à Lattaquie présentent en moyenne les valeurs suivantes :

Riz d'Egypte..............	F.	612,000
Toile d'emballage............		13,500
» de lin...............		32,500
Dattes...................		17,000
Henné.,...............		48,500
Peaux de buffles............		18,500
Café de Moka..............		62,500
Sucre....................		47,500
Fer et acier.,...............		35,000
Epiceries et drogueries.......		65,000
Manufactures anglaises.......		115,000
Draps....................		43,500
Bonnets.		11,500
Tissus des pays ottomans......		82,500
Tombac de Perse...........		57,500
Quincailleries et articles divers.		17,000
Total........	F.	1,279,000

Les relations directes avec la France ont donné les résultats suivants :

En 1833. Importation 800,475. Exportation 555,510
En 1844.   »   190,000.   »   270,000

L'énorme différence qui existe entre ces deux années est
un indice de la part que prend à ce mouvement le commerce d'Alep, parce qu'elle est en raison du plus ou moins
de portions de cargaisons qui, au lieu d'être dirigées sur
Alexandrette, l'ont été sur Lattaquie, ce qui s'y débarque
étant en grande partie destiné pour l'intérieur.

La ville d'Antioche ne peut recevoir ce qui lui vient par
mer sans un intermédiaire, et la belle saison permet seule

que les petits navires abordent les deux mouillages de l'embouchure de l'Oronte et de Suédié, lesquels n'offrent aucune sûreté le reste de l'année. C'est alors d'Alexandrette ou de Lattaquie que les marchands d'Antioche font venir ce qui leur est nécessaire du dehors.

Les arrivages de France à Lattaquie sont annuellement de 3 à 5 navires de la portée totale de 3 à 400 tonneaux.

Le commerce général de Lattaquie a été en 1833 de 2,952,000 fr. à l'entrée et de 1,512,980 fr. à la sortie.

Les nations étrangères y ont figuré :

	Importation.	Exportation.
L'Angleterre pour	1,040,120 fr.	pour 202,120 fr.
L'Autriche »	30,450	» »
La Sardaigne »	321,580	» 341,720
La Toscane »	759,380	» 413,630

Ses relations les plus suivies sont avec Damiette ; on y expédie chaque année environ vingt cargaisons de tabac et on en retire les sept premiers articles des importations relatées ci-dessus.

Le coton et l'huile de Lattaquie avaient aussi contribué à lui donner plus d'importance que Tripoly, pendant que l'excellence de son air, la sûreté de ses chemins et même eurs agréments, après le passage de Sefkoun, la faisaient préférer à Alexandrette pour les voyages à Alep.

D'après Strabon le terroir de Lattaquie produisait principalement du vin et c'était vers l'Egypte que s'en dirigeaient les récoltes.

Dans le dernier siècle cette échelle donnait lieu à une industrie qui, tout en formant nos marins, les enrichissait dans l'espace de trois ans au plus, que durait ce qu'on appelait la *caravane* des côtes de Syrie, de Caramanie et de l'Egypte.

Ces voyages, d'aller et de retour, exécutés par un certain nombre de navires armés *à la part* et munis d'un capital, donnaient lieu à des prêts sur les cargaisons ; de sorte que les chargements ne rendaient pas seulement un fort nolis, à cause de la présence des corsaires maltais, mais l'intérêt de 15 p. %, pour lesquels les capitaines avaient hypothèque sur les marchandises ; ce qui les autorisait à ne les consigner qu'après acquittement des avances.

Cet immense avantage et bien d'autres, que nous valaient nos établissements de Syrie, durent cesser à la suite des changements qu'amenèrent notre révolution et l'invasion de l'Egypte.

ILE DE ROUAD.

Il ne reste de ses anciennes constructions, qui étaient somptueuses, que les pierres cyclopiques du bastion opposé à la fureur des flots, dont il paraît avoir triomphé jusqu'ici.

Les habitants, tous marins ou propriétaires de navires, ne vivent absolument que du commerce maritime qu'ils font avec leurs propres fonds ou en s'employant au fret.

L'île tire sa subsistance de la terre ferme, dont elle n'est éloignée que d'environ quatre kilomètres, le sol qu'elle occupe étant presque entièrement couvert de ses bâtisses.

ARRONDISSEMENT DE TRIPOLY.

Cette seconde partie du pachalik l'a constitué seule autrefois, l'arrondissement de Lattaquie ayant été érigé en

Mohassilik [1]. Elle en est aujourd'hui la plus peuplée et par conséquent la plus productive, le nombre des bras constituant seuls la production, nonobstant la fertilité d'un pays.

L'état exceptionnel de cet arrondissement était dû à sa position, qui lui faisait moins ressentir les effets du mauvais régime ou, pour mieux dire, du détestable esprit des gouvernants. Les districts qui le composent, habités en grande partie, par des musulmans et des chrétiens, avaient pu opposer une certaine résistance aux prétentions vexatoires des pachas, et maintenant qu'ils n'y sont pas autant exposés, le courage de se plaindre ne leur manque pas, parce qu'ils espèrent qu'ils seront écoutés, ce qu'ils ne pouvaient se promettre jusqu'ici, tellement il était difficile d'arriver aux autorités supérieures pour peu qu'on en fût éloigné.

Il est, en effet, une dixaine de districts qu'on qualifierait de florissants . relativement aux autres, parce qu'ils jouissent un peu plus des bienfaits de la nature et de l'industrie de leurs habitants ; mais ceux-ci n'en sont pas moins fort au-dessous de ce qu'ils pourraient être, s'ils étaient encouragés, ou seulement rassurés, l'administration leur inspirant encore des craintes, parce que la réforme n'a pas produit tout ce qu'elle avait promis. Je l'ai déja prouvé au commencement de cette exquisse.

Dans la population de cet arrondissement se trouvent 10,900 grecs, dont environ 2,000 habitent la ville, où ils s'étaient toujours fait remarquer par une intolérance des plus inhumaines, puisqu'elle les avait constamment portés

---

[1] Titre qui fait relever directement du grand-visir et non d'un pacha.

à ne pas souffrir qu'aucun catholique pût séjourner à Tripoly et y passer une nuit.

Aujourd'hui que le despotisme ne doit s'exercer sous aucune forme, on peut croire que ces chrétiens se sont inspirés d'un peu de charité pour leurs semblables d'un autre rît qu'eux. Leur conduite était d'autant plus injuste que les Maronites leur avaient toujours donné l'exemple, à la montagne, d'une franche hospitalité.

Le territoire de Tripoly produit année commune :

Soie	250	quintaux.	F. 1,250,000
Huile	8,000	»	1,500,000
Coton	100	»	27,500
Galles	50	»	20,000
Laines	200	»	40,000
Tabac	200	»	50,000
Blé	120,000	chombouls.	900,000
Maïs	1,000	»	50,000
Orge	2,000	»	62,500
Cire	10	quintaux.	7,500
Eponges	1,600	ocques.	40,000
Sésame	50	chombouls.	3,750
Beurre	200	quintaux.	75,000
Miel	70	»	15,000
Oranges, limons doux et citrons.			200,000

F. 4,241,250

La moitié, à peu près, de cette valeur comprend les produits que l'industrie locale emploie, ou qui sont consommés sur les lieux, et, sur l'autre demie, deux tiers forment les éléments du commerce intérieur, et l'autre compose les envois maritimes à l'étranger.

Ce commerce est en moyenne :

A l'intérieur : Import. 903,000. Export. 1,325,000
A l'extérieur :   »   355,600.   »   728,300

En 1782 il était calculé à 400,000 fr. d'entrée et à 500,000 de sortie.

En 1823 les expéditions maritimes ont été de 488,000 fr. à l'importation et de 576,000 fr. à l'exportation.

En 1835 le commerce des deux nations qui ont montré leur pavillon à Tripoly a été :

France.   Import. 218,416. Export. 216,600
Toscane.   »   444,000.   »   60,500

Les cargaisons françaises débarquées en 1835 se composaient de :

35 caisses acier, 12 caisses alquifoux, 5 caisses bonnets, 288 sacs café, 2 caisses camphre, 6 caisses cochenille, 33 ballots drap, 12 barils étain, 55 colis fayence et verreries, 902 barres fer, 21 couffins grenailles, 1 caisse indigo, 41 balles papiers, 80 saumons plomb, 122 sacs poivre, 5 caisses printanières, 11 caisses quincailleries, 1 baril sel ammoniac, 10 caisses soufre, une caisse soieries, 228 colis sucre, 175 barils vitriol, 5 colis articles divers.

Et celles embarquées, de :

15 balles alizaris, 5 caisses cire, 8 balles cuivre vieux, 5 balles éponges, 49 sacs galles, 4 balles laine, 1 group matières d'or et d'argent, 111 balles soie.

Ce furent des manufactures anglaises qui formèrent la presque totalité des importations toscanes, parce que les produits de la Grande-Bretagne venaient alors en Syrie des entrepôts de la Méditerranée.

Les expéditions de Tripoly devinrent, par la suite, plus

importantes et les envois en soie s'élevèrent en une seule année, à 491 balles de 157 quintaux 1/2 ainsi reparties :

France	233 balles	75 quintaux.
Toscane	141 »	45 »
Autriche	12 »	4 »
Egypte	50 »	16 »
Syrie	55 »	17 1/2 »

D'autres articles prirent les directions suivantes :

390 balles laine ; Marseille 16 balles, Livourne 230, Trieste 144.

12 quintaux cire ; Marseille 10, Livourne 2.

66 sacs galles ; Marseille 45, Livourne 21, Trieste 10.

Je puis ajouter qu'en 1853, le commerce a donné pour résultats :

| Importations | 612,980 fr. | France | 41,300 fr. |
| Exportations | 1,748,865 fr. | » | 694,665 fr. |

Les articles reçus de France se sont composés de café 7,120 fr. fer et acier; 3,000, sucre; 3,600; tissus de coton 8,300; tissus de soie, 3,400; draps, 8,700 divers, 7,200.

Et ceux expédiés de :

Eponges 209,325 fr. huile 210,000, laine 82,300, soie 187,340, alisaris 4,000, divers 1,700.

La soie de ce pays a un nerf qui la fait préférer pour les fils d'or et les galons. On l'employait également à la fabrication des brocards.

Les expéditions en soie, des divers points de la Syrie, ont été, en tout temps, relatives à l'obligation d'opérer des retours, et cela a fait que ces envois ont souvent présenté de la perte, malgré qu'ils n'eussent pas été faits en vue d'un bénéfice , mais par suite de la nécessité de faire des réalisations qui perdissent le moins possible ; c'est ainsi qu'en une seule année les négociants de Tripoly expédièrent pour 1,400,000 fr. de soie en France ayant dû ajouter sans doute à leurs propres envois les commissions de leurs collègues de la Syrie.

Les principales industries du pays ont pour bases la soie et l'huile. Avec la première on fait les ceintures rayées qu'on a cherché d'imiter , mais qu'on n'a pu égaler nulle part. Il s'en exporte des quantités considérables pour toute la Turquie. L'huile sert à la fabrication du savon, et le produit en est de 5 à 6,000 quintaux par an.

On y emploie la soude tirée des environs de Homs.

Il passe en grande partie à l'étranger.

Malgré les nombreuses plantations d'oliviers que possède cet arrondissement , l'huile qu'on en retire devient rarement un article d'exportation, parce que les possesseurs ont l'habitude de la déposer dans des puits et d'attendre l'occation qui ne manque pas de se présenter dans les trois ans, comme cela a déjà été dit. Elle s'élève, pendant ce temps , à un prix qui ne saurait convenir pour la France à cause des frais qu'exige son transport.

Les habitants de la campagne s'adonnent généralement à l'éducation des vers-à-soie. La culture des orangers et des citroniers donne lieu à un commerce tellement considérable qu'il peut s'élever , comme je l'ai déjà annoncé, à 200,000 fr. par an.

Tripoly possède un chantier de navires de 10 à 200 tonneaux.

Ses poteries , quoique grossières, sont remarquables par la qualité de l'argile, ce qui fait rechercher ces cruches, de moyenne grandeur, sur toute la côté de Syrie. Lattaquie fournit les grandes jarres, Beyrout et Jaffa les très petites, dites *gargoulettes* ou bardaques, qui sont des spécialités pour ces échelles, à cause de la matière que chaque endroit produit exclusivement.

La chaleur invite souvent à boire, dans ces climats, et l'eau que ces vases ont réellement la propriété de rafraichir, surtout lorsqu'ils sont placés dans un courant d'air, les rend indispensables.

C'est sur les côtes de ce pachalik que se fait la pêche des éponges puisqu'elle s'étend des environs de Dgébeil jusqu'à Lattaquie.

Elle était autrefois comprise dans les privilèges des établissements français.

Le nombre des bateaux qu'elle employe est ordinairement d'environ 200, dont 50 à 60 du pays et le reste de l'étranger. Ce sont les Grecs de l'archipel qui montent ceux-ci. Les habitants de Lattaquie, de Rouad, de Tripoly, de Batroun équipent les autres.

Le produit de la pêche est annuellement d'un million de piastres, environ 250,000 fr. dont le deux tiers reviennent aux Grecs, plus habiles plongeurs, plus hardis et plus pervérants que les Arabes.

On trouve des éponges, dites *Chimoueses et Venises*, dans beaucoup de pays, mais la partie de la côte de Syrie, qui en produit de fines, n'a point de rivale dans le monde connu, du moins jusqu'à ce moment.

Les bateaux qui s'arment à la part, dans les Iles de l'Archipel et à Smyrne, ne peuvent vendre leurs éponges que par l'entremise de leurs armateurs, de sorte qu'il n'est que les Syriens qui livrent leur pêche au commerce local, delà le haut prix qu'ils en obtiennent, lorsque la concurrence les encourage à élever leurs prétentions.

De là aussi l'opinion, qui s'est répandue, qu'on péchait des éponges fines aux environs de Smyrne.

Mais un article si variable, qui demande à n'être traité que par des connaisseurs, conduit souvent à de fâcheux résultats et l'année suivante les spéculateurs, trompés par leur inexpérience, n'ont garde de se représenter, ce qui permet aux acheteurs ordinaires de rencontrer des prix raisonnables.

Des essais ont prouvé que l'on faisait un faux calcul en achetant les éponges au poids, parce que leur pesanteur étant augmentée par la terre et l'humidité qu'elles contiennent, quelque soin que l'on prenne de les laver et de les faire sécher, il s'en suivait qu'on encouragait la fraude sans aucun avantage pour l'acquéreur.

Les marchés au tas, ou à forfait, induisent au contraire les pêcheurs à présenter leurs éponges sous l'aspect le plus favorable, et pour peu qu'on ait l'œil exercé on parvient facilement à établir la proportion des qualités dans la partie offerte.

On récolte des noix des galles et des alisaris dans les dépendances de Tripoly, si ce n'est que les quantités n'en sont pas considérables. Les galles du district de Safita sont fort recherchées.

Le Liban produit des vins estimés: celui blanc de Sébeil passe pour être excellent.

Le pays de Koura donne l'un des meilleurs tabacs de la Syrie. Moins fort que le *Dgébeil* il ne lui cède pas pour l'arôme. Transformé en cigares il est des plus agréables à fumer. Je les ai vu préférer aux meilleurs Havanes.

Comme chef-lieu de pachalik, Tripoly a été placé au troisième rang parmi les villes de Syrie, et lorsque les principaux établissements de commerce étaient à Alep et à Seyde, ceux de Tripoly ont pu profiter de toute l'importance que leur laissait prendre l'éloignement des autres points; mais depuis la reprise de nos relations, avec cette province, le choix de l'échelle de Beyrout fait que le port de de Tripoly n'est plus fréquenté, que par les navires chargés des marchandises que les négociants du pays continuent à demander en Europe, où ils font également quelques expéditions pour entretenir des rapports qui paraissent donner encore des profits.

Nous avons eu jusqu'à sept maisons à Tripoly et en temps ordinaires leur nombre variait de trois à cinq. Les premières établies trouvèrent sur le pays les Vénétiens, nos dévanciers partout, et par la suite elles virent arriver des Hollandais qui, à leur tour, cédèrent la place à des Anglais. Ceux-ci l'abandonnèrent également en 1770, pour aller se fixer à Brousse, qui les avait attirés par la beauté de ses soies.

J'ai déjà prévenu que les récoltes de ce produit déterminaient l'importance du commerce de Tripoly, attendu que les négociants d'Alep et de Seyde, toujours embarrassés sur les moyens d'opérer leurs retours, y adressaient des commandes aussitôt que des avis favorables venaient les y engager.

Il a été dit qu'un tiers des soies de ce territoire servait aux échanges que Tripoly faisait avec les villes de Hama, Homs et Damas, indépendamment d'autres articles de son commerce maritime.

En moyenne ces échanges par caravanes s'élèvent annuellement à 903,000 fr. pour l'entrée et à 1,325,000 fr. pour la sortie, ce qui fait supposer qu'elles apportent pour environ 400,000 fr. en numéraire, ou en lettres de change, faisant ainsi la part des bénéfices qui, sur certains articles, sont assez importants,

Il sera donné à l'article Damas quelques détails sur les villes de Hama et de Homs, qui font partie du pachalik de ce nom, et dont les relations avec Tripoly constituent un des principaux éléments de son commerce.

Une des circonstances qui lui sont le plus profitables est le départ du *Dgerdé* qui se compose des approvisionnements et des présents que le Pacha est chargé de préparer, tous es ans, avant d'aller à la rencontre de la caravane de la Mecque. C'est un objet de plus de 200,000 fr. qui, versés dans le commerce, lui donnent pendant quelques jours une vie inacoutumée.

Le ravitaillement offert aux pèlerins arrive tellement à propos qu'il les trouve extenués de fatigues et de privations.

Les cadeaux servent à récompenser les chefs arabes, qui retireraient leur bienveillance si l'on n'observait, à leur égard, les procédés qui les ont engagés à l'accorder.

Les poids et mesures en usage à Tripoly sont le *rote* et le quintal d'Alep, l'*ocque* et le pic de Constantinople. Le *chomboul* et la *colle* lui sont seulement particuliers. Le premier donne 56 kilogrammes en blé. [1]

DGÉBEIL.

Petite ville réduite à une population d'inviron 2,000 âmes. Son port reçoit des bateaux de la côte, qui lui appor-

[1] Il en a été question à la page 14.

tent les produits dont elle a besoin pour fournir aussi à la partie de la montagne qui l'avoisine, en échange de son tabac et de sa soie.

Batroun est également un village, sur le bord de la mer, et son importance n'est à citer que par rapport au tabac qu'il produit et qui est confondu, dans le commerce, avec celui de Dgébeil. Il en est de même de sa soie.

PACHALIK DE DAMAS. [1]

De tous les pachalik de la Syrie celui de Damas est le
plus vaste, son étendue équivalant à celle des quatres autres;
mais il se compose en grande partie de déserts dont les
habitants , d'ailleurs nomades , ne relèvent que très faiblement de l'autorité qui est sensée les gouverner. Leur mobi-
lité est , en conséquence, loin d'en faire une population agri-
cole, travaillant surtout au bien-être commun.

Ces Arabes ne sont pourtant pas inoccupés, puisqu'ils
sont pasteurs et qu'ils élèvent en même temps des chevaux
et des chameaux. Toutefois , la vie qu'ils mènent , en les
rendant trop libres, les porte à la domination et leur en donne la force. De là l'interruption des communications entre les
points commerciaux intérieurs de la Syrie et ceux de la lisière du désert à l'est , principalement Bagdad et Bassora.

Les habitants de ce vaste pays , qui sépare ainsi les rives
de l'Euphrate des bords de la Méditerranée, ont conservé
leurs mœurs anciennes et s'ils oublient ce qu'avaient été
leurs encêtres , ils s'en dédommagent en restant maîtres de
ce continent, dans une indépendance quasi absolue. [2]

---

[1] Le tableau n° 5, contient la population de ce pachalik.

[2] Il n'est pas sans intérêt de connaître le portrait qu'en
a fait Herder et que M. Sédillot confirme en le rapportant
dans son histoire des Arabes.

« Ils sont , par un singulier contraste, sanguinaires et ob-
« séquieux, superstitieux et exaltés, avides de croyances et
« de fictions; il semblent doués d'une éternelle jeunesse et

Partagés, en diverses tribus, ces bédouins ne vivent pas dans une parfaite intelligence, mais au jour du danger leur union est vite reconstituée et jamais l'autorité turque n'a pu remporter sur eux des succès décisifs, ou même importants. Leur pouvoir est aujourd'hui tel, au point de vue de l'aiffaiblissement de l'empire ottoman, qu'on ne saurait se livrer à l'espoir de les en dépouiller.

Les dernières tentatives d'Omer-Pacha, dans la province de Bagdad, ont assez prouvé que les obstacles sont insurmontables de quel côté qu'on attaque ces hordes depuis longtemps insoumises.

Il est donc indispensable d'avoir leur agrément, si l'on veut traverser l'espace auquel il commandent, et attendu qu'ils aimeraient assez vivre en bons voisins, leurs exigences sont modérées. Ils s'arrangeraient nouvellement avec les chefs de caravanes et au moyen d'un droit, qu'on leur assurerait, les relations reprendraient entre Alep, ou Damas, et Bagdad. Mais la confiance dans ce peuple errant a manqué tout-à-coup, malgré qu'on lui reconnaisse des qualités, car il tient surtout à la parole donnée. [1]

« sont capables des plus grandes choses lorsqu'une idée élevée
« les domine. Libre, généreux et fier l'Arabe est en même
« temps irascible et plein d'audace, on peut voir en lui le
« type des vertus et des vices de sa nation ; la nécessité
« de pourvoir lui-même à ses besoins le rend actif, il est
« patient à cause des souffrances de toute nature qu'il est
« obligés de supporter, il aime l'indépendance comme le seul
« bien dont il lui est donné de jouir ; mais il est querelleur par
« haine de toute domination. Dur envers lui-même, il de-
« vient cruel et se montre trop souvent avide de vengeance »
page 11.

[1] Au temps de Soliman-Pacha, la Syrie a joui vingt ans

Les Arabes font, en effet, la différence entre l'homme qu'ils rencontrent et celui qui vient à eux ; aussi, dépouillent-ils le premier et font-ils un bon accueil au second. L'un est considéré comme une proie, que la Providence leur a destinée ; l'autre est un frère que son mauvais sort recommande à leur intérêt. Nous avons connu des personnes ayant passé par ces deux épreuves.

C'est au brigandage impuni des habitants du désert qu'est due la destruction des villes et villages qui couvraient cette merveilleuse contrée, aujourd'hui inculte, et qui ren-

d'un gouvernement des plus heureux. *Son habile ministre Haym, intéressé dans toutes les entreprises commeriales, avait su se ménager un grand crédit parmi les Bédouins. Il était en paix avec le désert et ses caravanes respectées allaient en Perse et jusqu'aux Indes.* Vicomte de Marcellus, souvenir de l'Orient 1. 420.

L'auteur dit plus loin, page 425 :

« Un des traits les plus remarquables de la politique de
« Haym Farhi, c'est d'avoir su concilier successivement à
« ses maîtres l'estime et l'amitié de ces redoutables tribus
« arabes. Divers traités d'alliance écrits garantissent le ter-
« ritoire du pachalik d'Acre de toute incursion, d'autres sti-
« pulations verbales ont cimenté la paix : car, ils est une
« diplomatie toute de bonne foi dans les tentes nomades, et
« la parole d'un Cheik n'a jamais trompé. «

Comment croit-on que cet habile ministre ait été recompensé par ses bons patrons ? Le premier s'est borné à lui arracher un œil et à lui couper le nez et les oreilles, le troisième l'a fait étrangler....

C'est par de pareilles atrocités que les autorités turques prétendent encourager les hommes de bien.

daient faciles les communications des caravanes entre les points les plus éloignés.

L'histoire rapporte, en effet, qu'au beau temps des Kalifes Abbassides de simples dervichs pouvaient entreprendre individuellement le voyage de Bagdad , soit qu'ils partissent d'Alep , de Damas ou du Caire.

De l'exploitation d'un immense territoire, qui n'attend pour produire grandement que sa paissible possession , naîtrait cependant l'abondance et le rétablissement aussi des relations de Damas avec Alep , Bagdad et les villes intérieures, cette autre source de la prospérité publique.

Mais la réalisation de ce vœu que, partagent toutes les nations faisant le commerce de ces riches contrées, est plutôt un désir qu'une probabilité.

Le grand principe de notre époque , *les faits accomplis*, ne trouverait-il pas une salutaire application , à propos de ce désert , pour en rendre l'accès facile à l'agriculture et au commerce ?

Dans bien des circonstances la Porte Ottomane a dû reconnaître des suzerainetés et celle d'un prince bédouin ne serait pas intempestive , puisqu'elle ferait cesser un état de choses dont le moindre inconvenient est de tenir tous les pays qui bordent le désert, ou sur lesquels il domine , dans la plus complète inaction.

Napoleon 1er avait apprécié l'importance de ces peuplades en pensant aux immenses avantages qu'elles lui présenteraient dans l'exécution de ses projets sur l'Asie centrale ; ce fut de la principale de ces tribus qu'ils voulut s'assurer et il était parvenu à mettre dans son parti l'émir. qui la commandait. Il n'est nul doute que la réunion de nos moyens aux ressources des Arabes n'eut produit les plus grands résultats.

Les alentours de Damas sont des plus riants, par la quantité de jardins qu'on a pu y établir, à la faveur des abondantes eaux dont le pays est doté. C'est sa délicieuse et fraîche position, ornée de tant d'arbres, qui l'a fait surnommer *l'image du paradis*, ou le jardin parfumé.

Sa principale richesse est, comme on voit, dans la fertilités de son territoire en fruits, dont il se fait un commerce considérable, et en grains qui nourrissent une grande partie de la Syrie. On fait avec les abricots une pâte qui étant applatie et sechée est exportée dans toute la Turquie.

Les voyageurs en composent un sorbet, ou une marmelade, selon qu'on la fait fondre dans plus ou moins d'eau.

Les produits de Damas sont ainsi calculés :

	Production.	Consommation.	Exportation.
Alisaris	750 qx.	165 qx.	585 qx.
Anis	390 »	10 »	280 »
Chanvre	940 »	650 »	300 »
Cire	65 »	55 »	10 »
Coton	665 »	260 »	405 »
Cuivre-vieux	100 »	—	100 »
Etoffes de soie	800,000 pièces	40,000 pièces	760,000 pièces
— coton	140,000 »	100,000 »	40,000 »
Noix de galles	160 qx.	30 qx.	130 qx.
Gomme adragante	5 »	—	5 »
— arabique	7 »	1 »	6 »
Huile d'olive	4,500 »	4,300 »	200 »
Laine	800 »	500 »	300 »
Plum. d'autruches	9 caisses	—	9 caisses
Safran	10 qx.	8	2 qx.
Savon	2,300 qx.	1,30 »	1,000 »

Sésame, la quantité varie selon les années, la graine et l'huile qu'on en tire servent à la consommation locale.

Soie, celle des environs de Damas est employée dans les fabrications du pays et la soie produite par *Djébel-éckeikh* est expédiée en Europe. Son importance est au plus de 50 à 55 quinteaux.

Tabac 1170 quinteaux employés à la consommation locale·

Celle du Tombac ne lui est inférieure que de 5 à 6 quintaux. On sait que cette feuille vient de la Perse.

Pendant les années 1836 et 1837 la consommation du tabac a été, d'après M. Bowring, de 1280 et 1060 quintaux, et celle du Tombac de 1080 et 655 quintaux.

Le gouvernement Turc a ordonné des essais en culture de cotons d'Amérique, dans les plaines de Damas, et il n'est nul doute que la réunion de toutes les conditions de réussite ne produise d'excellents résultats.

Pour mieux faire sentir toute l'importance du commerce de cette ville je donnerai ici l'extrait d'un travaitl que j'ai dû à l'amitié de M. Beaudin, qui, par sa longue expérience, était devenu comme une spécialité pour tout ce qui avait rapport au pachalik de Damas, nul autre n'étant parvenu à le connaître aussi bien que lui. J'ai eu d'ailleurs, et à plusieurs reprises, l'occasion de vérifier l'exactitude de ce travail, mais j'avoue toutefois que c'est autant que cela est possible, pour les renseignements recueilis en Orient, lorsqu'ils ne viennent pas de sources officielles. Ce sont les consulats qui, dans ce cas, possédent seuls les informations les plus exactes.

RELEVÉ

DU COMMERCE GÉNÉRAL DE DAMAS EN 1833.

IMPORTATIONS.

Nature des marchandises importées.

BAGDAD.

Valeur en francs.

Produits des Indes , Étoffes et mousselines , indigo, épices, perles, toiles de coton.

Id.　　de Perse : Tombac, gommes, drogueries , tapis, soie , indiennes, cachemires,
poils de chameaux, safranum, safran,
tuyaux de cérisiers, lames de sabres.

Id.　　de Bagdad : Mousseline ordinaire, mouchoirs, manteaux arabes, noix de galles,
tombac , nattes , plumes d'autruches ,
poteries................................ 4,535,000

LA MECQUE.

Café-moka , mousselines des Indes , plumes
d'autruches, essences , espèces monnoyées, gommes , tamarin , séné , baume , schals. 750,000

ÉGYPTE.

Toiles, café-moka, indigo , henné , noix de coco,
bois de teinture , peaux de buffle, dents d'élé-
phants , riz , sucre , bonnets , cravaches , nattes ,
dattes. 463,125

JAFFA , NAPLOUSE , JÉRUSALEM.

Coton , huile d'olive , savon, bougies , cire jaune,
toile de coton , chapelets , blé , melons d'eau,
fruits secs , espèces monnoyées.............. 107,500

A reporter.... F. 5,855,625

Valeur en francs.

Report...... ..   5 855,625

ACRE, SOUR, SEYDE.

Tabac, figues sèches, soie, huile (non compris les produits d'Egypte déjà comptés)...   16,250

BEYROUT.

Productions locales : Ceintures et chemises de soie....................	10,000	
Marchandises d'Europe	3,400,000	
Bonnets de barbarie..............	10,000	
Espèces monnoyées d'or et d'argent.	1,000,000	4,420,000

TRIPOLY.

Ceintures de soie, bourre de soie, soie, savon, tabac, éponges, oranges, citrons, monnaies d'or et d'argent......   126,750

MONT-LIBAN.

Soie, huile, tabac...... ... ... ,..... ..   750,000

CONSTANTINOPLE.

Effets d'habillements, quincaillerie turque ,mouchoirs brodés et imprimés, fourrures, bouquins d'ambre, essence de rose, soies de Brousse, noisettes, bonnets, cuivre œuvré, bijouterie, monnaies ....·...   971,000

SMYRNE.

Tapis, opium, soie de Brousse, bonnets du Tunis, quincaillerie de Constantinople, manufactures fines d'Europe........................   140,000

ALEP.

Feutres, argile (Beïloun) étoffes brochées or et soie, mouchoirs imprimés, fil d'or, pistaches,

A reporter..... F. 12,279,625

Valeur en francs.

Report....... 12,279,625

cuivre de Tocat en pains et œuvré, soie de Brousse, schalis d'Angora, galles de Mossoul, amandes, bois de saule, poissons salés d'Antioche, harnais d'Erzéroum, toile rouge d'Orfa, indienne ordinaire d'Antab, maroquins d'Antioche.................. 722,500

HAMA ET HOMS.

Essuie-mains, beure, laine, grains, maroquins jaune, serviettes pour bain, manteaux en coton et laine, soie et or, housses soie et or, tabliers en coton pour campagnards, *narbichs* ou tuyaux pour narguilés...................... 240,000

TOTAL DE L'EXPORTATION.......... F. 13,242,125

EXPORTATIONS.

Nature des marchandises exportées.

BAGDAD.

Quincailleries, cristaux d'Allemagne, lamettes, laiton, manufactures suisses, anglaises et francaises, draps, soieries de Lyon et d'Italie, papier, plomb, fer, acier, vitriol, alquifoux, bonnets, bijouteries, armes de luxe, horlogerie de France et de Suisse, manufactures d'Egypte, étoffes de Damas, savon, alizaris, fruits secs............... 2,210,000

LA MECQUE.

Draps, bonnets, ambre brut, indiennes suisses, quincailleries, cristaux, bijouteries, horlogeries, 375,000

A reporter..... F. 2,585,000

Valeurs en francs

Report....... 2,585,000

ÉGYPTE.

Tuyaux de cérisiers, fruits secs, pommes, chaus-
sures, tissus, alisaris, tombacs, schals-cache-
mire, sabres de Perse....   725,000

JAFFA, NAPLOUSE, JÉRUSALEM.

Tissus de Damas, d'Europe et d'Alep, abricots
secs, tombac, mouchoirs et manteaux arabes...   162,500

ACRE, SOUR, SEYDE.

Abricots secs, tissus de Damas, d'Alep et de
Bagdad, tombac..   11,250

BEYROUT.

Produits de l'Inde pour l'Egypte, Constantinople, Smyrne, la Grèce et
  l'Europe   1,150,000
Id. de Perse.   »   »   831,500
Id. de Bagdad.   »   »   153,000
Id. la Mecque.   »   »   42,500
Id. de Damas, tissus de soie   »   480,000
Id. alisaris, anis, fruits secs, fenouil,
  racines de réglisse, biscuits, huile
  d'amande   207,500
bithume et cordes..............   1,000,000
espèces monnoyées.............   1,500,000   5,364,500

TRIPOLY.

Produits de l'Inde, de la Perse, de Bagdad et de
la Mecque, tissus et produits de Damas...   150,000

MONT-LIBAN.

Produits divers....... ...,..........   150,000
Numéraire   600,000   750,0000

A reporter....... F. 9,748,250

Valeurs en francs.

Report. 9,748,250

CONSTANTINOPLE.

Tuyaux de cérisiers, tombac de Perse et de Bagdad, pâte d'abricots, abricots secs, tissus de Da-
mas, perles, espèces monnoyées..   447,500

SMYRNE.

Tuyaux de cérisiers, tombacs, abricots secs,
manufactures de Damas.   135,000

ALEP.

Abricots secs, pâte d'abricots, alisaris, raisins
secs, confitures, étoffes de Damas, biscuits,
peaux de buffles, colle forte, essence et baume
de la Mecque, matières d'or et d'argent.   700,000

HAMA ET HOMS.

Un peu de tous les produits de Damas et de
l'étranger, savon, alisaris, fruits.   187,500

TOTAL DE L'EXPORTATION. . . . . F.   11,218,250

En évaluant à 3,400,000 fr. les articles reçus d'Europe,
par Beyrout, je ne présente pas ce chiffre comme étant le
montant habituel des importations de Damas ; je l'ai trouvé
dans le travail, dont j'ai parlé, et je m'y suis d'autant plus
arrêté que j'en ai reconnu toute la justesse.

Je sais que ces relations ont souvent varié, en raison
des facilités que les négociants de cette ville ont eues de
donner plus ou moins d'extention à leur commerce avec
Bagdad, puisqu'il prend une grande importance lorsqu'on
peut l'entretenir directement et sûrement, tandis qu'on ne
fait que l'alimenter faiblement du moment que les cara-

vanes, qu'on y expédie, sont obligées de passer par les villes de Homs, Hama, Alep, Orfa, Diarbékir, Mardin et Mossoul, ce qui fait plus que tripler la distance.

La prolongation du temps n'est pas, au surplus, la seule cause de l'augmentation du prix de transport, puisque les chefs de caravane font valoir : 1° Que dans le désert leurs montures vivent des ressources de la campagne—du moins en grande partie—au lieu que par les villes ils doivent acheter de quoi les nourrir ; 2° Qu'ils ont à payer, dans chaque endroit, des péages devenant onéreux par leur multiplicité.

La grande caravane partie, en 1843, de Damas pour Bagdad fut pillée par les Arabes, et quoique les marchandises, qui en faisaient partie, se vendirent publiquement, à Homs et Hama, l'autorité n'ordonna aucune poursuite contre les vendeurs et receleurs, ayant ainsi approuvé le vol à main armée justement considéré, partout, comme un des plus graves attentats.

Les négociants de Damas renoncèrent dès ce moment à leurs relations directes avec Bagdad et ils n'en continuèrent quelques-unes, par Alep, que pour certains articles pouvant supporter la surcharge des frais d'un voyage aussi prolongé.

Mais à combien de sacrifices n'est pas soumis le commerçant, obligé de choisir pour composer ses envois, puisqu'il doit en écarter les objets à bon marché, et que ce sont ceux là que l'appauvrissement des populations fait exclusivement rechercher ?

Les meilleurs axiomes, d'économie politique, sont inapplicables à la Turquie, car l'on n'y comprend pas, jusqu'ici, que l'augmentation des relations d'un pays est en rapport avec la protection de ceux qui s'en occupent, contrairement aux états bien administrés dans lesquels l'appui de l'autorité est superflu à un négociant.

Ce sont ces considérations qui déterminent, cependant, les commerçants de Damas, dans les commandes qu'ils font en Europe ou à Beyrout, lorsque des circontances leur interdisent de puiser aux grandes sources, et l'on peut dire, avec raison, que cette échelle est le baromètre du commerce de Damas, soit qu'elle lui serve d'entrepôt, pour ce qui lui vient par la voie de mer et ce qui compose ses envois, soit en fournissant à ses besoins lorsqu'une cause quelconque oblige d'aller au plus près.

Je voudrai pouvoir indiquer la part de chaque nation dans la composition des chargements qui, débarqués à Beyrout, sont en grande partie transportés à Damas, mais, ne pouvant le faire que très imparfaitement, je dois me borner aux principaux articles. Le nombre considérable de négociant qui les reçoivent et le mystère dont ils enveloppent leurs opérations ont constamment empêché qu'on les connut avec quelque exactitude.

Principaux articles d'Europe qui s'importent à Damas.

FRANCE.

Armes de luxe, canons de fusils et platines ordinaires, bonnets, bois de teinture, brocards, gros de Naples et autres soieries de Lyon, café d'Amérique et de Moka, cartes à jouer, chaises fines et ordinaires, cochenille, cannelle, drap Londrins et d'Elbeuf, indigo, papiers à écrire et de pliage, poivre, piment, printanières, quincailleries, sucre en pains et en poudre, verreries et cristaux communs, vins et liqueurs en petites quantités.

J'ajouterai que l'importance de ces divers articles est aujourd'hui limitée à la consommation locale et qu'elle ne peut que diminuer, si la position des habitants ne s'améliore pas. Nos draps ne sont d'ailleurs plus le seuls connus, puisque ceux de la Belgique leur font autant la concurrence que ceux de l'Allemagne. Ces derniers, dont les couleurs ne sont généralement pas vives, n'obtiennent la préférence que par leurs bas prix.

Nos autres tissus de laine commencent à être connus, mais leurs prix élevés ne les fait pas rechercher : on leur préfère les similaires anglais.

Nos papiers-écolier et à lettres ont quelque cours depuis l'établissement des taxes postales, car autrefois le papier n'était estimé qu'en raison de son épaisseur.

La quincaillerie, à l'usage de ce pays, se compose encore de ciseaux, jambettes, canifs, couteaux fermant, aiguilles, épingles, petits miroirs, dès en cuivre, limes, cueillers en fer blanchi. Les Arabes ne connaissent pas le luxe des autres articles, dont l'habitude nous a fait un besoin, et ils leurs sont par conséquent inutiles.

ANGLETERRE.

Tissus de coton, toiles, mousselines, indiennes, schals, mouchoirs, quincailleries, café, cochenille, indigo, terre de pipe, fer, bois de Sainte-Marthe et de Fernambouc, épices.

AUTRICHE

Acier, bonnets, draps, quincailleries, verreries de Bohème, fines et ordinaires, vitriol.

TOSCANE.

Bonnets, café, cochenille, papier grand format pour enveloppes d'étoffes, papier à écrire, poivre et autres épices, soieries et velours.

SARDAIGNE.

Bonnets, céruse, coraux ouvrés, papiers, velours.

Voici maintenant quelles sont les quantités qui se consomment à Damas, ou qui entrent dans la composition de ses envois à l'intérieur, Bagdad excepté:

Bonnets 13,000 douzaines, café d'Amérique 900 qx., id. de Moka de 20 à 30 qx., campêche 45 qx., cannelle 3 qx., coton filé 700 qx., corail 100 ocques, drap 36 balles, girofle 3 qx., étoffes de soie 1,000 pièces, étain 26 qx., fer de Russie 325 qx., fer-blanc 250 caisses, indigo [1] 55 qx., Fernambouc 27 qx., Sainte-Marthe 45 qx., papiers à écrire 15,000 rames, à pliage 4,500 rames, piment 18 qx., poivre 140 qx., printanières 25,000 pièces, sucre 650 qx., sel ammoniac 14 qx., tissus de coton 600,000 pièces, cambrics

[1] Les négociants de Damas ont voulu profiter de la voie que le commerce s'est ouverte avec l'Inde et depuis quelque temps c'est par Suez qu'ils reçoivent leur indigo de Calcuta. Ils y trouvent 10 0/0 d'économie, sur celui par Bagdad, et l'avantage aussi de l'obtenir dans un plus bref délai.

18,000 pièces, schals 20,000, verreries ordinaires 50 caisses , vitriol 45 qx.

Dans le relevé qui vient d'être fait des produits de l'industrie, qui ont cours à Damas, il en est de toutes les provenances, mais je dois avouer , à ce sujet , que l'infériorité des prix, qui a favorisé quelques articles étrangers, continue à leur valoir la préférence sur les nôtres.

Le peuple ne considérant pas la différence , quant à la qualité , ne s'attache qu'au coût , surtout lorsqu'il excède de plus d'un quart : vainement lui ferat-on observer que les couleurs de nos indiennes et printanières tiennent mieux , puisque les 25 0/0 de moins l'emportent sur tout raisonnement.

L'Angleterre et l'Allemagne nous surpassent pour divers articles en quincaillerie , comme limes et rasoirs communs. Les verreries qui se vendent à Damas viennent de Trieste. C'est la Bohème qui fournit les cristaux et il faut dire qu'elle les fabrique entièrement dans le goût du pays et à des prix tellement modérés qu'aucune nation ne pourrait lui disputer cette industrie , sous ce dernier rapport.

La fabrication de Damas n'a pas autant diminué que celle d'Alep. Étant moins destinée à satisfaire le luxe, elle a résisté davantage aux vicissitudes qui ont pesé sur sa rivale beaucoup plus riche , ses tissus étant de soie et d'or [1].

[1] Il est hors de doute que les cruels événements de 1860 n'aient considérablemet compromis l'importance industrielle de Damas, s'ils ne l'ont pas entièrement ruinée, les fabricants étant presque tous chrétiens. Les fanatiques égorgeurs , sortant pour la plupart de la lie du peuple, étaient-ils susceptibles de réflechir qu'en assouvissant leur rage brutale contre des habitants aussi inoffensifs qu'utiles , ils détruisaient ce que leur ville possédait de plus important ?

Les *chilaris*, les *colini* et les *kermesonls*, entièrement de coton et de soie , n'ont d'ailleurs pu être contrefaits nulle part et Damas en a conservé la spécialité, de sorte qu'elle en fournira tant que la mode n'achevera pas de proscrire ces tissus, des divers vêtements des deux sexes, qui s'en composaient entièrement.

L'abandon, par un grand nombre d'hommes, de l'ancien costume a considérablement réduit la consommation de ces étoffes , l'habillement à la *nizam* se composant de draps en hiver et de coutil ou de nankin en été, ce qui est en faveur de l'industrie étrangère. Les femmes substituent les tissus légers d'Europe à ceux du pays.

La fabrication des lames parait être entièrement perdue à Damas, ce que les fourbisseurs produisent aujourd'hui n'ayant rien de remarquable. Un voyageur [1] croit que ce fut Tamerlan qui fit transporter les manufactures d'acier de Damas en Perse et que c'est de ce royaume que nous viennent les sabres , couteaux et rasoirs d'une forte trempe.

Il est de fait que les lames modernes de Damas ne sont nullement estimées , les anciennes étant seules recherchées et achetées à de hauts prix. J'en ai vu vendre jusqu'à 5,000 fr.

Cette ville a pourtant conservé son antique renommée pour les ouvrages en bronze , ou composition , et je crois que seule elle fournit encore, à tout l'Orient , les tasses de bain dont l'usage est si général. J'ai déjà dit (page 6) que les cymbales venaient exclusivement de Damas, quoique le commerce ait l'habitude de les tirer de Constantinople.

La sellerie est toujours une spécialité pour Damas ce qui la fait rechercher dans toute la Syrie.

[1] M. Brown.

Les grandes caravanes, principalement celles des pèlerins, impriment par leurs arrivées un mouvement extraordinaire à cette ville, habituellement si paisible, et il dure tout le temps qu'elles employent à se ravitailler et à opérer leurs échanges. Le précepte du pèlerinage est accompli avec d'autant plus d'empressement qu'il est beaucoup de musulmans chez lesquels l'esprit de dévotion s'allie volontiers au goût des spéculations,

Les caravanes de Bagdad se composaient de 3 à 4,000 chameaux et celle de la Mecque de 15 à 20,000. Il y a eu des époques où celles-ci se sont élevées à 30 40 et 50,000. C'est sur des pareils chiffres que Volney a pu établir qu'il mourait, année commune, 10,000 chameaux pendant le saint voyage, car nous avons vu que les pèlerins arrivés fin 1851 à Damas n'étaient qu'au nombre de 1500, ayant aussi 500 chameaux pour leurs bagages, ce qui ne formait qu'un total de 2,000,

Les documents du ministère du commerce en donnent ainsi la statistique : 1,200 Turcs dont 300 pauvres, et 300 Persans. 800 pèlerins de moins qu'en allant, à cause des retours par l'Egypte ou par le golfe Persique ; 502 chameaux portant les bagages et marchandises consistant en 152 charges *Henné*, 40 café moka, 10 gommes et résines.

On evalue à six ou à sept millions de francs[1] les dépenses du gouvernement pour assurer le succès de la caravane de la Mecque, et comme une partie de cette somme est

---

[1] Je trouve ce chiffre exagéré en raison du nombre actuel des Hadgis, et même en tout temps, ce qui me fait penser que la *malversation* n'est pas étrangère au règlement de cette énorme dépense, même en supposant qu'il s'agisse seulement de piastres.

employée en provisions et objets de présents aux Arabes, il est aisé de comprendre l'importance du mouvement qui se fait chaque année à Damas, aux deux arrivées et aux départs de pèlerins ; car ils viennent se réunir dans cette ville ; ils en partent en caravane, et à leur retour ils se remettent définitivement en route, soit ensemble, soit séparement , pour rentrer dans leurs pays.

Les marchandises vendues aux hadgis en 1851 se composaient de 3,495 pièces tissus anglais 2,700 paquets coton filé , 12,000 rotes sucre raffiné en poudre français , 8,000 rotes sucre anglais , soit 15,000 kilogrammes.

Il entre de huit à dix ballots de draps londrins dans la confection des habillements que le pacha distribue aux chefs bédouins, et aux simples particuliers , fournissant les chameaux , les vivres, escortant la caravane ou protégeant son passage.

D'après les mêmes documents, les ventes qui se font au double passage des pèlerins consistent , à part ce qui a été rapporté ci-dessus, en 27 pièces lustrines brochées ou unies, et 240 douzaines bonnets français.

Je terminerai l'article Damas par une réflexion, qu'on doit avoir pressentie, et qui ne sera nullement engageante pour quelqu'un qui voudrait aller s'y établir ; c'est que depuis les premiers essais des Vénitiens, des Français et des Anglais , les plus fortes déterminations n'ont pu resister à tous les sujets de dégoût que présente ce pays[1] , malgré le charme de sa belle nature, de ses fruits exquis et l'impor-

[1] Les lugubres souvenirs de 1860 acheveront d'imprimer à cette ville un cachet de réprobation que rien ne pourra effacer, nulle autre part le peuple ne s'étant livré à autant de barbarie que là. (*Voir la fin de cet article.*)

tance de sa consommation, ses habitants étant aujourd'hui au nombre de plus de cent mille.

Mon opinion sur le commerce de Damas, fruit de quatorze années de séjour à Beyrout [1], n'a pas été modifiée par ce que j'en ai appris depuis et je persiste à soutenir qu'il serait préférable d'attirer les marchands de cette ville sur des points de la côte que d'aller les y chercher, ne fût-ce qu'à cause de leur opinion, que les marchandises perdent leur vitalité du moment qu'elles s'éloignent du port qui les a vu arriver, car c'est le cas de les leur garder avec tout l'attrait et le prestige qu'ils désirent y trouver.

Ne voit-on pas continuellement à Beyrout des Damasquins venant s'y pourvoir d'objets qui leur manquent, ou auxquels ils prévoyent un emploi avantageux, à l'arrivée de quelque caravane attendue? Je rappelerai, dès lors, que le marchand arabe s'arrête si peu devant la fatigue et les frais d'un voyage, qu'il est capable de faire 30 à 40 lieues, ne dût-il épargner, sur ses acquisitions, que sa seule dépense, si les grands profits, que son ardente imagination lui promettait, ne se réalisaient pas.

C'était sans doute pour les entretenir dans leurs illusions que les chefs de nos anciens comptoirs de Seyde et de Tripoly avaient la louable coutume de ne pas laisser partir les négociants, dont il avaient reçu la lointaine visite, sans les satisfaire pleinement et sans couronner leurs bons procédés par un cadeau, proportionné à l'importance des affaires qu'ils avaient faites avec eux, ces présents, toujours bien reçus, servaient d'amorce pour de nouvelles affaires, comme pour allécher d'autres spéculateurs.

[1] Je l'ai consignée dans ma relation, déjà citée, Ch. xx p. 223.

La présence, pendant plus de vingt ans, d'un consul à Damas n'y ayant attiré aucun négociant français, peuse-t-on que l'expérience du passé n'ait pas été assez corroborée par l'impression des derniers événements, pour en dégoûter entièrement à l'avenir? Nous tenons, en conséquence, que l'envoi d'un nouveau titulaire, dans cette triste résidence, serait une superfluité impolitique après les sanglants outrages que nous y avons éprouvés, et pour lesquels nulle satisfaction ne nous a été donnée.

Il ne sera passans intérêt de marquer ici le temps qu'employent les caravanes à se rendre dans les diverses villes de commerce.

Bagdad, 30 à 45 jours. La Mecque, 50 à 55. Le Caire, 20 à 25. Jaffa ou Jérusalem, 10 à 12. Acre et Sour, 5. Seyde ou Beyrout, 4. Tripoly, 5 à 6. Constantinople, 40 à 45. Smyrne, 35 à 40. Alep, 10 à 12. Homs et Hama, 5 et 7.

Balbek est à 2 journées au N.O. de Damas et Palmyre à 5 au nord-est.

Les poids et mesures présentent quelques différences.. (Voir ce qui en a été dit page 14.)

100 pics de Damas en font 105 de Constantinople.

2 muds 1/2 égalent 1 kilot idem.

100 rotes font 190 ocques.

En achevant cet article sur Damas, devenu célèbre par la recrudescence du fanatisme de ses habitants musulmans, ne devons-nous pas saisir cette lamentable circonstance de flétrir d'un blâme ses autorités, sa garnison, restée impassible et inactive, et le commissaire du sultan qui n'a donné aucune satisfaction aux malheureux sujets opprimés de S. H. pas plus qu'aux étrangers, méritant une légitime réparation !

La conduite des agents du gouvernement ottoman est assez connue pour qu'on ait besoin d'insister sur leur partialité, dans toute question intéressant à la fois des Mahométans et des Chrétiens, autant par esprit de religion que par faiblesse. Quant à l'attitude des militaires turcs elle n'a pu surprendre que ceux ne les connaissent pas ; or, pour qu'on ne s'en rapporte point à mon jugement, je vais emprunter au maréchal Marmont celui qu'il en porta à Constantinople même, en y passant une revue.

« Il est difficile, dit-il, de voir quelque chose de moins
« beau et de moins bon ; ce ne sont pas des troupes, c'est
« une réunion d'hommes qui a pour caractère général de
« physionomie l'air misérable et humilié. On voit qu'ils
« ont le sentiment de leur faiblesse. Presque tous semblent
« avoir de la bonne volonté, mais une sorte de honte de
« leur métier, et, depuis le soldat jusqu'au colonel, per-
« sonne ne sait rien de ce qu'il a à faire, puis ces hommes
« sont petits et chétifs : beaucoup sont trop jeunes [1].

Demanderons-nous ce qu'on pouvait attendre de ces hommes, officiers et fantasins, pendant l'accès de frénésie des habitants de Damas en juillet 1860 ? non ; car la réponse se trouve tracée d'avance dans le portrait qu'en a fait le Duc de Raguse.

Une pareille réserve nous oblige d'en référer au sentiment de l'Europe sur le troisième blâme.

Nous ajouterons, seulement, l'opinion du maréchal sur

[1] Voyage II. 64.

les Damascains pour éviter, autant qu'il est en nous, d'être accusé de prévention.

« La population de Damas a toujours été une des plus « violentes et des plus fanatiques de l'Orient. La haine « contre les chrétiens et les francs ne connaît pas de bornes. » [1]

C'était une chose tout-à-fait nouvelle, ajoutait-il en 1836, que de pouvoir circuler dans cette ville avec un habit Européen.

De sorte que si le chapeau attirait des égards, dans d'autres parties de l'empire Ottoman, il ne procurait que du mépris à Damas.

Ces refléxions nous font trouver que l'opinion émise à Constantinople, par le Duc de Raguse, sur le changement qui s'est opéré dans l'esprit des musulmans, peut surtout s'appliquer aux Damascains et nul ne cherchera à nous désapprouver dans la préférence que nous leur donnons.

« Le caractère des Turcs, dans ces derniers temps, s'est « modifié d'une manière remarquable. Un sentiment d'éloi- « gnement pour un souverain qui imite les chrétiens, im- « pose leurs usages et leurs mœurs, et qui souvent oublie « les préceptes du Koran, a remplacé le respect profond et « religieux qu'ils portait au sang d'Othman. » [2]

J'ajouterai néanmoins, qu'alors les deux fameux Hatt-Chérif n'avaient pas encore paru pour achever de surexciter le fanatisme musulman contres nos coréligionnaires.

[1] Voyage II. 324.
[2]   id.   »   93.

HOMS.

C'était autrefois une place importante, avec citadelle, mais elle n'est plus aujourd'hui qu'une petite ville, dont la population ne doit pas dépasser quelques milliers d'âmes ; malgré qu'une géographie moderne, imprimée à Beyrout, lui en donne vingt mille, dont six mille grecs, ce qui est visiblement exagéré.

Les principaux produits de ce pays consistent en :

Céréales. Il s'en ferait de plus importants envois au dehors, si les moyens de transport étaient moins coûteux ; ils n'ont lieu que dans les années de cherté.

Sésame. Les récoltes en sont considérables.

Laine. Environ 500 balles de 120 kilogrammes, 25,000 kilog. sont employés aux fabrications locales de *Libets* (feutres), manteaux et tapis.

Coton. Il en a été envoyé sur la côte pour quelques chargements.

Huile. La récolte ordinaire est de 120 à 150,000 ocques.

Soie. Elle ne donne annuellement que 3 à 4,000 kilogrames et la qualité en est médiocre; redévidée sur les lieux elle est expédiée dans les villes de Syrie et à Alexandrie.

Soude. Elle est produite par la barille qu'on ramasse dans les immenses plaines qui entourent cette ville et que l'on brûle. Cette cendre est transportée à Tripoly, pour servir à ses savonneries, ou pour être vendue aux navires grecs qui la transportent en Candie et à Mételin, où l'on fabrique du savon. Le prix habituel de la soude est de 70 piastres le quintal.

HAMA.

Ville placée, comme Homs, sur la lisière du désert et cependant riante et agréable. L'Oronte, qui la traverse, arrosant ses champs et ses jardins.

La population de cette ville est de 10 à 12,000 habitants.

Ses produits sont: Laine, 2,000 qx. ; Soie, 28 à 30 qx. ; Alizaris, 200 qx, ; Coton, 1,400 à 1,600 qx.

Le bétail, qui abonde dans cet arrondissement, donne quelque importance au commerce du beurre.

Ce pays est également très-productif en céréales. On calcule qu'en 1849, sur cent cargaisons de blé qui ont été faites à Tripoly, les deux tiers y étaient venues de Homs et de Hama.

La préparation de la soude tiendra tant que les produits chimiques analogues ne viendront pas la remplacer dans les savonneries de Turquie.

Le coton que rend le pays. était filé par les femmes et tissé par les hommes. Le bon marché des filés anglais a fait abandonner la plupart des rouets, mais les tisserands ont tenu bon, la manufacture anglaise n'ayant pas encore réussi à les imiter entièrement pour une spécialité qui a l'importance du linge de table en Europe.

Ce sont les *foutes*, serviettes de bain, de toutes grandeurs, dont l'usage est si repandu et que les femmes, surtout, doivent posséder en assez grand assortiment, pour en avoir plusieurs rechanges.

Celles qu'on fabrique à Hama sont faites avec assez d'art et représentent divers dessins.

Les tisserands font de la toile de coton tellement serrée

qu'elle acquiert, teinte au bleu, la consistance du drap. Elle le remplace chez les ouvriers pour les larges culottes.

Sur la laine, apportée au marché, le cinquième est seulement consommé par l'industrie locale en tapis, habillements et principalement en feutres, dont l'usage est si étendu, puisqu'ils servent à garnir les selles ou bâts, aux embalages et que dans les classes pauvres ils remplacent le matelas et quelquefois la couverture.

La soie que produit Hama est de qualité inférieure. Dans les années abondantes la récolte est d'environ quarante quintaux.

Les oliviers donnent beaucoup d'huile, dans les bonnes années, attendu leur grande quantité.

La position de cette ville serait des plus heureuses, comme marché pour la laine et les autres articles de l'intérieur, sans la rapacité des Arabes du désert.

C'est ce qui l'a fait considérer comme peu propre à des relations directes avec l'Europe.

Une maison suisse de Beyrout a voulu cependant y avoir une succursale et l'on dit qu'elle a réussi.

Le consulat général de France a pensé également de s'y faire représenter, mais son choix, tombé sur un homme du pays, n'avait pas réuni tous les suffrages.

Mon principe sur les agents (page 112) a été le fruit de vingt-sept ans de consulat en Syrie et j'en avais trop reconnu la bonté pour me permettre d'y déroger. J'avais surtout évité, même à l'égard des Européens, d'accepter ceux à qui les places sollicitées convenaient beaucoup, sans qu'ils présentassent, de leur côté, des qualités appropriées au service qu'on devait en attendre.

PACHALIK DE SEYDE.

Ce pachalik [1] est tout longitudinal, puisqu'il comprend le pays qui, de la rivière *Mameltein*, limite de Tripoly, longe la mer jusqu'à *Nahr-el-Kassab*, confins du pachalik de Jérusalem.

Sa division, en arrondissements maritimes, a été uniquement relative à l'importance des villes qui en étaient les chefs-lieux, car le gouvernement de la partie intérieure de ces mêmes arrondissements est toujours demeurée au pouvoir du prince de la montagne, qui recevait l'investiture du Pacha de Seyde, jusqu'au district de Dgezzin, et obtenait celle de Dgébail et de Becharré du Pacha de Tripoly.

Les autres districts sud, du pachalik de Seyde, sont toujours donnés à des *Cheikhs* Musulmans ou Métoualis, de façon que chaque nation continue à se gouverner par elle-même. Dans les pays Nesseïris et Ismaïlis ce principe est également observé.

Le Liban a aussi joui de l'avantage d'avoir des chef chrétiens ou Druses dans ses villages, selon que la majorité des habitants était de l'une ou de l'autre religion.

Cet ordre de choses n'a duré que jusqu'à ces derniers temps, où il a fallu que des troubles fissent intervenir des puissances chrétiennes non pour les remettre sur leur ancien pied, mais pour laisser partager la partie de la mon-

[1] Le tableau n° 6 fait connaître sa population.

tagne, habitée par les chrétiens et les Druses, entre deux autorités.

Ce fut une satisfaction donnée à ces derniers, pour des raisons que la politique a eu seule le mérite d'apprécier, car cet arrangement qui ne convenait nullement aux Maronites, n'a pas pu se faire dans l'intérêt de la Turquie et encore moins dans celui des deux puissances catholiques qui lui prêtèrent leur concours..... La Porte sentira longtemps sa faute d'avoir préféré une nation dévouée, à une autre que des antécédents auraient dû lui rendre pour le moins suspecte. Les preuves de son ingratitude ne devaient pas tarder à se produire: j'aurais bientôt occasion de revenir sur ce fâcheux arrangement.

Il a été dit, au commencement de cette Esquisse, que la partie de la Syrie comprenant la montagne du Liban était la plus peuplée et la plus riche, puisqu'elle est la plus industrieuse et la plus productive. Or si le nombre des habitants n'atteste que la première de ces assertions, les renseignements qui vont suivre achèveront de justifier les autres.

Les principales productions du pachalik sont la soie, le tabac, le coton, les céréales, le sésame, qui passent presqu'entièrement à l'étranger. Il en sera plus particulièrement question en faisant la description des lieux qui les produisent, en même temps qu'on traitera de l'industrie de chaque endroit, du moins de celles qui constituent l'importance d'un pays et assurent le bien-être de ses habitants.

BEYROUT.

Quoique le nom de *pachalik de Seyde* ait été conservé c'est à Beyrout que son titulaire fait actuellement sa résidence, et comme cette ville se trouve dans l'arrondissement le plus nord, c'est par elle que je commencerai.

Beyrout est d'ailleurs le point le plus important de la province puisque son commerce équivaut à celui du reste de la Syrie. [1]

Le pays autour de cette ville est agreste, accidenté et sa vue plaît au navigateur, lorsqu'il vient jeter l'ancre sur sa rade foraine, ou qu'il la traverse pour aller prendre mouillage à la *rivière*. [2]

L'étranger qui parcourait les jardins de Beyrout et poussait sa course jusqu'au pied de la Montagne, loin de perdre les illusions les voyait augmenter en reconnaissant que tout, dans cette contrée, présentait des avantages qu'on ne trouvait nulle autre part en Turquie : identité des habitants, douceur de mœurs, extrême liberté, sûreté parfaite pour les voyageurs, bon marché de la vie, enfin affectueuse cordialité des chrétiens, surtout pour les Français à cause de la parité de culte, dont l'exercice était aussi aisé à la Montagne qu'en France dans son plus beau temps....Mais tout cela doit être bien changé, par suite des révolutions

---

[1] C'est dans cette ville, dit M. Jules Julliany « que Jac- « ques Cœur devait, en 1432, jeter les fondements de cette « fortune, qui contribua à réconquérir la France à Charles VII.» Essai sur le commerce de Marseille I. 23.

[2] C'est seulement pendant un temps, commençant le 3 mai et finissant le 13 septembre, que les assureurs autorisent les capitaines à mouiller devant la ville.

que les autorités ottomanes sont parvenues à faire éclater ,
ou dont elles ont grandement profité, pour détruire ce
bien-être des Maronites qui leur portait ombrage , ceux-ci
ayant osé se plaindre, ce qui se traduisait, dans l'esprit mal-
veillant de leurs chefs turcs , en velléités d'indépendance.

Le pays qu'on parcourait en tout sens, et de la manière
la plus commode , ne saurait plus être traversé, même par
caravanes , sans une nombreuse escorte , et dans les chemins les plus battus, comme pour les points les moins éloignés , la compagnie d'hommes armés est aujourd'hui de
toute indispensabilité.

Déjà le brigandage des Bédouins a fait suspendre, comme il a été dit , les relations de Damas avec Bagdad et avec
Alep par le désert, et celles que cette première ville ne
peut se dispenser de continuer avec quelques points de l'intérieur lui coûtent des frais de gardes qui, s'ajoutant aux
prix de transport, élèvent le revient des marchandises, ou
en réduisent le produit.

La ville et les environs de Beyrout n'ont rien conservé de
ce qui avait fait sa célébrité monumentale , dans les temps
passés , et l'on n'y trouve que de faibles traces des magnifi-
cences dont l'avait dotée en dernier lieu Fakhreddin. Il
n'est pas jusqu'aux pins, plantés par ce prince, qui n'aient
disparu , six ou sept de ces arbres majestueux étant seuls
restés , de mon temps , pour témoigner du superbe effet
qu'ils avaient dû produire, lorsqu'il couvraient un grand espace de terain arraché par lui à l'improduction.

Un gouverneur , de l'espèce rare , eut l'heureuse idée
de combler le vide qu'avait fait la hache des chaufourniers,

---

1 C'était un Géorgien.

auxquels l'autorité vendit ces pins séculaires, et en 1838 la plantation s'élevait assez haut pour faire l'ornement, comme l'agrément, d'un lieu fort étendu vers lequel se dirigeaient les promeneurs à cheval, ceux surtout qui avaient l'habitude des ombrages épais dont la Syrie est généralement privée.

Les autres lieux de promenade étant entièrement à découvert, ce n'est que vers la tombée du jour que les Européens peuvent s'y rendre pendant les chaleurs qui durent près de huit mois.

Beyrout n'a qu'une trentaine d'années d'existence ; c'est du moins dans cette période qu'il a pris son développement actuel.

Je l'avais vu en 1808. J'y suis revenu en 1824 pour le quitter au bout de quatorze ans ; de sorte que j'ai pu suivre la marche ascendante de ses progrès : déjà sensibles avant mon départ, ils n'avaient plus qu'à s'étendre et à se consolider.

De tristes événements en ayant fait une ville politique, elle est devenue le siège du gouvernement et la résidence d'une garnisson.

L'abord des personnages marquants y étant fréquent, la spéculation, qui est constamment occupée à faire tourner les événements à son profit, y a fondé de nouveaux établissements publics.

Le pays est essentiellement sétifère, mais la manière grossière d'y tirer cette précieuse matière, ne donne pas tout le profit qu'on pourrait en obtenir. C'est ce qui a determiné des Européens à transporter sur les lieux des machines faisant produire près du double. Cet avantage n'a pourtant pas empêché que l'entreprise ne fût en grande partie abon-

donnée et dans ce moment-ci l'on s'occupe plus particulièrement du desséchement des cocons qu'on envoit en Europe,
les résultats qu'ils donnent étant encore plus satisfaisants.

C'est le cas d'annoncer que les Syriens, qui s'étaient
d'abord récriés contre l'introduction des filatures Européennes, parce que le fait de l'ignorance est toujours de désapprouver ce qu'elle ne connaît pas, sont fort aises maintenant
du placement immédiat de leurs cocons, pour lesquels ils
devaient recourir à des procédés grossiers, ne leur rendant
pas, en définitive, ce que leur procure la vente qu'ils en
font aux accapareurs.

Le débouché qu'ils doivent à ces deux industries, qui les
effarouchaient, est d'autant plus avantageux que, depuis le
développement des communications maritimes avec la Perse
et la Chine, et la culture du mûrier dans quelques pays bor-
dant la Méditerranée, la soie de Syrie n'était plus aussi
recherchée.

Les filatures européennes ont été au nombre de six,
comptant ensemble près de quatre cents tours. Celles qui
restent continueront à servir d'encouragement à l'élèvement
des vers à soie, maintenant surtout que les achats en cocons
n'ont pas seulement lieu pour la filature, puisqu'il s'en
exporte des quantités considérables en nature, et que ce
genre de spéculation s'étendra toujours plus, à la faveur de
la chrysalide desséchée, parce que la pression des cocons fait
disparaître l'extrême inconvenient de leur volume.

Si la soie n'est pas l'unique produit du pays, qui environne Beyrout, elle est du moins le seul dont la valeur
soit vraiment importante.

On entend, au reste, par soie de Beyrout, ou de sa
mouvance, celle qui, se vendant à sa balance publique, sert

d'élément aux cargaisons qui s'y opèrent à diverses destina-nations.

On en évalue la quantité à 250,000 ocques, année com-mune : 320,500 kilogrammes.

Les rélevés qui vont être faits du commerce de cette ville donneront une idée : 1° des articles qui en sont l'aliment habituel , soit comme consommation, soit pour essai ; 2° de quelle manière se composent les retraits. Je dirai , à ce sujet, que les spéculations ne sont réputées bonnes qu'autant qu'elles opèrent leur retour sans perte , à defaut d'un avantage quelconque à l'arrivée.

Il y a eu de tout temps en Syrie , alternativement bénéfice ou perte , à l'importation ou à l'exportation: c'est-à-dire que si c'était à l'entrée qu'on gagnait , la sortie donnait de la perte et *vice versá* , de manière que les années présentant des résultats également satisfaisants sur les deux points — la maison majeure et la succursale — on les qualifiait d'heureuses ou d'extraordinaires. De mon temps c'était sur les articles d'entrée que l'on faisait d'assez gros bénéfices , tandis que les retours offraient constamment de la perte.

Elle venait de ce qu'on était forcé de faire des retraits et que les rares produits du pays étant fort recherchés , la concurrence en élevait considérablement les prix.

Les circonstances ne doivent pas avoir varié , au point de rendre moins avantageuses nos relations , sagement alimentées, à l'allée, d'objets de l'industrie nationale, et au retour, de productions de la Syrie.

Si cet avantage avait cessé, pour les établissements français, il faudrait l'attribuer à deux causes: la première, qu'ils ne s'éclairent pas au flambeau de l'expérience lorsqu'ils forment la liste de ce qu'il font venir ; la seconde, qu'ils calculent mal le rendement des articles d'envoi, ou que, par suite d'une inattendue surabondance ceux-ci tombent à des prix désastreux.

Les négociants ne sont pas sans connaître les véritables besoins de la contrée qu'ils se sont proposés de fournir, et quant aux produits qu'elle leur présente, ce serait à eux de considérer qu'en renchérissant les uns sur les autres, ils en élèvent le cout au point d'en faire des retraits désavantageux ; tandis que, s'ils s'entendaient pour les achats, ils éviteraient les désagréments de la concurrence qui, d'ordinaire, ne profite qu'aux vendeurs. Leurs dévanciers en agissaient ainsi ; ce qui a fait de l'époque passée une ère aussi fortunée pour les commerçants que pour les navigateurs.

La logique des chiffres va me dispenser de m'étendre en raisonnements sur l'échelle de Beyrout qui, arrivée à son apogée, vient d'acquérir une importance que nulle autre n'avait atteint dans aucun temps en Syrie.

Année.	Importations.	France.	Exportations.	France.
1827	F. 5,068,162	F. 1,353,725	F 3,721,215	F. 1,214,830
1833	11,185,524	1,319,019	5,868,190	974,340
1834	11,955,750	1,688,775	8,316,568	2,697,020
1835	12,048,482	1,670.636	7,067,729	1,631.252
1836	16,517,512	2,777,129	9,046,388	2,674,411
1837	11,712,405	2,056,754	6.356,218	1,697,223
1841	19,747,158	3 078,348	15,369,489	2,737,390
1842	28,401,000	3,404,000	16,013,000	2.009,000
1843	22,163,000	....	16,800,000	....
1844	24,430,000	4,477,835	15,862,000	3,067,758
1845	21,788,000	2,894,280	16,012,000	1,402,102
1846	15,766,560	3,769,673	10,085,180	1,614,854

L'état général, par ordre alphabétique, des articles qui, pendant les trois dernières années, ont composé les rapports de Marseille avec Beyrout, servira à faire connaître quels sont les éléments de ce commerce, à l'entrée comme à la sortie.

J'ai d'ailleurs choisi ces trois années à cause du temps d'arrêt que paraît avoir subi, en 1843, le mouvement assentionnel de nos importations, le chiffre en étant retombé au dessous de celui qu'il avait atteint en 1842, mais pour le reprendre ensuite.

La diminution signalée ne fut qu'une de ces fluctuations à laquelle le commerce n'est que trop sujet, surtout lorsqu'il est fait par plusieurs nations à la fois ; parce que son entretien, dans ce cas, ne peut être l'objet d'un calcul unique, déterminant convenablement les qualités et les quantités à demander. De là de fausses spéculations, des encombrements, une baisse extraordinaire, les suspensions, plus ou moins prolongées, dans la recherche de certains articles ; circonstances qui causent de grandes perturbations, un établissement de commerce ne pouvant prospérer sans que son capital ne soit, en quelque sorte, dans un continuel mouvement, par des emplois sagement combinés et souvent renouvelés.

Importations de Marseille à Beyrout pendant les années

	1844	1845	1846
Absinthe........ F.	400	800	1,500
Acier	1,500	2,500	5,000
Acétate de cuivre.	.....	550	.....
Aiguilles	180	.....	.....
Alquifoux	.....	.....	1,000

	1844	1845	1846
Alun	1,200	2,880	1,400
Amandes........	300	2,400	.....
Anchois	800	.....	.....
Arbres..........	150	.....	.....
Argenterie......	11,000	20,000	6,000
Argent-vif......	1,200	3,250	.....
Armes à feu.....	32,500	18,000	16,500
Arsenic.........	.....	720	1,300
Azur	800	.....	1,000
Balais	1,200	120	300
Baignoires	800	800	400
Baume	.....	440	.....
Baromètre	120	.....	.....
Biere..........	400	.....	.....
Bijouterie.......	18,000	720	2,000
Billards	.....	.....	4,000
Bimbloterie	150	.....	.....
Biscuits, bonbons.	5,720	10,000	560
Bleu de Prusse...	20,000	.....	.....
Bonnets	105,000	16,200	67,000
Bœuf salé.......	150	.....	.....
Bois S.-Marthe et Fernambouc ..	.....	3,000	19,000
Bougies	3,000	.....	3,300
Bouteilles vides..	2,200	2,175	3,000
Briques.........	.....	2,000	.....
Café..........	145.600	146,400	999,150
Camphre........	.....	.....	380
Cannelle	2,200	100	.....,
Cardamome	.....	.....	350
Chaises	4,200	1,680.	8,590
Casquettes et chapeaux	2,250	.....	2,890

	1844	1845	1846
Cochenille.......	73,200	40,200	93,200
Cordages	2,500	.....	.....
Cheveux	490	.....	.....
Coutil	4,000	.....	.....
Cirage	750	1,500	1,900
Conserves.......	1,200	.....	.....
Chaudières	400	.....	.....
Couvertures	1,000	.....	.....
Carton..........	800	.....	.....
Cognac.........	1,050	1,100	2,200
Coffres-forts.....	2,600	2,100	1,900
Crêpes..........	37,500	.....	.....
Crème de tartre..	1,800	570	1,300
Cristaux........	30,500	18,560	.....
Coton filé.......	.....	.....	50,000
Carbonate de plomb........	3,600	.....	.....
Céruse	2,600	.....	.....
Confitures	4,500	.....	.....
Chandeliers pla-. qués	2,000	.....	.....
Cartes à jouer...	4,600	9,400	2,300
Cuivre doré.....	500	.....	.....
Cuir	4,500	.....	9,000
Coupe-rose	3,300	.....	.....
Clous	1,400	2,400	2,200
Colle	100	.....	.....
Damejeanes......	1,440	976	1,500
Draps	46,400	192,600	88,000
Drogueries	32,500	.....	4,200
Dragées........	3,200	.....	.....
Dorures	12,500	.....	4000

	1844	1845	1846
Eau de rase	2,800	600	900
Épingles	500	.....	.....
Effets à usage	10.000	25,000	8,900
Effets divers	25,000	.....	.....
Encre à écrire	1,000	200	.....
Etain	2,800	600	10,800
Eau de lavande	2,000	.....	3,600
Eau-de-vie et espt.	.....	800	1,250
Fayence	1,250	800	2,680
Farine	2,800	16,200	18,900
Fer	43,175	62,815	9,800
Fer-blanc	1,500	.....	.....
Fer travaillé	6,800	6,500	12,000
Fil de fer	.....	1,000	.....
Fleurs artificielles	1,500	.....	.....
Flanelle	2,500	.....	.....
Futailles vides	1,000	.....	.....
Fromages	6,200	4,500	6,000
Fil de laiton	.....	.....	1,500
Girofle	25,200	7,560	6,60
Glaces	3,000	12,500	10,000
Gomme	.....	.....	250
Grenaille	32,300	9,960	4,850
Goudron	300	900	620
Gravures	5,000	1,500	3,600
Globes	350	.....	.....
Horlogerie	5,600	2,000	4,000
Habillements	45,000	.....	.....
Huile d'olive	1,000	500	2,200
Imprimerie	.....	2,500	.....
Jarres, verreries	7,500	2,496	4,900
Jalap	400	.....	280

	1844	1845	1846
Indigo	39,000	10,000	12,500
Lamettes	.....	8,000	500
Lampes en cuivre	3,000	.....	.....
Limonade-gazeuse	4,300	400	3,000
Liège et bouchons	4,100	200	.....
Limes	2,800	5,250	.....
Légumes	750	.....	.....
Librairie........	7,500	7,500	5,980
Lits en fer......	600	.....	.....
Liqueurs	8,880	1,200	14,950
Manufactures ...	876,500	1,532,400	1,378,900
Meubles........	25,000	12,000	19,900
Mouchoirs imp..	362.000	.....	.....
Modes	20,100	40,000	9,000
Moutarde	400	.....	.....
Métaux	500	.....	.....
Mécaniques.....	70,000	25,000	9,000
Marbre	3,000	.....	.....
Marchandises div	10,000	.....	.....
Médicaments....	.....	5,500	4,600
Morues	2,000	150	152
Olives..........	600	.....	.....
Ornements d'égl.	20,000	8,000	.....
Papiers divers...	54,200	19,125	80,700
Presses à lettres.	100	490	600
Plomb	9,300	5,430	80
Poivre	43,500	19,980	14,200
Piment.........	2,000	500	.....
Porcelaines	51,500	.....	7,500
Potasse(acide de).	.....	2,400	1,800
Poteries	9,600	4,903	2,300
Peaux..........	17,500	18,000	3,000

	1844	1845	1846
Poudre	6,000	.....	.....
Parfumeries	21,500	34,600	13,000
Quincailleries	168,710	73,500	44,080
Registres	7,500	.....	.....
Réglisse	.....	.....	80
Rhum	.....	500	800
Rocou	3,000	.....	.....
Salaisons	2,510	.....	5,800
Salsepareille	2.700	2,200	210
Sel	50	.....	.....
Soufre	17,700	2,900	4,950
Sellerie	1,500	500	.....
Schals	2,400	.....	.....
Serrures	4,800	13,800	15.100
Soude	15,150	6,750	700
Souliers	25,000	12,000	1,900
Soieries	140,000	50,000	39,200
Sucres	245,700	118,890	299,390
Sirops	509	.....	.....
Sacs vides	1,000	.....	.....
Socles	600	.....	.....
Sulfate de kinine	.....	.....	1,350
Tartre rouge	.....	790	.....
Thé	.....	.....	2,000
Tissus de coton	666,000	.....	.....
» de laine	51,000	64,000	4,000
Ustensiles	1,250	.....	200
Vitriol	2,800	.....	.....
Vins ordinaires et fins	8,700	9,780	38,900
Vitres et verrrerie	90,000	.....	14,800
Articles divers	105,000	115,000	196,700

Total en 1844		F.	4,588,325
» 1845			2,894,630
» 1846			3,768,172
Total des trois années			11,251,127

Soit en moyenne (par an). F. 3,750,375

Exportations de Beyrout à Marseille pendant les années

	1844	1845	1846
Alizaris	.....	.....	10,480
Cire	6,500	.....	300
Coton	467,120	.....	12,450
Cuivre vieux....	1,500	750	400
Eponges	172,800	120,000	39,500
Galles	54,684	70,800	1,200
Huile d'olive....	.....	.....	61,000
Laine	55,904	138,000	220,605
Fruits secs	.....	240	.....
Numéraire......	85,000	8,000	.....
Perles	.....	15,000	.....
Plumes d'autru-ches	.....	8,000	.....
Peaux de bœufs.	.....	.....	57.174
Sangsues	.....	.....	15,000
Sésame	226,850	.....	63,918
Soie	1,869,500	1,023,900	1,118,982
Tabac..........	1,500	560	45
Vin du Liban ...	.....	.....	100
Tissus divers ...	.....	500	.....
Articles divers..	126,400	16,352	13,700
Totaux....	3,067,758	1,402,102	1,614,854
Total des trois années............ F.			6,084,714

Soit en moyenne (par an). F. 2,028,238

Ces deux relevés sont textuellement copiés des manifestes des capitaines et, attendu que ceux-ci ont désigné des colis sous les dominations de *marchandises* et *articles divers* , il m'a été impossible d'en donner le contenu.

Je crois devoir ajouter que je considère le coton filé, les manufactures et les tissus de coton comme étant venus en grande partie, si ce n'est en totalité, de la Suisse, et que son embarquement n'a eu lieu à Marseille qu'en transit.

Après avoir fait apprécier le commerce français de trois années à Beyrout, dans le plus grand détail que cela m'a été possible, je vais indiquer les noms et les valeurs des principaux articles qui ont figuré en 1845, à l'importation et à l'exportation, et la part que chaque nation étrangère a prise aux mouvements de cette année qualifiée de *médiocre*. Mais je dirai, d'abord, qu'en moyenne la participation des autres nations, au commerce de Beyrout, pendant les trois années, a été à l'entrée :

Autriche..........	F.	672,100
L'Egypte........		6,490,000
Grande Bretagne.		5,735,800
Toscane..........		442,800
Turquie..........		3,598,850

Et à la sortie :

Autriche	F.	79,900
Egypte.		4,979,600
Grande Bretagne..		5,760,900
Toscane et Sard .		851,600
Turquie.........		4,283,330

La navigation a présenté les résultats suivants :

	Entrée.		Sortie.		Totaux.	
France	56 n.	7,035 t.	44 n.	5,650 t.	100 n.	12,685 t.
Angleterre	40	5,189	39	5,060	79	10,249
Russie	11	3,658	9	3,318	20	6,976
Grèce	40	3,142	40	3,146	80	6,288
Sardaigne	19	3,128	19	3,128	38	6,256
Autriche	15	2,438	15	2,438	30	4,876
Toscane	6	930	6	930	12	1,860
Turquie	297	38,318	297	38,318	594	76,636
Egypte	100	12,291	97	12,102	197	24,393
Total	584	76,129	566	74,090	1,150	150,219

Principales importations à Beyrout, en 1845, et part que les étrangers y ont prise, la France exclusivement.

Tissus de coton et de laine légère, 6,133,400 k : — Angleterre 2,857,000. — Egypte[1] 855,000. — Turquie 825,000.

Drap, 343,600 : — Turquie[2] 82,000. — Autriche 69,000.

Bonnets, 126,200 : — Toscane 58,000. — Autriche 52,00

Soieries, 69,000 : — Toscane 19,000.

Matières d'or et d'argent,[3] 6,120,000. — Egypte 3,600,000 — Turquie 2,500,000.

1 et 2 Les tissus de coton et de laine importés d'Egypte et de Turquie n'ont, peut-être, pas été entièrement produits par les manufactures de ces pays, et il se pourrait qu'ils fussent en grande partie de provenance étrangère.

3 L'échange continuel qui se fait en matières, de contrée à contrée, est aussi considérable que l'annonce le chiffre élevé de cet aperçu, et cela ne s'explique que par la diver-

Grains et farines , 5,456,200 : — Egypte 3,600.000.— Turquie 1,325,000. — Russie 215,000.

Coton filé 380,000 :— Angleterre 380,000.

Sucre , 424,000 k. 404,890 : — Angleterre 286,000

Epices, 311,140 : Angleterre 120,000.—Egypte 87,000 —Autriche 76,000.

Café, 297,000 k. 216,400 : —Autriche 70,000.

Fer et acier , 190,915: —Angleterre 650,000.—Autriche 51,000.

Quincailleries , 214,000:— Autriche 81,000.

Papier, 149,125.—Autriche 75,000.—Toscane 55,000.

Drogueries, 165,000 : Autriche 49,000. — Turquie 40,000. — Angleterre 35,000.

Cochenille , 9,000 k. 136,200 : — Angleterre 96,000

Poteries et verrerries , 144,000 : — Autriche 53,000.

Indigo , 4,200 k. 105,000 : — Angleterre 95,000.

Principales exportations de Beyrout en 1845 , et prorata des nations étrangères.

Matières d'or et d'argent , 12,708,000 fr. — Egypte 5,500,000—Turquie 3,600,000 — Angleterre 3,600,000.

sité des monnaies qui ont cours en Orient et la différence des prix auxquels elles sont reçues sur les divers points. C'est un commerce qui a toujours existé, même dans les temps les plus reculés, et il ne cessera qu'au moyen de mesures comme n'en sait pas prendre le gouvernement Ottoman : 1° parce qu'il commande à un trop vaste pays ; 2° que ses sujets ont été habitués à n'obéir qu'au bâton, et 3° que la majeure partie de ses agents ayant cessé de frapper sont, disent-ils, privés de moyens de contrainte.

Soie , 184,500 kil. 2,689,900. — Sardaigne 320,000. — Egypte 1,200,000. — Autriche 146,000.

Tissus divers, 342,000. — Turquie 246,000. — Egypte 80,000.

Laine, 462,000 kil. 256,000 — Angleterre 118,000.

Eponges, 182,000. — Sardaigne 50,000. — Divers 12,000.

Tabac, 155,000 kil. 116,000. — Egypte 115,000.

Noix des galles, 104,000. — Divers 33,000.

Alizaris, 69,000 kil. 69,000. — Angleterre 69,000.

Perles, 82,000. — Sardaigne 42,000. — Toscane 25,000 fr.

Les importations de Beyrout et de ses échelles ont été, en 1847, de : 9,154,000 fr. dont :

3,785,000 d'Angleterre , 3,185,000 de France, 1,234,000 d'Egypte , 1,350,000 de l'Autriche, savoir : Tissus de coton et de laine 2,324,000 , Céréales 1,326,000 , Café 1,071,000 , Sucre 1,059,000. Les autres principaux articles sont : fil de coton , cochenille, soieries , quincailleries , bonnets , etc.

Et ses exportations de : 5,863,000 fr. ainsi reparties :

Egypte 2,219,000 , Turquie 2,043,000 , France 1,270,000 , Autriche, Sardaigne et Grande-Bretagne réunis 329,000. Les matières d'or et d'argent sont entrées dans ces envois pour 3,295,000, la soie pour 1,192,000 , et le tabac pour 444,000.

Ces résultats sont généralement fort inférieurs à ceux de

1846. La cherté des subsistances avait, en effet, déterminé une crise financière qui a réagi sur toutes les opérations.

On a remarqué, cependant, que l'introduction des tissus de coton avait continué de s'accroître et c'est encore une preuve de la pénurie des habitants qui ont dû y recourir, pour leurs habillements, au lieu des étoffes en soie du pays comme au temps de leur aisance.

Nos draps ont figuré dans les importations de 1847 pour 270,000 fr. tandis qu'il n'en était venu en 1846, que pour 88,000 fr.

D'après les documents publiés par le ministère du commerce, auxquels j'ai emprunté ces derniers renseignements, la Suisse est maîtresse du marché pour les cotonades fabriquées à la main, l'Angleterre conservant la fourniture de celles à la mécanique. Ces documents ajoutent : « que le « succès des manufactures suisses est dû au soin avec « lequel ils étudient le goût, bon ou mauvais, des consom- « mateurs et savent y conformer leur fabrication. »

Notre nation s'est ainsi laissé distancer par les deux autres, quoique moins anciennes dans le Levant, et malgré que nous possédions des manufactures supérieures à celles de la Suisse et que nous n'ayons pas été sans connaître les révolutions que les modes avaient éprouvées, même dans ce pays d'Orient de mœurs si paisibles.

On n'a pas ignoré en France que ces changements étaient dus à l'appauvrissement des populations et à l'introduction des productions à la vapeur, dont le bon marché avait achevé d'écraser les fabrications locales, le gouvernement ottoman n'ayant pas cherché à les préserver par une sage protection

J'ai bien souvent appelé l'attention de mes compatriotes

manufacturiers sur l'avantage qu'ils retireraient de l'envoi de commis capables qui, visitant la Syrie, chacun selon son genre d'industrie, rapporteraient chez eux des idées précises : 1° sur les besoins des diverses localités ; 2° sur les objets qu'on y débiterait avec le plus de facilité ; 3° sur les conditions auxquelles se feraient les placements et les retours.

De Beyrout et d'Alep j'ai envoyé des nombreux échantillons et je les ai accompagnés d'explications qui ne laissaient rien à désirer.

Il est un certain tort qu'on peut attribuer, sans scrupule, aux Français qui font exclusivement la commission : c'est celui d'être indifférents sur la nature des intérêts qui les occupent, acceptant aussi bien ceux étrangers que les nationaux ; car cela n'avait pas lieu au temps que nos négociants relevaient de majeurs de Marseille ; d'abord, parce qu'ils devaient mettre tous leurs soins à activer le commerce de leur pays et que, dans ce but *exclusif*, on leur interdisait absolument toute relation *extérieure*. Cette défense était tellement explicite qu'un régisseur ne pouvait se permettre les moindres rapports avec d'autres négociants, même de Marseille, sans en avoir obtenu l'autorisation de son majeur.

On comprenait alors qu'en s'occupant d'intérêts étrangers, pour un avantage personnel et souvent passager, on faisait à sa nation un tort immense et prolongé, s'il n'était irréparable.

C'est dans le but d'étendre notre commerce en Syrie, en y introduisant de nouveaux articles, que j'ai conseillé l'association des manufacturiers et des fabricants, d'après le plan qui, approuvé par ceux à qui je l'avais montré, aurait

été d'une exécution facile si mes fonctions m'avaient permis
de passer au moins une année en France.

Je ne puis que renvoyer à ce que j'ai dit de ce projet
dans la première partie de cette esquisse. [1]

Les résultats de 1850, ont prouvé que le commerce de
Beyrout n'était pas encore arrivé à son apogée et que s'il a
dû baisser, en cédant à des circonstances fortuites, il a pu
reprendre sa progression. Nous allons voir cependant qu'elle
ne s'est pas soutenue.

Les documents publiés par le Ministère du commerce
me fournissent les renseignements suivants.

D'après des évaluations approximatives on a eu pour
1850 : vingt-cinq millions à l'entrée et dix-huit à la sortie.

PORT DE BEYROUT.

Importations,		Exportations.	
Angleterre F.	10,480,000	France	F. 7,488,000
France	6,403,000	Grande Bretagne	1,248,000
Egypte	3,573,000		
Autriche	1,354,000		
Turquie	1,259,000		

Principaux articles composant les cargaisons :

Entrée.

Tissus de coton et de laine. . . . . F. 14,000,000
Angleterre 9.1/2,

France un peu moins du reste ; dont près d'un million
en draps.

[1] Pag. 79 et suivantes.

Sortie.

Céréales.	F.	11,568,000
Soie		1.925,000
Huile et graines.		1,779,000
Coton et laine. . . . . , ...		1,198,000

Les mouvements de la navigation ont été de 258,000 tonneaux , entrée et sortie réunis : Turquie 90,000, France 48,000, Angleterre 34,000, divers 86,000.

L'année 1851 présente une différence, en moins, de 1,247,303 fr. sur 1850 à l'importation.

1850	F.	24,925,700
1851		22,378,397

à l'exportation la diminution a été de

	2,211,292
1850	17,978,842
1851	15,767,550

Les événements dont on croyait la France menacée, en 1852, paraissent avoir influé sur notre commerce avec la Syrie, la crainte leur faisant donner beaucoup de gravité.

La diminution , nous concernant , à l'exportation n'a été que de 753,571 fr. d'après le relevé suivant :

1850	F.	7,488,821
1851		6,735,250

La navigation, sous pavillon français, a offert à l'entrée et à la sortie une différence de 57 navires et de 5,433 tonneaux.

1850	207	navires	48,361	tonneaux
1851	150	»	32,928	»

On a réuni les mouvements de quelques échelles à ceux du port de Beyrout pour mieux faire sentir l'importance de cette ville qui, pour former les cargaisons de retour, dispose des produits des divers points de la côte avec autant de facilité que s'ils étaient dans ses magasins.

Il résulte, de tout ce qui vient d'être dit, qu'en principe on peut donner au commerce de Beyrout une importance d'environ 40 millions de francs, mais que quant à la part afférente à chaque nation elle est de deux catégories, l'une d'articles des pays respectifs, l'autre des similaires, de denrées coloniales ou de produits exotiques.

Il est certain que les étrangers établis en France prennent chez nous ce qu'ils ne peuvent trouver ailleurs; d'un autre côté les Français n'exploitent pas seuls le commerce de Marseille avec Beyrout, ni celui de la Syrie avec l'Empire; c'est dès lors à leurs concurrents qu'il faut attribuer ces hausses et ces baisses qu'on remarque annuellement dans les relations des diverses nations, parce qu'il est dans leur intérêt de donner tour à tour la préférence, pour leurs commandes, comme pour leurs envois, aux places de Trieste, Gênes, Livourne ou Liverpool.

Une première raison déterminante, pour les commerçants Syriens, c'est le chiffre du crédit qu'ils obtiennent en Europe car aimant à travailler avec les fonds d'autrui, ils donnent naturellement la préférence à celui qui en accorde davantage; la seconde, est le meilleur marché des articles dans les diverses villes, parce qu'il s'agit souvent de différences importantes.

C'est selon les prix auxquels se traitent les produits de la Syrie que la direction en est déterminée : et je dirai, à ce sujet, que parfois les marchandises ne sont expédiés à Marseille que pour y être vendues, le produit devant passer à l'étranger pour solder des nouvelles commandes.

Les relations que Gênes entretient avec la Syrie n'ont pu être déterminées, même approximativement, à cause de la relâche des navires qui s'expédient de ce port, car leurs cargaisons terminées à Livourne sont habituellement débarquées en Syrie comme n'ayant eu que cette dernière provenance, malgré que les coraux, les bonnets, les velours, les papiers et la céruse ne soient nullement des produits Toscans.

Beyrout n'est proprement riche qu'en soie et c'est de cette précieuse matière qu'on s'y occupe le plus, au dedans comme au dehors, puisque des agents de quelques maisons d'Europe se sont joints aux négociants du pays, pour aller faire des achats considérables dans les lieux de production, trouvant à cela plusieurs avantages : l'économie des frais perçus par les commissionnaires, la satisfaction de choisir l'article et de profiter des différences de prix, l'expérience que cela leur vaut et les connaissances qu'ils fout.

Les cocons, vendus d'abord de 7 à 8 piastres l'ocque sont montés insensiblement à 12, 15, 18 et 22 1/2. Ce dernier prix est celui de 1852.

On calcule que les envois de cocons et de soie, pendant cette même année, se sont élevés à 3,500,000 francs.

J'ai déjà dit que l'inconvenient qui provenait du volume des cocons a disparu depuis qu'on peut les presser au moyen du dessèchement de la chrysalide.

Je puis ajouter ici le tableau comparatif qu'a publié M. G. Wagener sur les importations et les exportations de Beyrout, de 1852 à 1855, et les détails dont il l'a accompagné sur son commerce pendant cette dernière année.

		Importations	En plus sur 1852
1852	F.	20,863,881	
1853		24,848,740	3,984,859
1854		20,957,422	93,541
1855		35,750,341	14,886,460

		Exportations	En plus sur 1852
1852	F.	20,266,860	
1853		21,840,402	1,573,542
1854		26,403,480	6,136,620
1855		39,126,620	18,859,760

Ces chiffres prouveraient que le mouvement général du commerce de Beyrout ayant été, en 1852, de 41,130,741 fr. et, en 1855, de 74,876,961 cela fait en faveur de cette dernière année, une différence de 33,746,220, et elle nous parait exorbitante.

Commerce de Beyrout et des échelles de Tripoly et de Jaffa en 1855.

Importations			Exportations		
Blé, orges et farine.	F.	2,596,889	Alizaris, éponges.	F.	284,753
Bonnets.......... ..		292,144	Articles divers ...		2,307,970
Café et coloniaux ..		1,520,353	Blé, maïs, orge...		144,742
Coton filé..........		1,021,660	Coton et laine....		2,603,717
Draps............ ...		1,319,295	Fruits secs		525,320
Drogueries........		460,293	Groups.		6,953,560
Etain............ ...		53,364	Huile, savon, sés.		2,590,127
Fayence et verreries		250,015	Manufactures.....		3,885,437
Fer et acier...·.....		312,549	Poils de chameau .		39.422
Matières d'or d'argt.		9,660,734	Soie et cocons.....		7,929,617
Papier		257,937	Tabac et tombac ..		2,104,945
Quincailleries......		456,056	Tissus de soie.....		1,327,718
Soieries.......... ...		1,740,760	Articles divers....		8,429,292
Sucre et sucreries..		735,981			
Tissus coton et laine		13,607,756			
Vins et liqueurs....		51,386			
Articles divers.....		1,403,169			
	F	35,750,341		F.	39,126,620

Provenances des importations		Destinations des exportations	
Amérique.............. F.	50,000	Amérique....... F.	1,875,000
Angleterre	11,386,642	Angleterre	3.886,120
Autriche	10,280,916	Autriche	14,920,870
France.............	9,436,893	France........	10,083,874
Turquie............	689,360	Turquie	3,108,386
Egypte.	3,361,268	Egypte........	2,992,962
Grèce , Hollande,		Grèce, Hollande	
Sardaigne, Toscane.	551,251	Sardaigne Tosc.	1,257,408
F. 35,750,341		F. 39,126,620	

Le mouvement de la navigation , auquel ont donné lieu les échanges de 1855, est représenté par le chiffre de 421,646 tonneaux.

J'ai présenté quelques refléxions sur les tribunaux de commerce, mais attendu que la ville de Beyrout posséde un *medjlis* de nouvelle institution, je dois m'en occuper encore.

Sa composition est toute exceptionnelle , puisqu'on a voulu que le nombre des Européens et des chrétiens réunis fut le double de celui des Musulmans afin de balancer , en quelque sorte , la prépondérance de ceux-ci qui ne peuvent former une majorité absolue qu'en ralliant les trois chrétiens.

On reconnaît, jusqu'ici que les questions y sont jugées d'après les principes de l'équité , et que si l'intrigue cherche encore à primer , au dépend de la raison et du droit, elle ne trouve accès qu'auprès des Orientaux qui aiment toujours à recevoir ses hommages, ne fusse que pour la leurrer. Cela est dû à l'union des Francs qui, au nombre de sept, recrutent parmi les trois chrétiens, et souvent chez les cinq musulmans, la voix qui leur manque pour former la majorité.

Cet excellent essai devrait encourager le gouvernement

ottoman à avancer dans la voie des améliorations si vivement reclamées par son pays. 1

Il me resterait à traiter de l'industrie locale qui de mon temps employait déjà des capitaux s'élevant à 4,284,000 fr, donnant lieu à 2,008,500 de frais de fabrication ; produisant une valeur de 7,953.000 et laissant, par conséquent, un bénéfice de 1,660,500 , mais cette industrie, représentée par des tisserands , des passementiers, des tanneurs, des potiers , des constructeurs, ne mérite pas uue mention particulière.

Beyrout n'est une spécialité que pour le *Halva* , les gargoulettes et les coffres peints en vert , ou en rouge à clous dorés, mais ces articles ne dénotant pas beaucoup d'art , je ne saurais les citer comme preuve de la capacité des Beyroutins lorsque je sais , surtout, qu'ils étaient fort arriérés au temps où les autres échelles de Syrie florissaient.

SEYDE.

La ville de Seyde , déchue de son ancienne importance commerciale, a subi les conséquences ordinaires de l'abondon , étant réduite à ses propres ressources , c'est-à-dire à ses productions. Elle ne compte plus aujourd'hui que grâce à la durée de ses constructions que sa prospérité passée avait rendues solides.

Les capitaux y sont rares et les relations avec le dehors se ressentent du voisinage de Beyrout, devenu à son tour le grand centre du commerce de toute cette contrée,

L'air de Seyde est pourtant un des plus sain de la Syrie et ses environs sont très-agréables.

1 Je m'asbtiens de faire remarquer combien il donne raison à mes accusations contre les juges mahométans en général.

Les produits du pays consistent en soie et en tabac, dont les qualités ne sont pas supérieures. Le tabacs passe presque tout en Egypte et la soie entre dans la composition des envois qu'on y fait, lorsqu'elle n'est pas achetée pour l'Europe.

La consommation locale des articles Européens est tellement réduite que les marchands forains et les boutiquiers de l'intérieur, qui venaient s'y pourvoir, préfèrent aller faire leurs achats à Beyrout, ou à Damas, selon la distance qui sépare leur résidence de l'une de ces villes.

Au temps même de sa prospérité, ainsi que le confirme Savary, le commerce de Scyde était essentiellement de sortie, à cause du coton filé et des toiles écrues que nos établissements ramassaient dans la Palestine et dont les chargements s'opéraient à Seyde et à Sour, comme étant plus rapprochés des marchés et à cause aussi de leurs mouillages, quoiqu'on ne les trouvât pas bons même alors.

D'après Savary nos importations en coton filé s'élevaient à 750,000 fr. et celles en coton en laine à 350,000.

Les autres produits, dont nos négociants faisaient des envois en France, consistaient en cendres (pour savon), noix de galles, huile, savon et glu, et ils devaient être de peu d'importance.

J'ai remarqué que parmi les articles de *retrait* il en était un que Seyde fournissait exclusivement et qui par sa valeur, assez élevée, devait entrer dans la composition de quelque préparation pharmaceutique alors en vogue. cette drogue est désignée sous le nom de *sebesten* et ils est dit que c'était le fruit d'un arbre de la Mecque. [1]

[1] Je trouve dans l'essai sur le commerce de Marseille, I.296 que le fruit s'appelait, *sebestes* et non *sebesten* comme l'écrit Savary.

Il semblerait que le plus beau temps de Seyde ait été de
1660 à 1665 [1], époque à laquelle le Chevalier d'Arvieux
fait monter à soixante le nombre des *commissionnaires* des
maisons de Marseille et de Lyon qui y demeuraient, ainsi
que dans les environs, car chaque établissement avait ses
agents à Sour, à Acre, à Nazaret, à Jérusalem, à Rama
et à Jaffa.

Il ajoute « qu'ils gagnaient des sommes considérables à
« faire valoir leurs fonds dans le pays, outre ce que leur
« commission leurs produisait. »

Le commerce étant, comme j'ai dit, presqu'entièrement
de sortie, c'était avec du numéraire, apporté de France,
que se faisaient les achats, car ce même auteur nous apprend
que par chaque navire on recevait au moins cent mille écus
en espèces.

La rareté de l'argent, en Syrie, devait constamment engager nos négociants à tirer parti des fortes sommes qu'ils
avaient en caisse, en se livrant aux deux spéculations dont
j'ai déjà parlé et qui étaient aussi sûres que lucratives. [2]

L'époque de nos établissements à Seyde fut une des plus
brillante de notre commerce en Syrie, puisque les Français
réunis dans le khan, que nous y possédons encore, purent y
être soumis à un règlement, que nul n'eût osé enfreindre, et
auquel les gens du pays se seraient bien gardés d'attenter,
le drapeau national protégeant ce bel établissement, dans
lequel se trouvaient réunis le consulat, la chancellerie et
les maisons religieuses.

1 M. Julliany rapporte qu'en 1664, M. Bonnecorse de Marseille, affermait le consulat de Seyde 2400 livres par an.
Essai sur le commerce, II, 271.

2 Voir page 85.

Les négociants avaient alors le bon esprit de s'entendre sur leurs ventes et achats, et de cette façon ils faisaient plutôt la loi qu'ils ne la subissaient. Ils n'éprouvaient pas, non plus, le désagrément d'être transformés, par des fourbes, en concurrents les uns des autres, au seul profit des étrangers.

Ils devaient, sans doute, ces bienfaits à l'avantage de vivre dans une enceinte qui rendait leurs réunions faciles et fréquentes.

On sait que l'abandon de Seyde, et des autres comptoirs du pachalik, devança, de quelques années, l'invasion de l'Egypte, qui porta le dernier coup au commerce français en Syrie. La retraite avait eu lieu sur l'injonction de Dgezzar, de cruelle mémoire, parce que les Français avaient voulu défendre leurs droits. Cela arriva dans le moment où le crédit de notre gouvernement faiblissait à Constantinople et l'attentat resta impuni.

Au nombre de nos privilèges étaient ceux d'avoir dans le khan un four, un boucher, une balance et d'expédier des messagers dans toutes les directions.

Les ballots de draps ne payaient aussi que 18 piastres à Seyde et 12 seulement à Acre.

Seyde a été proposé, dans ces derniers temps, comme entrepôt du commerce de Damas et l'on a fait valoir pour cela : 1° Que la route qui y conduit est toujours plus praticable que celle de Beyrout, le défilé du Liban étant obstrué de ce côté-là lorsqu'il tombe beaucoup de neige ;

2° Que la location des logements et magasins du khan français coûteraient 75 p. 0/0 de moins que dans l'autre ville ; que de plus les marchandises y courraient moins de dangers ;

3° Que les frais de commerce et la vie animale y seraient à meilleurs marché ;

4° Que, quant aux agréments, Seyde en offrirait davantage que Beyrout, et que pour ce qui est des produits, la présence des négociants les ferait affluer de toutes parts, comme au temps passés où le commerce de l'intérieur y aboutissait tout entier.

Quoi, en effet, de plus vivifiant que le commerce? les riches cités, qu'il avait créées en Syrie, le prouvent encore même par leurs ruines.

Seyde intéresse, en même temps, nos marins par son mouillage autant que par l'économie qu'ils trouveraient à s'y ravitailler.

L'espoir de voir rétablir son port, puisqu'il n'est que comblé, peut très-bien se réaliser un jour.

On sait que ce fut un chef rebelle à la Porte qui, craignant l'arrivée des Turcs par mer, fit couler plusieurs bateaux à son embouchure et que les sables s'y amoncélant achevèrent d'en rendre l'entrée impraticable.

Les environs de Seyde produisent de quatorze à dix-huit quintaux de soie.

Avant la réforme militaire, en Egypte, cette quantité était presque toute convertie en cordons, rubans et boutons pour les uniformes, mais depuis l'adoption du costume dit *Nizam*, la passementerie a perdu son principal emploi.

Il ne lui reste plus que la fourniture des marins du Levant, qui en garnisissent encore leurs habillements, car le luxe ayant baissé, ce sont des cordons et des rubans en coton qu'emploient ceux qui s'habillent d'indiennes et de printanières.

Ces circonstances ne sont pas les seules qui aient nui à

ces industriels, puisque le fisc s'est aussi appesanti sur eux, en frappant d'un fort droit les soies ouvrées ou teintes, et dès lors la diminution du travail a été des trois quarts.

La soie est aujourd'hui vendue pour l'Egypte et elle y est expédiée en l'état, ou simplement dévidée.

La culture du tabac, dont le produiut était de 2,500 à 3,000 quintaux, ayant été soumise à un fort impôt, se trouve également amoindrie d'un tiers. C'est surtout la qualité inférieure, dite *berraoui*, qu'on ne pouvait plus vendre sans perte.

L'huile est un produit important pour ce pays, les récoltes s'élevant jusqu'à 1,500 quintaux : le quart en est expédié en Egypte. On y envoit aussi des fruits secs, raisins et figues, du terroir et de la montagne. Des expéditions considérables en sont faites à Tarsous.

C'était à peu de distance de Seyde que la celèbre Lady Stanhope avait choisi uue résidence loin du monde, cherchant dans la retraite et la tranquillité une compensation au crédit et aux honneurs qui lui avaient valu l'affection de son oncle le ministre Pitt.

J'avais entretenu les meilleurs rapports avec cette illustre Dame, dont les sentiments étaient tout français et qui croyait me devoir de la reconnaissance pour des services que j'avais été assez heureux de lui rendre avec des attentions qu'elle ne paraissait pas rencontrer en Syrie. C'est pour en avoir conservé le meilleur souvenir que je fus très péniblement surpris que l'éditeur de ma Relation de Beyrout y eut ajouté, comme appendice et à mon insçu, un article contenant une diatribe, aussi inconvenante qu'injuste, sur Lady Esther, que l'auteur n'a pu connaître que par ouï dire, puisqu'il n'en rapporte que des propos de rues, com-

Le premier partage du gouvernement de la Montagne,
en deux principautés, l'une chrétienne et l'autre druse,
avait paru tellement injuste, à cause de la quantité de Maronites qui se trouvaient sous l'autorité de leurs ennemis,
que, par un second arrangement, on plaça deux vékils
druse et chrétien dans la principauté druse, et des cheikhs,
également des deux religions, dans les villages mixtes,
pour que ces cheikhs eussent recours aux Kaïmakams respectifs, et ceux-ci au Pacha de Beyrout, toutes les fois
qu'ils n'auraient pu juger les différends survenus entre les
deux nations. Mais au lieu de cela, ce sont les *Mokatagis*
(grands propriétaires) druses qui gouvernent seuls,[1] et s'ils
ont auprès d'eux un vékil (agent) chrétien, c'est un homme
qu'ils choisissent et qui est parfaitement nul.

Ces mokatagis exercent d'ailleurs un horrible despotisme
sur les populations qui leur sont ainsi livrées, et les Kaïmakams, privés de moyens de repression, recourent vainement au pacha, qui est bien aise de faire trouver mauvais *l'arrangement combiné par les gouvernements francs.*

Cela explique en même temps pourquoi le pouvoir ne
se prête pas à l'amélioration de la situation actuelle, espérant la voir empirer toujours plus, et se trouver forcé de
mettre entièrement la Montagne sur le pied des autres pays
musulmans, c'est-à-dire sous l'autorité immédiate du Sultan, au lieu de lui conserver cette apparence d'organisation
privilégiée.

---

[1] Il a été dit cependant à la tribune française : « qu'un
« travail qui s'opérait dans les esprits en Syrie devait ame-
« ner la fin des misères des chrétiens, qu'une métamorphose
« se faisait, et qu'elle tendait à détruire le pouvoir de la féo-
« dalité des Druses. » Le *Correspondant*, T. XXIII, p. 92.

Un pareil calcul, aussi impolitique qu'il est inhumain , amènera sans doute un effet contraire à celui qu'on se promet, les désordres, qui se perpétuent dans le Liban , n'ayant pour but que d'opprimer les chrétiens, à cause de leur attachement à la France et aux nations civilisées qu'ils considèrent comme leurs protectrices naturelles ; mais « le « jour où l'Europe chrétienne voudra que la population « chrétienne de Syrie soit sauvée, le jour où elle voudra « échapper à la honte de voir exterminer sous ses yeux « une population qui a des privilèges séculaires et qui « semble n'être vouée à la destruction que du jour où cinq « grandes puissances du monde l'ont prise sous leur pro- « tection ; le jour où cette opinion aura éclaté aux tribunes « dans les deux pays, dans tous les pays de l'Europe, ce « jour là les chancelleries commenceront à comprendre « qu'il y a dans cette explosion une force à laquelle on ne « résiste pas. » [1]

La politique de l'Angleterre est évidemment d'acquérir en Orient une influence qui l'aide à rendre toujours plus rapides ses rapports avec l'empire de l'Inde, et dès lors on doit croire qu'il soit dans les desseins de son gouvernement de posséder tous les points pouvant servir d'échelons aux deux voies choisies, l'une par la Syrie, momentanément abandonnée, l'autre déjà exploitée par la mer Rouge.

La prise de possession d'Aden lui avait suggéré la pensée de négocier la cession de Suez, ou celle d'un privilège quelconque de transit dans ce pays, et c'est son insuccès qui l'a fait revenir à ses vues sur l'autre province. [2]

---

[1] M. de Malleville, discours à la tribune déjà cité.

[2] Sans que cela l'ait empêchée de s'établir dans l'île de Périm.

Le retour du pouvoir ottoman fit tout disparaître , non que ce gouvernement soit précisement peu intéressé à la prospérité de son empire , mais par la raison : 1° que ses agents , la plupart rétrogrades , s'ils ne le sont pas tous , sont instinctivement portés à la destruction ; 2° que les populations les secondent grandement , dans cette œuvre , parce qu'elles ne considèrent ces entreprises que sous le rapport des corvées et des autres vexations qu'elles leur attirent.

Les constructions coûteuses , si péniblement élevées à Sour par les Egyptiens , ne devant plus remplir l'objet auquel elles étaient appropriées auraient pu recevoir une autre destination, car un édifice, quelqu'il soit, a une valeur, lorsqu'il est debout , tandis que transformé en un monceau de ruines il devient inutile , il embarrasse et déplaît , même à ceux qui n'y voient pas une preuve de la barbarie des partis , se vengeant sur des pierres des maux qu'ils disent avoir reçu des hommes qui en avaient fait des monuments.

C'est ainsi que de vastes casernes, laissées dans les villes par les Egyptiens, ont été également en partie détruites , après leur départ , les populations s'étant exercées , pendant plusieurs jours , à les démolir pour en tirer les matériaux à leur convenance ; sans que l'autorité ait cherché à les empêcher.

La campagne de Sour donne annuellement une récolte de tabac qu'on peut calculer de 3,000 à 4,500 quintaux. Il est presque tout expédié en Egypte.

Il en est de même de la soie, de qualité inférieure , dont la quantité forme à peine cinq quintaux,

Deux à trois cents quintaux de figues sèches prennent aussi cette direction.

Le charbon et le bois à brûler, qu'on retire des monta-gnes voisines, sont pareillement expédiés en Egypte.

Depuis quelque temps on s'est décidé à semer du sésame dans la campagne de Sour pour l'exportation.

Le coton viendrait bien dans les vastes plaines qu'arrose-raient les eaux de *Ras-el-aïn*, aujourd'hui perdues.

Le commerce du pays consiste à faire des avances sur les récoltes et à expédier ce qu'elles produisent. Ces deux opérations donnent chacune de 15 à 20 p, o/o de bénéfice.

Les retours d'Egypte consistent en riz, toiles de lin du pays, sucre et dattes, que les commerçants fournissent en partie aux propriétaires et aux paysans, en même temps que de l'argent, pour s'assurer leurs produits.

C'est avec une vive satisfaction que nous trouvons dans une brochure, qui nous parvient [1], que nos infatigables et courageux missionnaires, qui affrontent véritablement les dangers, au lieu de s'en tenir comme d'autres aux villes, avaient nouvellement établi des instituteurs dans l'intérieur (la haute Galilée), où des chrétiens se trouvent mêlés à ces mêmes Métoualis, si peu énergiques pour le bien et si empressés à faire le mal.

Cet article annonce que trois stations ont été récemment ouvertes à Sour, à St-Jean d'Acre et à Caiffa, de sorte que c'est partout les enfants de la France, hommes et femmes, qui secourent seuls cette pauvre humanité, au milieu de tant de besoins, et dans un pays où l'autorité trouve plus convenable de laisser à Dieu le soin de ses créatures, se chargeant seulement de les punir.....

Les noms d'hôpitaux, de bureaux de bienfaisance, de

[1] Annales de la Propagations de la Foi mars 1862

dispensaires, n'existaient plus que dans les anciennes chroniques et c'était au zèle de nos prêtres et de nos sœurs, également admirables dans les fonctions que leur grand amour de Dieu leur fait remplir avec tant de succès, qu'était réservé le mérite de rétablir en Syrie ces utiles institutions.

Que de larmes n'ont'ils pas séchées ! Que des plaies guéries par leurs mains ! Et puis, que d'amertumes n'ont'ils pas adoucies dans des cœurs si profondement ulcérés !.... Ceux qui connaissent quels ont été les excés sonfferts par les chrétiens de la part des Druses et des Turcs, *restés impunis*, comprendront seuls ce qu'il y avait d'horriblement douloureux dans la position de nos infortunés coréligionnaires.

SAINT JEAN D'ACRE ET CAIFFA.

La ville de St-Jean d'Acre, dont Caiffa n'est éloigné que de 7 à 8 kilomètres, possède une petite darse pour les bateaux et bâtiments du pays, les navires d'une certaine portée allant mouiller dans la rade de Caïffa formée par le cap du Carmel, à l'ouest, et la ville d'Acre au nord ; ces deux points sont reliés par une plage 1, bordée de montagnes, qui décrit une grande courbe.

L'échelle d'Acre, où nos établissement ont longtemps prospéré, n'est plus qu'une vaste forteresse démantelée du côté de la terre par les canons Egyptiens, et de celui de la mer par les boulets Anglo-Autrichiens de 1840. Elle con-

1 C'est sur ce rivage qu'au sortir de la ville d'Acre, près la rivière Bélus, on place le lieu où le hasard fit découvrir le procédé du verre, le sable y étant très-vitrifiable.

tient dans son enceinte des maisons et des bazars encore debout où les habitants de la campagne viennent se pourvoir.

La banlieue est l'image de la désolation, et le peu de villages qu'on y trouve n'attestent pas qu'ils possèdent d'habiles cultivateurs. C'est le découragement qui énerve ces malheureux paysans, parce qu'ils savent, depuis longtemps, qu'ils n'éprouvent des vexations qu'en proportion de ce qu'ils produisent ; d'où il résulte qu'une cause de bonheur, dans d'autres pays, est précisement un sujet de malheur en Turquie ; ce qui confirme l'opinion générale qu'il faut y prendre le contre pied de ce qui se fait ailleurs. C'est, j'en conviens, d'autant plus désolant à avouer que nul ne peut le contester. [1]

Un mémoire manuscrit de 1785 nous apprend qn'on recevait anciennement des galles et des cendres à Acre, qu'il s'y faisait annuellement divers chargements de riz et de blé et que « les trois premiers articles ont cessé d'exister par « suite des querelles des Arabes et des mesures violentes « de l'autorité qui a amené leur propre destruction. »

---

[1] Je présenterai comme preuve de ce que j'avance l'opinion de deux illustres voyageurs.

« Les Turcs, aussi bien que les Chrétiens, abandonnent la « culture de leurs terres, parce qu'ils savent que ce ne sont « pas eux qui recueilleront le fruit de leurs labeurs. » M^{al}. Marmont, voyage II. 92.

M. de Lamartine inculpe, avec raison, le musulmanisme *d'une insouciance coupable, d'un fatalisme irrémédiable, qui, sans rien détruire, laisse tout périr autour de lui*, et il ajoute : « le mahométisme, a pris le rôle divin ; s'est constitué spec- « tateur inactif de l'action divine : il croise les bras à l'hom- « me et l'homme périt volontairement dans cette inaction. » Voyage III. 22.

Les Turcs n'ont jamais su adopter des demi-mesures et la modération, dont l'emploi est si salutaire lorsqu'il s'agit de châtier ceux qu'on ne veut que corriger , leur a été de tout temps inconnue.

L'autorité suprême désapprouve-t-elle ses agents dans ce qu'ils font, et qui est diamétralement opposé aux ordres qu'on leur transmet ? Non. On suppose qu'elle veut encourager l'agriculture , cette source de la richesse des nations ; cependant, on reconnaît facilement que ces gens ne font, ni plus ni moins , que ce qu'ils ont toujours fait : les exacteurs harcèlent les cultivateurs et si ce n'est pas pour leur propre compte qu'ils les dépouillent, ils le font par excès de zèle, au profit de leurs chefs lesquels versent, ou ne ne versent pas, le fruit de ces extorsions dans le trésor impérial.

Le gouvernement ottoman n'est pas sans savoir quelles sont les causes qui minent son empire , puisqu'il prend , de loin en loin , des mesures en vue de les détruire, mais sans y persévérer , ou y donner suite. Ça été de tout temps son défaut capital. [1]

Les environs de St-Jean-d'Acre sont insalubres par l'effet de l'abandon des terres , si productives du temps de Cheikh Daher , et dont Djezzar a, par sa tyrannie , fait délaisser la culture. .

[1] Il y a une quarantaine d'années que les gouverneurs répondaient à toute semonce par l'envoi d'un Ilam du Cadi, affirmé par les notables du pays convoqués en divan, et comme ces déclarations *les justifiaient pleinement* il n'était pas donné suite aux accusations, d'autant plus que des personnages officieux se chargeaient d'appaiser le courroux des ministres : Ne serions-nous pas autorisés à croire que le système n'a pas varié?

C'est à ce pacha qu'est due, en Syrie, l'introduction des impôts sur les comestibles.

La position de Caïffa est saine, mais nos marins n'y sont pas sans inquiétude pour leurs navires, le vent de Nord-Ouest, qui est le traversier de tous les mouillages de la Syrie, y causant parfois des sinistres.

Les districts éloignés de la ville d'Acre sont assez bien cultivés depuis que les producteurs tronvent à placer avantageusement leurs articles à Acre, et surtout à Caïffa.

Un assez grand nombre de navires y chargent chaque année du coton, de l'huile, du sésame et des grains.

Les produits des districts d'Acre ont été en 1842 :

<pre>
de 5 à   6,000 quintaux de coton.
   8 à   10,000   »   d'huile.
        15,000   kilots   de sésame.
 100 à 110,000   »   de blé.
</pre>

On calcule que ce territoire donne en outre :

12,000	kilots•orge		valant	F.	9,950
9,000	»	maïs	»		10,300
5,000	»	pois chiches	»		6,150
4,000	»	féves	»		3,850
5,500	»	lentilles	»		8,000

Lorsque les demandes pour l'Europe épuisent les ressources du pays, c'est à Naplouse qu'on a recours, notamment, pour le coton. Une année on en retira jusqu'à 8,000 balles, dont 5,700 furent dirigées sur la France.

L'huile qui s'embarque à Caïffa vient des montagnes de la Galilée et de la Samarie.

Le mont Carmel, qui domine Caïffa, est lui-même couronné par un magnifique couvent édifié avec les dons de la piété chrétienne [1] sous influence de la France.

La ville de Nazareth, célébre par la grotte de l'Annonciation, se trouve à six lieues dans l'est.

Tout le pays qui y conduit — celui qui l'environne surtout — est d'une grande fertilité, et pourtant il n'est pas très-productif. Ce sont les bras qui manquent et un peu la confiance, quoiqu'on ait commencé à se rassurer.

Je n'entreprendrait pas la description des lieux éminemment intéressants que renferme cette partie de la Syrie et je m'imposerai la même reserve pour les autres sanctuaires, en décrivant le pachalik de Jérusalem, d'abord parce qu'ils sont bien connus et par la raison, ensuite, que j'e n'ai envisagé cette province que sous le point de vue qui a le moins occupé les modernes voyageurs.

Si le tableau du pachalik de Seyde n'a pu être autant développé que les autres, c'est que les districts qui le composent sont très peu fréquentés et qu'ils se trouvent, en grande partie, occupés par les Métoualis, la moins hospitalière des peuplades de la Syrie.

---

[1] En se rendant de St-Jean-d'Acre au Carmel M. de Marcellus annonce, dans ses Souvenirs de l'Orient, qu'il fit ce trajet *sans insulte* ajoutant « cela est rare en Syrie où les sol- « dats sont fanatiques et indisciplinés. » I. 428

MONT-LIBAN.

J'ai cru devoir traiter séparement ce qui a rapport au Mont-Liban, ayant dressé une statistique séparée de cette partie de la Syrie [1] dont l'administration était officiellement donnée au grand-prince et aux membres de sa famille, quoiqu'ils en possédassent déjà le gouvernement, par suite d'anciens droits féodaux.

J'y ai conservé les précédentes divisions, pour qu'il soit facile de reconnaître les différentes provinces anciennes et nouvelles.

La montagne du Liban ne doit pas avoir été plus prospère qu'elle ne l'était avant les derniers événements et jamais sa population n'a dû dépasser son chiffre actuel. [2] Je suis, au contraire, d'opinion que celle-ci s'est accrue, depuis que les chrétiens ont pu remplacer les Métoualis, dans quelques-uns des districts, et qu'ils y ont joui des bienfaits de la paix.

Le Liban produit à peine de quoi nourrir ses habitants pendant quatre mois, et c'est un grand obstacle à l'accroissement de toute population, principalement dans le voisinage d'autorités se livrant au monopole des grains, ou pouvant en faire monter les prix à volonté.

Des immigrants sont parfois venus chercher un refuge assuré à la montagne, mais à la première disette il a fallu abandonner le pays. Les régnicoles ont seuls résisté aux

[1] Tableau n° 7.
[2] En 1846.

désagrements du moment, en recourant aux anticipations qui, malgré les services qu'elles rendent, ne sont pas moins la plaie du pays. Ils avaient vu, tour à tour, fuir chez eux des habitants de cette province, lorsque des pachas despotes s'y livraient aux avanies, de sorte qu'ils ne pouvaient espérer d'être mieux ailleurs ; ainsi l'amour de leurs montagnes les retenait-il de plus en plus.

Ils y vivaient, à la vérité, dans une quasi indépendance, et sans les troubles qu'ils eurent à subir, par le fait du gouvernement turc, leur état eût été passablement heureux. Mais une fatale périodicité condamnait les habitants du Liban à des malheurs, par l'interruption de leurs travaux agricoles et industriels, et à une grande gêne, parce que les désastres ne se réparent que difficilement et lentement.

Si, par sa nature, le pays n'est pas très productif, ses habitants sont actifs, industrieux et leurs mœurs simples font qu'ils se résignent facilement à leur sort. La religion, qui est bien pratiquée à la Montagne, leur vient en aide pour les consoler dans l'infortune et leur faire entrevoir des temps meilleurs, qu'ils devront à leur soumission à la volonté de Dieu et à leur application au travail.

Les Maronites ont toujours donné des preuves de leur religieuse subordination au pouvoir légitime et on ne saurait les citer, dans les nombreux soulèvements auxquels se livrèrent les diverses peuplades de la Syrie, sans en excepter les Druses, quoique dépendants du prince du Liban, mais qui se révoltèrent aussi contre lui.

Un Maronite s'adresse à son évêque, lorsqu'il ne veut pas recourir à l'émir, contre le cheikh dont il a eu à se plaindre, et le respect que l'on porte aux prélats fait que leur décision est toujours acceptée.

Le juge en titre de la Montagne est d'ailleurs un évêque, et l'on comprend que si les Maronites préfèrent s'adresser à lui, plutôt que d'aller aux cadis des villes, c'est que l'équité de ceux-ci est tout-à-fait problématique, surtout lorsqu'ils ont affaire à des adversaires haut placés ou d'une autre religion qu'eux.

Le Liban ne produit proprement que de la soie et du tabac, les oliviers qu'on trouve à ses pieds ne donnant pas une récolte pouvant fournir à des cargaisons d'huile pour l'extérieur.

Le mûrier vient très bien dans toutes les parties basses et tempérées de la montagne, mais c'est grâce aux laborieux travaux de ses habitants, qu'il a pu être multiplié au point où il l'est maintenant, car cet arbre se trouve planté partout où la terre végétale a pu être retenue, ou restituée à des cavités d'où des torrents l'avaient emportée

Les montagnards ne se bornent pas à ces deux opérations. Ils viennent à bout des rochers, employant la mine à faire sauter les blocs, qui les embarrassent, et les remplaçant par de la bonne terre qu'ils vont prendre çà et là.

Leurs semailles ils les éparpillent ; aussi n'est-il pas un trou qui, à la moisson, ne donne quelques épis.

Leurs arbres fruitiers, principalement le figuier, sont plantés sur des pans de terrains qu'on s'est menagés, à force d'art, et qu'on doit bêcher à la main, lorsqu'on ne peut y promener la charrue. Ce n'est pas sans étonnement qu'on la voit quelques fois, circuler dans des ceintures d'arbres autour des coteaux.

Les vignes, très-variées, ne doivent pas être considérées seulement sous le rapport du fruit et du vin qu'elles produisent, mais sous celui du *deubs* (raisiné) parce que les

Libanais y ajoutent des figues et que cette confiture compose, avec du pain, le repas de midi d'une grande partie
des paysans ; leur bouillie, ou leur seul ragoût, fait avec le
légume de la saison, est reservé pour le soir.

La tisseranderie constitue la principale industrie du pays;
seulement elle emploie, selon les quartiers, le coton et la
laine ou la soie et le coton. Dans le haut Liban, et dans la
plupart des villages, les femme filent et les hommes tissent,
et les toiles, blanches ou bleues, servent à la consommation
locale. Il s'en exporte, cependant, une certaine quantité
qu'on vend aux Grecs de l'archipel. Cette toile a beaucoup
de consistance et elle passe pour être d'un bon usage.

A Deir-el-Qamar[1] et à Babda sont les métiers d'étoffes
légères de soie et de coton, à l'instar de Damas, et de
ceintures à l'imitation de celles de Tripoly. A Zouk se trouvent les riches manufactures des *Abeyié* et *Mechlah* dont les
prix varient de 100 à 2,000 piastres. Les *abas* plus communs sont fabriqués sur d'autres points de la montagne.

On comptait à Deir-el-Qamar 120 métiers employant, 60
quintaux de soie, coûtant 1,200,000 fr. plus 900,000 de
de frais de fabrication, pour un produit de 2,400,000 qui
laissait 300,000 fr. de bénéfice.

A Babda 40 métiers consommaient 20 quintaux de soie
du prix de 400,000; fr. les frais s'élevaient à 200,000 et les
produits à 800,000 ce qui donnait un bénéfice de 200,000.

A Zouk les métiers au nombre 125 employaient en moyenne pour 250,000 fr. de soie, laine, coton-filé et fil d'or,

---

[1] Les manufactures de cette petite ville n'existent plus depuis les désastres de 1860 et probablement elles n'y seront
pas rétablies, parce que de pareils malheurs sont irrépara-
bles sous un gouvernemunt comme celui de la Turquie.

quant aux frais de fabrication et aux profits ils étaient relatifs aux commandes, mais il pouvaient-être calculés à plus de la moitié du prix des matières consommées.

Quelques fabricants de Zouk exécutent maintenant des tissus propres à des pantoufles, bonnets (grecs), sacs et bourses, qui n'ont pas mal pris en France , grâce à leur cachet oriental.

L'occupation des femmes des bourgs est de dévider la soie, car dans les villages et les hameaux elles suffisent à peine aux soins du ménage et aux travaux de la campagne, pour lesquesls elles secondent leurs maris.

A l'époque de l'élève des vers-à-soie le temps leur suffit si peu qu'elles sont obligées de se faire aider. Mais ces cas sont rares, attendu qu'on trouve dans chaque famille des filles ou des garçons pouvant assister les chefs, les mariages libanais étant tous favorisés d'une nombreuse progéniture.

J'ai dit que l'usure était la plaie du pays : Elle en est la ruine ; parce qu'une fatale habitude fait généralement vivre les hahitants sur leurs récoltes pendantes. Aussi ne sont-elles pas plutôt faites qu'ils les livrent à leurs honnêtes fournisseurs , sur les prix réglés d'avance avec un bénéfice de dix pour cent.

Cet avantage serait légalement acquis , comme intérêt, si la dette se composait de petits à comptes en argent, reçus dans le courant de l'année, mais c'est surtout par des fournitures de denrées qu'elle a été contractée et un bénéfice en avait déjà augmenté le montant.

Le plus grand bienfait dont ou pourrait doter la Montagne serait, incontestablement, d'y créer un comptoir de crédit foncier pour faire des avances aux paysans, ou propriétaires, et se payer sur leurs récoltes.

L'usage de s'acquitter avec les produits agricoles est général, comme je l'ai dit, et les émirs, aussi bien que les chefs d'ordres religieux, le pratiquent, quoiqu'ils possèdent de grands biens et qu'ils pourraient s'affranchir, par queque bonne mesure, de cette habitude si nuisible à leurs intérêts. Mais il veulent qu'elle serve à prouver, aux pachas, qu'ils sont sans argent, puisqu'ils empruntent pour tous leurs besoins.

On assure que les princes préféraient payer un intérêt ruineux, plutôt que de toucher à des valeurs destinées à une éventualité, que leur expérience devait alors leur faire considérer comme étant imminente.

Les principales productions du Liban se calculent ainsi.
Soie 1,200 quintaux ou 240, 000 ocques (quintal de 200.)
Tabac 1,000 quintaux 180,000.

Je dirai, quant à ce dernier article, qu'on devra considérer comme appartenant au Liban les quantités portées aux rubriques *Tripoly*, *Seyde* et *Sour*, parce que ce n'est point dans ces villes que se cultive le tabac, mais dans les campagnes dépendant, en grande partie, de la Montagne.

La soie est d'une bonté relative aux divers districts qui la produisent : celle du Kastravan est la plus estimée ; aux environs de Beyrout, et sur les coteaux qui font face à cette ville, elle est assez belle; celle du Damour est recherchée pour les manufactures de Damas et d'Alep. La soie de la partie est de Tripoly passe pour être rude ; on l'emploie de préférence dans les ceintures et la passementerie.

Les vins que produit le Liban diffèrent selon les quartiers. Dans le Jubett-Becharré il est rouge et léger. Le *Zéouié* le produit blanc et il est estimé; celui du Kastravan est généralement jaune, ce qui lui a fait donner le nom de, vin d'or. Au *Kattée* il est rouge et assez épais , sans doute à cause de la cuisson qu'il subit, de même que le jaune.

Le *Solima* est renommé par sa couleur rose et son goût, qui le fait ressembler à la blanquette de Limoux. Il est des plus exquis.

Parmi toute ces qualités un connaisseur trouverait facilement des analogies avec les vins de France, d'Italie et d'Espagne les plus renommés.

Il est à croire aussi qu'une culture plus appropriée et des soins mieux entendus, donneraient de meilleurs résultats ; mais les Libanais , comme tous les orientaux, ne savent pas sortir de la route tracée par leurs dévanciers et l'identité qu'on remarque entre leur passé et leur présent se reproduira probablement dans l'avenir

J'ai rencontré plus d'une fois des qualités de vin rouge, de Tripoly, qui s'étant bonifiées au bout de quelques années avaient été pris pour du Bordeaux, sans que les personnes qui portèrent ce jugement aient voulu se laisser persuader que c'était une ressemblance de goût et de bouquet qui les induissaient en erreur.

La montagne posséde des mines de fer dont le produit annuel est de 1,200 à 1,300 quintaux, entièrement employés en fers à chevaux et en clouterie, à cause de sa malléabilité.

En 1834 on découvrit des mines de charbon fossile et celle de *Qarneil* fut longtemps exploitée par les Egyptiens, bien que les frais en fissent élever le revient au dessus de ce que coûtait le charbon de Newcastle rendu à Alexandrie.

C'était à cause du traitement payé à un ingénieur Anglais dont on ne pouvait se passer.

Ce charbon avait le défaut de n'être propre qu'aux grandes usines.

Je n'ai point trouvé de position plus avantageuse que celle de Zahlé pour une entreprise de grande culture.

C'est un gros bourg sur le penchant est du Liban, ou plutôt à ses pieds, presqu'entièrement habité par des grecs catholiques au nombre de 4 à 5,000. Zahlé tire aussi sa force [1] du voisinage de Malaqa, autre village catholique, qui n'en est séparé que par un ravin.

Toutes les terres de la vallée de Beqàa, jusqu'à la limite du pachalik de Damas, étaient possedées par les habitants de ces deux villages et comme beaucoup de propriétaires de cette province préférent louer leurs biens, que les exploiter, on aurait de fréquentes occasions d'affermer de vastes champs.

Les cultures rendent considérablement dans cette vallée et c'est ce qui avait fait vivre avec aisance les populations de ces endroits.

Le Liban a toujours été plus considéré sous le rapport religieux, que sous celui commercial, parce que nos consuls, et surtout nos missionnaires, avaient vu dans la population maronite, qui compose la grande majorité de ses habitants, les descendants des anciens croisés et de ceux qui leurs donnèrent une généreuse hospitalité lorsque, la nécessité

[1] Sa position ne l'a pas garanti de la destruction. C'est encore un grand centre de population que rien ne pourra rétablir parce qu'il avait été l'œuvre lente du temps. Il fait maintenant le pendant à la ville de Balbek ruinée par le despotisme des pachas turcs.

de fuir le fer des Sarrasins, avait fait tourner leurs pas vers cette montagne où les attirait la confiance qu'inspire une même croyance.

Ces motifs nous attachèrent de tout temps à ces chrétiens, avec lesquels les Français des comptoirs de Seyde et de Tripoly avaient de fréquentes relations, que l'habitude d'aller passer l'été dans leurs villages rendait plus intimes.

A l'occasion de quelques troubles ce fut aussi aux Maronites que les Français demandèrent un asile, et pour ne citer que deux circonstances, dont l'une m'est personnelle, je dirai que lors de l'invasion de l'Egypte et du combat de Navarin, nous trouvâmes chez cette nation le plus affectueux refuge.

La sympathie pour les chrétiens, qui s'était communiquée des particuliers aux autorités, parvint jusqu'au souverain et elle eut pour premier effet de faire arriver chez eux de zélés missionnaires qui les instruisirent dans la religion, qu'ils professaient déjà, il est vrai, mais sans en pratiquer exactement les préceptes et sans les bien apprécier.

La sollicitude royale s'était d'abord préocupée des besoins spirituels qu'avaient les habitants du Liban, et lorsque leur situation politique présenta des dangers, la France y fit également parvenir de prompts secours.

Les sultans d'alors ne prenaient pas ombrage de ce que les Maronites recouraient au roi très chrétien, pas plus qu'ils ne trouvaient mauvais que Sa Majesté intervint pour faire cesser leurs maux. Les Turcs d'autrefois étaient plus patriarcals. Ils raisonnaient ainsi : « Les souverains sont « amis ; or l'amitié a des droits, qu'on ne saurait méconnaître. Quoi de plus naturel, dès lors, que de les invoquer, ou d'y recourir ? — C'est une marque de confiance

« qui fait autant d'honneur au solliciteur qu'au sollicité.
« Ce dernier doit donc prendre cette médiation en bonne
« part et comme étant une preuve de sincère amitié. Trou-
« ve-t-on mauvais qu'un étranger intervienne pour la grâce
« d'un fils qui a pu déplaire à son père? On ne le considère
« pas comme ennemi, bien s'en faut; il doit donc en être de
« même d'une loyale sollicitation, auprès d'un souverain, en
« faveur de ses sujets qui sont aussi ses enfants. »

C'est de pareils raisonnements que je me suis servi , dans
bien des cas , avec succès.

La Montagne a eu successivement pour missionnaires des
Capucins , des Jésuites , des Carmes , des Lazaristes ; mais
de tous ces ecclésiastiques les premiers furent les plus zélés,
aussi firent-ils plus de progrès et laissèrent-ils un meilleur renom. Ils possédèrent cinq ou six maisons, dans le
Liban , desquelles ils partaient fréquemment pour porter
l'instruction chez les populations des environs , absolument
dans le même équipage et le même esprit que les premiers
apôtres.

La révolution de 1793, en abolissant les ordres religieux,
ne fit pas seulement cesser ces pieux et avantageux services ,
car en s'emparant du collège que les Maronites possédaient
à Rome, elle priva , en même temps , cette nation de la
ressource qui assurait l'instruction des ses aspirants à l'état
ecclésiastique.

Il y eut depuis lors interruption et les nouveaux missionnaires n'égalant pas tous les anciens , surtout sous le rapport de l'activité , les Libanais retombèrent insensiblement
dans l'ignorance.

La congrégation de la Propagande , justement, alarmée
de cet résultat, fit de pressantes recommadations aux Patri-

arches, et aux supérieurs des ordres monastiques maronites et catholiques , pour qu'ils entretinssent des écoles dans la Montagne et depuis une trentaine d'années le clergé et le peuple y sont un peu plus instruits.

Je ne dirai pas qu'au nombre des religieux , présentement en Syrie , il ne s'en trouve de fort recommandables , sous tous les rapports, surtout parmi les Lazaristes et les Jésuites , mais cela ne m'empêchera pas d'insister sur la nécessité d'une réforme , dans l'organisation actuelle des missions, qu'il est indispensable de soumettre d'abord à une inspection.

Celle-ci devrait être confiée à des ecclésiastiques choisis dans les divers ordres et il faudrait que sur le nombre il y en eut, au moins deux, qui sussent l'arabe.

Ils auraient à tout voir; à entendre ceux qui s'adresseraient à eux ; à ne croire que ce qu'ils verraient, et ce dont-ils s'assureraient; à prendre tous les renseignements dont ils croiraient avoir besoin, soit directement des prélats, prê-tres ou missionnaires , soit en s'adressant aux personnages qu'ils jugeraient le plus en mesure de les satisfaire.

Sur le rapport de l'inspection il serait pris des mesures qui se traduiraient en un réglement pour la marche à sui-vre dans l'envoi des nouveaux missionnaires.

Une des conditons les plus intimement liées à leur réussite est l'affranchissement absolu de l'existence des religieux, afin qu'ils puissent disposer de leurs honoraires en faveur de bonnes œuvres.

Mais avant de venir à cette décision il est , à mon avis , une grande question à décider et elle est digne de toute l'attention de la sacrée congrégation de la Propagande.

Rome fait élever des enfants maronites, que le patriarche

du Liban lui envoit, mais en général la nostalgie tue ces étrangers, ou détruit seulement leur santé ; de sorte que l'opinion que l'air de la ville éternelle est contraire aux Libanais fait que les trois quarts de ces élèves ne reussissent pas, lors même qu'ils ont échappé à l'influence du climat.

Il est vrai que pour obvier à cet inconvénient on pourrait choisir une ville d'Italie plus à portée de la mer et y fonder le collége pour les jeunes religieux destinés à faire la mission en Orient, en même temps qu'on enseignerait le Latin et l'Italien aux élèves de Turquie pour les instruire dans la théologie autrement qu'ils ne peuvent le faire avec les rares ouvrages qu'ils possédent sur cette science. [1]

La réunion de divers étudiants servirait aux uns, pour les langues orientales, aux autres pour celles d'Europe, une partie de la journée étant assignée à chacune d'elles, de façon que les élèves s'assureraient d'avance qu'ils parlent de manière à être compris.

Ce serait leur épargner les désagréments attachés à tous les débuts, et qui ne sont pas sans conséquence, surtout dans l'exercice du Saint Ministère.

A quoi servirait, d'ailleurs, l'instruction sans un moyen convenable de la communiquer ? Je ne reconnais pas à nos religieux, qui apprennent à parler un peu l'arabe, la capacité de remplir dignement leur office et je tiens, au contraire, qu'ils font plus de tort que de bien à la religion, parce qu'elle ne devrait avoir que des interprètes s'expri-

[1] De mon temps ils n'avaient que la théologie d'Antoine, mal traduite en arabe et les grecs-catholiques, travaillaient à transcrire celle de Charmés.

mant noblement , c'est-à-dire, avec la régularité et la gravité qu'exige le caractère sacré, ce qu'on ne saurait faire si l'on ne dispose que de locutions vulgaires, ou si l'on est enfermé dans le cercle étroit des notions élémentaires d'une langue.

J'ai toujours entendu dire, au surplus, que les religieux les plus instruits , ceux même qui étaient parvenus à bien apprendre l'arabe , péchaient presque tous par la prononciation et que ce défaut nuisait infiniment à l'effet de leur discours , à cause des mots qui, étant mal rendus, changeaient entièrement de sens et donnaient aux phrases , dans lesquelles ils se trouvaient placés, une tout autre signification. (1)

Je conclus qu'on doit peu espérer de la continuation de l'ancien système , tandis qu'on pourra beaucoup se promettre de l'adoption d'un nouveau mode d'enseignement.

On convient généralement que les prêtres du pays, maronites, grecs , arméniens et syriens unis, sont plus propres, à remplir le sacerdoce chez leurs coréligionnaires, que les missionnaires francs , ceux-ci ne parvenant à apprendre l'arabe , ou les autres langues , qu'au bout d'un certain nombre d'années ; or, la seule différence, à l'égard de quelques-uns , étant leur instruction, et cet avantage étant annihilé chez ceux qui sont privés du moyen de le faire valoir , je dis, selon l'axiome : qu'entre deux maux on doit choisr le moins mauvais.

Un collége serait, en conséquence, plus convenablement placé dans le Liban qu'en Italie, pour y former des jeunes

1 Voir ce qui a été dit page 135.

ecclésiastiques orientaux, et coûterait moins à la congréga-
tions de la propagande que le séminaire actuel.

Mais ce n'est pas dans la dépense à faire que réside la
difficulté, puisque cette question pourrait être résolue de
plusieurs façons : en y faisant concourir soit les évêques du
pays, soit l'œuvre de Lyon, qui s'occupe si activement de
ce qui peut répandre la foi chez les peuples encore égarés
des deux hémisphères, et l'affermir dans les catholiques.

L'instabilité des choses en Syrie et le peu d'égards dont
les prêtres indigènes étaient l'objet de la part des autorités
turques ont pu être considérés comme des obstacles sérieux,
mais l'empire ottoman est un peu changé sous le rapport
de son organisation politique et, d'après la résolution prise
par les grandes puissances à l'égard des chrétiens qui l'habitent, résolution qui ne peut toujours demeurer sans
quelque effet, il sera permis d'espérer qu'ils jouiront de
toutes les prévenances auxquelles ils peuvent raisonnablement prétendre. [1]

[1] M. Guizot dans un discours à la chambre des Pairs en
1845 a dit :

« Les horreurs qui désolent en ce moment la montagne du
« Liban ne fournissent que de trop justes griefs à des popula-
« tions déjà peu satisfaites de leur situation habituelle. Que de
« coupables ambitions, que des intrigues révolutionnaires
« cherchent et réussissent parfois à s'emparer de ces légiti-
« mes mécontentements pour les faires concourir à d'odieux
« projets de bouleversement et d'anarchie, rien n'est plus
« certain. C'est un devoir de loyauté comme un acte de sa-
« gesse pour les puissances alliées de la Porte, de travailler
« à faire échouer ces projets, mais le meilleur et peut-être le
« seul moyen d'y réussir c'est d'enlever aux agitateurs leurs
« armes les plus puissantes, c'est-à-dire de soutraire les
« chrétiens orientaux à l'intolérable oppression sous laquelle

Si d'ailleurs, la Cour de Rome reculait devant les frais d'un collége spécial à la Montagne, et qu'elle ne voulût pas consentir à ce qu'on la suppléât, la Sacrée Congrégation pourrait imposer aux divers ordres religieux, si ce n'est aux évêques, comme il a été déjà dit, l'obligation de former des sujets propres à remplir la mission dans les pays où existent des fidèles de leur rites. [1]

Ces ordres se réunissant pourraient fonder un collége en

« ils gémissent. Qu'ils cessent d'être en proie à toutes sortes
« d'iniquités et de misères, qu'ils voient leur condition s'amé-
« liorer graduellement par des voies régulières et pacifiques,
« ils seront bien moins enclins à poursuivre leur but à tra-
« vers les chances terribles des révolutions, et les intrigues
« anarchiques perdront leur principal moyen de succès. Quel-
« que difficile que puisse être une telle entreprise, elle n'est
« pas, nous le croyons, au-dessus des forces des puissances
« alliées de l'empire ottoman. »

On verra par ce qui sera dit, de la situation des Maronites dans les villages où ils habitent avec des Druses, que l'autorité du sultan souffre qu'ils soient tyrannisés et que ses hauts alliées le laissent faire !

[1] Cette esquisse était écrite lorsque j'ai lu dans les annales de la Propagation de la Foi, que le Patriarche de Jérusalem avait ouvert deux colléges à l'usage des jeune orientaux qui, se destinant à l'état ecclésiastique, deviendront des missionnaires dans leurs pays. C'est donc la réalisation de mon projet qui a lieu avant même qu'il ait été publié, quoique j'en aie souvent parlé en Orient. Mais s'il est dû à l'initiative de ceux qui cherchent le bien, n'est ce pas une preuve qu'il suffit de le vouloir pour y arriver ? Ces colléges sont placés l'un à Bethléem et l'autre à Gazir et ces deux situations sont des plus heureuses : la première parce qu'elle donne au Patriarche un moyen facile de surveillance et la seconde par la raison que ce sont les jésuites qui en ont la direction.

commun et y appeler les professeurs nécessaires, en attendant de se suffire à eux-mêmes.

Il faudrait, seulement, qu'ils fissent traduire de nouveaux ouvrages d'instruction ecclésiastique et le nombre en serait augmenté au fur et à mesure qu'on en sentirait le besoin.

Comme beaucoup de pays, le Liban a eu ses phases de bonheur et de malheur et il les a dues à ses gouvernements, selon qu'ils étaient bons ou mauvais.

Dans les temps modernes Dgezzar-Pacha, de cruelle mémoire, avait ruiné la Montagne en y suscitant plusieurs fois la guerre civile et en faisant payer cher à ses habitants l'ordre qu'il rétablissait parmi eux, sans le leur garantir, toutefois, pour en exiger, quelque temps après, une nouvelle rétribution.

Soliman, l'antipode de l'autre pacha, puisqu'il était le modèle des gouverneurs vertueux, fit jouir vingt-ans la Syrie d'une paix parfaite et cette période fut la plus prospère de tout ce pays.

A l'avénement de son successeur, Abdalla-Pacha, les partis songèrent de nouveau à se remuer et, en 1825, le ministre du prince du Liban, qui jouissait du droit de commander ses troupes, se mit à la tête du parti Druse pour détrôner son maître. Mais le Pacha d'Acre vint au secours de l'Emir et le cheikh Béchir Djomblat, ainsi que ses fauteurs, furent pris et plus tard exécutés. Le gouverneur de la province, agissant en faveur du prince, avait considéré l'action des cheikhs druses comme attentatoire à l'autorité légitime, et le Grand Seigneur l'approuva.

Restés tranquilles, jusqu'en 1837, ce fut contre l'autorité Egyptienne que les Druses se révoltèrent cette fois, à cause des fréquentes réquisitions d'hommes qu'on faisait parmi eux , pour le service militaire, tandis que les chrétiens n'étaient soumis qu'à des corvées, les éloignant cependant de leurs foyers qu'ils ne revoyaient plus, pour la plupart.

Les Druses , en secouant le joug, se replièrent sur un point du Hauran réputé inexpugnable et, d'ailleurs, si ardu, qu'Ibrahim-Pacha sacrifia vainement des régiments pour les en chasser.

L'insuccès de ses efforts, avec des troupes régulières , fit qu'il appella à son aide Mustapha-Pacha de Candie, sans que les deux mille Albanais qu'il commandait produisissent le résultat désiré.

Ce fut alors que le général Egyptien recourut au prince du Liban et que les Maronites eurent seuls le mérite de réduire les rebelles.

Il est à propos de faire remarquer que cela se passait pendant que les Turcs formaient sur l'Euphrate leur armée qui fut battue à Nésib, et que le soulèvement des Druses dut avoir pour but d'occuper les Egyptiens dans le centre de la Syrie.

La profonde impression de ce double échec eut naturellement pour effet d'accroître la haine des Druses et de courroucer encore plus le Divan de Constantinople contre les chrétiens du Liban.

De là la promptitude avec laquelle la vengeance fut exercée, puisqu'en 1841 on préluda aux plus grands malheurs, exécutés, deux ans après, avec d'autant plus d'acharnement que les autorités et les troupes turques pretèrent leur infâme concours aux Druses.

Ces évènements provoquèrent une indignation générale

et des discours parlementaires témoignèrent des sentiments de l'Europe pour les chrétiens de Syrie.

Mais un anglais, par exception, osa dire que les Maronites ne valaient pas mieux que les Druses et il vanta néanmoins la bravoure de ceux-ci, autant que leur tolérance religieuse...., injure que M. de Maleville releva du haut de la tribune, avec une noble indignation. « La tolérance re- « ligieuse, dit-il, de misérables barbares qui n'ont pas « même de foi positive, qui égorgent les prêtres, qui ou- « tragent les femmes, incendient les couvents. » [1]

L'organe du gouvernement britannique remplit sa tâche en défendant une nation dévouée, depuis qu'elle lui devait sa délivrance de la domination Egyptienne, et comme les Anglais avaient travaillé, sans relâche, à se faire un parti en Syrie, ils étaient obligés de protéger ceux qui, les accueillant si bien, allaient servir ultérieurement leurs vues sur ce pays.

Les Anglais ignorent-ils que ce peuple est, autorisé à promettre sa sympathie à toute nation prépondérante? mais, s'inquiétant peu des dogmes de ces montagnards, c'est à titre d'antagonistes des chrétiens voués aux Français qu'ils les acceptaient principalement.

Les Turcs, dans leurs imprévoyance excessive, loin de prendre ombrage de ces menées de l'Angleterre, ne virent en elle que la restauratrice de leur pouvoir en Syrie, malgré la formidable puissance de Méhémet-Ali qui ne les avait que trop humiliés, et attendu que la France avait paru rester attachée à ce vice-roi; il s'en suivait qu'elle était leur ennemie; de là toute la bienveillance du Divan, des Turcs et

[1] Séance du 15 juin 1846.

des Druses pour les Anglais, et leur aversion pour les chrétiens catholiques, dont l'affection est exclusivement dévolue aux Français.

Ce furent pourtant les Maronites qui, en prenant parti pour la coalition, déterminèrent en 1840 la retraite des Egyptiens !.... Il est notoire qu'à cette époque deux émissaires d'une ambassade étaient allés annoncer à ces chrétiens que la France intervenait aussi et que ses vaisseaux leur apportaient des armes et de l'argent ; car sans ce stratagème Ibrahim eut trouvé un solide appui dans le Liban, et il est peu probable que les 6,500 soldats turcs et anglais qu'on avait à lui opposer, eussent osé l'y attaquer.

Les sentiments d'exécration provoqués par les évènements que j'ai rapportés n'ont fait qu'augmenter avec le temps et les boucheries des mois de juin et juillet 1860 en sont la preuve funeste et incontestable.

Si la très-fâcheuse position des Maronites de la partie sud du Liban n'excita que faiblement, en 1842, la pitié particulière de la France, son ancienne protectrice, elle sembla la toucher plus vivement lorsque réunie, dans sa sollicitude, aux autres grandes puissances, on décida que les chrétiens ne seraient plus exposés à la brutalité des chefs druses, dont le despotisme est autrement effréné que celui des Turcs, je dois cette justice à tous les deux. Mais il est arrivé, comme d'ordinaire, que les mesures arrêtées n'ont pas été exécutées ; que le résultat, du moins, n'a point répondu, au vœu des souverains intervenants, ce qui ne ferait pas l'éloge de leur bienveillance, convertie, cette fois, en une vaine démonstration, quoiqu'il se soit agi d'opprimés bien dignes de tout leur intérêt.

La conduite machiavélique de la Porte n'eut point pour

mobile la crainte que les Maronites lui avaient, prétendait-elle, inspirée, mais son ingratitude.

Les chrétiens ayant puissamment concouru à faire lâcher pied aux Egyptiens, avaient espéré que ce service, comme leur dévouement au Sultan, leur auraient valu quelque faveur, et ils furent jusqu'à articuler des demandes, ou des plaintes, qui n'étaient que des vœux; mais en les jugeant avec prévention, on leur supposa des prétentions, même des idées d'indépendance.... Eh! par quels moyens y seraient-ils arrivés? — En se soulevant d'abord, et en s'adressant ensuite aux puissances chrétiennes, à la France surtout. Comme si les nations civilisées donnaient le scandaleux exemple de soutenir la révolte contre la souveraineté légitime.

Mais loin de faire cette réflexion les ministres ottomans agirent dans le sens de leurs conjectures, et par suite de leur hypocrite principe ils cherchèrent à diviser, pour affaiblir et subjuguer. [1]

C'était pourtant méconnaître la bonté d'une organisation qu'il eut fallu conserver, pour servir de modèle aux autres provinces, au lieu de la remplacer par le nouveau régime généralement désapprouvé, parce qu'il ne réussit nulle part.

Le gouvernement de la montagne par l'émir Béchir était, celui d'une grande famille sous la puissance d'un père éclairé, sage et prudent. Ceux qui ont pu s'en plaindre n'ont pas considéré qu'il n'a pressuré son peuple qu'à cause des injustices du Pacha d'Acre, auquel il ne pouvait résister,

---

1 M. Saint-Marc Girardin, un des écrivains les plus exacts sur la Turquie dit, avec juste raison, dans la *Revue des deux mondes*, que « l'art de diviser et de désunir ses adversaires « est depuis longtemps en usage chez les Turcs » XXXVIII 478. C'est en quoi ils font consister toute leur habilité.

sans attirer de plus grands désastres sur la Montagne, ce qui le faisait plier à ses exigences quelque dures qu'elles fussent.

Il n'y avait pas au monde un pays plus sûr que le Liban, au temps où un prince chrétien le gouvernait, et ce bien-être était général, malgré les rares désagréments que ses habitants avaient eu à essuyer, en différents temps, toujours par la faute des autorités turques; ce qui manquait au pays étant la bienveillance et la sollicitude du pouvoir supérieur ottoman.

Les ministres du Sultan n'ont pas ignoré les véritables sentiments de cet émir, puisque je sais que par deux fois il leur adressa les protestations les moins équivoques.

La Porte a dû reconnaître, plus tard, que si ses appréhensions ont diminué, par rapport à ses ennemis imaginaires, elle est plus sérieusement préoccupée à l'égard de ceux biens réels qu'elle s'est faits par sa conduite.

Ce sont les autorités turques qu'il faut accuser de l'insuccès des mesures prises, au nom des grandes puissances, pour sauvegarder les intérêts des chrétiens dans les pays mixtes, car si les pachas de Beyrout avaient tenu la main à l'exécution de l'organisation dite de Chekib-Effendy [1] il n'est nul doute qu'ils n'y fussent parvenus; mais tel est le sort de toutes les mesures qui se prennent en Turquie: elles sont ordonnées et puis.... elles tombent dans l'oubli.

---

[1] On a donné ce nom à cet arrangement parce qu'il eut lieu du temps de ce ministre que M. de Maleville qualifie dans le discours déjà cité « de plus perfide et de plus hypo- « crite des persécuteurs, ». On en dit autant à l'occasion de l'envoi en Syrie de Fuad-Pacha, connu à Constantinople pour être le plus astucieux des membres du Divan.

Le premier partage du gouvernement de la Montagne, en deux principautés, l'une chrétienne et l'autre druse, avait paru tellement injuste, à cause de la quantité de Maronites qui se trouvaient sous l'autorité de leurs ennemis, que, par un second arrangement, on plaça deux vékils druse et chrétien dans la principauté druse, et des cheikhs, également des deux religions, dans les villages mixtes, pour que ces cheikhs eussent recours aux Kaïmakams respectifs, et ceux-ci au Pacha de Beyrout, toutes les fois qu'ils n'auraient pu juger les différends survenus entre les deux nations. Mais au lieu de cela, ce sont les *Mokatagis* (grands propriétaires) druses qui gouvernent seuls,[1] et s'ils ont auprès d'eux un vékil (agent) chrétien, c'est un homme qu'ils choisissent et qui est parfaitement nul.

Ces mokatagis exercent d'ailleurs un horrible despotisme sur les populations qui leur sont ainsi livrées, et les Kaïmakams, privés de moyens de répression, recourent vainement au pacha, qui est bien aise de faire trouver mauvais *l'arrangement combiné par les gouvernements francs.*

Cela explique en même temps pourquoi le pouvoir ne se prête pas à l'amélioration de la situation actuelle, espérant la voir empirer toujours plus, et se trouver forcé de mettre entièrement la Montagne sur le pied des autres pays musulmans, c'est-à-dire sous l'autorité immédiate du Sultan, au lieu de lui conserver cette apparence d'organisation privilégiée.

---

1 Il a été dit cependant à la tribune française : « qu'un « travail qui s'opérait dans les esprits en Syrie devait amener la fin des misères des chrétiens, qu'une métamorphose « se faisait, et qu'elle tendait à détruire le pouvoir de la féodalité des Druses. » *Le Correspondant*, T. XXIII, p. 92.

Un pareil calcul, aussi impolitique qu'il est inhumain, amènera sans doute un effet contraire à celui qu'on se promet, les désordres, qui se perpétuent dans le Liban, n'ayant pour but que d'opprimer les chrétiens, à cause de leur attachement à la France et aux nations civilisées qu'ils considèrent comme leurs protectrices naturelles ; mais « le « jour où l'Europe chrétienne voudra que la population « chrétienne de Syrie soit sauvée, le jour où elle voudra « échapper à la honte de voir exterminer sous ses yeux « une population qui a des privilèges séculaires et qui « semble n'être vouée à la destruction que du jour où cinq « grandes puissances du monde l'ont prise sous leur pro- « tection ; le jour où cette opinion aura éclaté aux tribunes « dans les deux pays, dans tous les pays de l'Europe, ce « jour là les chancelleries commenceront à comprendre « qu'il y a dans cette explosion une force à laquelle on ne « résiste pas. » [1]

La politique de l'Angleterre est évidemment d'acquérir en Orient une influence qui l'aide à rendre toujours plus rapides ses rapports avec l'empire de l'Inde, et dès lors on doit croire qu'il soit dans les desseins de son gouvernement de posséder tous les points pouvant servir d'échelons aux deux voies choisies, l'une par la Syrie, momentanément abandonnée, l'autre déjà exploitée par la mer Rouge.

La prise de possession d'Aden lui avait suggéré la pensée de négocier la cession de Suez, ou celle d'un privilège quelconque de transit dans ce pays, et c'est son insuccès qui l'a fait revenir à ses vues sur l'autre province. [2]

1 M. de Malleville, discours à la tribune déjà cité.
2 Sans que cela l'ait empêchée de s'établir dans l'île de Périm.

La possession de la Syrie méridionale rapprocherait, en effet, les Anglais du but qu'ils veulent atteindre par l'Egypte.

C'est pourquoi un auxiliaire étranger, de quelque valeur, leur devenait indispensable en Syrie et, ne pouvant compter sur les Maronites ils ont jeté leur dévolu sur les Druses, vrais protées, puisque l'un de leurs préceptes est de se reproduire dans la religion de toute nation *dominante*, sans cesser d'être unitaires; faculté qu'un cheikh Aqqel influent, vendu à l'Angleterre, pourrait faire valoir, en insinuant à ses coréligionnaires que ce royaume est indubitablement dirigé par un de leurs apôtres occultes, répandus dans les deux hemisphères, en attendant que Hakem vienne dévoiler leurs pouvoirs et leurs donner l'empire du monde reservé aux Druses.

Les Anglais avaient, également une vengeance à exercer contre les Maronites, visiblement hostiles aux agents biblistes, malgré le soin de ceux-ci de cacher leur nationalité sous des qualités étrangères.

Mais les habitants du Liban, qui vivaient dans une parfaite union entr'eux, quoique au milieu de tant d'éléments de désordre, pouvaient-ils souffrir que de nouvelles pierres d'achoppement vinsent tomber dans leurs montagnes, eux qui étaient déjà entourés de fanatiques, Grecs, Musulmans et Druses?

S'il fallait condamner la conduite des Maronites, les faibles succès de ces agents suffiraient pour justifier l'opposition rencontrée dans cette nation, les *conversions* de quelques sujets irréligieux, ou immoraux, n'ayant eu pour effet que de semer la discorde là où régnait la paix.

Ce fut à la suite de ces tristes résultats, et de faibles intelligences secrètes que les biblistes parvinrent à se procurer dans le Liban, que le clergé dut prendre des mesures rigoureuses et que les Anglais, devenus suspects à tous les chrétiens, ne purent circuler dans ce pays sans ressentir la réprobation attachée à leur nom.

Ils s'en plaignirent amèrement et il blamèrent ceux qui leur avaient préparé un si fâcheux accueil, là où leur nom, synonime de splendide, leur en valait un excellent.

En quittant ses foyers, le voyageur abjure tout esprit de parti, en même temps que ses préjugés contre les peuples, que son éducation l'avait appris à mal connaître, et aussitôt qu'il touche le sol étranger il devient cosmopolite. Au fait, c'est le véritable sentiment que doit avoir un touriste, s'il veut trouver partout des visages riants et des cœurs ouverts.

Les circonstances qui aidèrent l'Angleterre à nous supplanter en Syrie, furent nombreuses, et cependant sa seule intervention, sans la France, pour y rétablir le pouvoir ottoman, lui a valu la sympathie de ses habitants, tellement la domination Egyptienne, que nous soutenions, avait fini par les exaspérer.

Les Anglais ne se sont pas bornés à diriger les opérations stratégiques, mais ils ont veillé à l'exécution des premières mesures, pendant la reprise de possession, faisant sentir partout l'effet de leur puissante influence.

Ce fut, en conséquence, le gouvernement britannique que le peuple syrien dut considérer comme son libérateur, tandis que la France passa pour avoir voulu défendre ceux dont le règne leur était devenu odieux.

Notre influence n'aurait pas eu, précisement, à souffrir de ce fait dans le Liban, mais l'abandon dans lequel nous laissâmes les malheureux chrétiens, pendant les deux guerres iniques que leur firent les Druses, aidés par les Turcs et excités par des hommes jaloux de notre préponderance, bien que nous ne l'eussions exercée que dans des vues d'humanité, refroidit sensiblement les Maronites à l'égard de *leurs protecteurs actuels et de leurs libérateurs futurs, comme* les qualifiait M. de Lamartine[1]

Le Liban compte plusieurs ordres monastiques, mais loin de lui être à charge ce sont eux, au contraire, qui l'ayant fait prospérer, l'entretiennent dans l'état florissant qu'il conserve malgré ses vicissitudes.

Les corporations monacales ne sont, en effet, que des associations d'individus qu'un esprit religieux attache à la règle, qu'ils se sont imposée, de vivre saintement par la prière et le travail.

Leur temps est, en conséquence, partagé entre l'accomplissement de ces deux devoirs et il faut dire qu'ils s'en acquittent avec beaucoup d'exactitude.

Si les novices et les frères convers sont employés aux travaux des champs, les religieux, revêtus du sacerdoce, exercent dans les couvents les métiers les plus utiles, tels que ceux de tisserands, tailleurs, cordonniers, menuisiers, ferriers, etc.

Le grand monastère de St.-Antoine à *Koshaya* possède une imprimerie syriaque, et un relieur lui étant devenu nécessaire, des religieux se sont aussitôt attachés à apprendre cet art.

Les Grecs catholiques ont également une imprimerie à *Chouaïr* et ses caractères sont arabes; elle est par conséquent

[1] Voyage III. 22.

d'une utilité plus générale que celle des Maronites, qui n'est propre qu'à leur liturgie.

Un autre couvent considérable de catholiques est celui appelé *Deir-el-Mekhallés* (St.-Sauveur). Il fait, toutefois, regretter qu'aucune règle n'ait été consultée lors de sa construction, le développement qu'il a acquis étant dû à des augmentations successives qui en ont fait un vaste bâtiment, dans lequel on chercherait vainement à appliquer quelques idées d'art ou de goût, même vulgaires.

Ce monastère sert à la fois de séminaire et les élèves n'y sont pas seulement occupés des études relatives à l'état ecclésiastique car ils y apprennent l'arabe littéral, la réthorique et le plain chant, d'après la méthode grecque.

Les Maronites ont également deux séminaires dont l'enseignement est convenablement dirigé. Dans les grands couvents, ce sont des religieux instruits qui s'occupent, par des cours spéciaux, à former l'esprit de leurs confrères, dont l'éducasion a été négligée, ou qui serait susceptible de perfectionnement.

Je ne donnerai pas plus de développement à ce que le tableau du Liban contient, sur le nombre des prélats, des religieux et des prêtres des divers rites, mais je ferai connaître, par quelques citations, que si le clergé est exposé à des accidents en Syrie c'est à la protection dont il jouit qu'il doit d'y échapper, les autorités chrétiennes, ecclésiastiques ou civiles, étant sans moyen de les défendre, ou ne voulant jamais recourir contre les décisions du pouvoir, qu'elles savent être sans appel et ne souffrir aucun délai.

Les rares apostasies de religieux, ou frères-lais, causaient un tel retentissement, que c'était rendre un immense service à la religion que d'intervenir pour en empêcher le funeste effet, Je vais rapporter quelques-uns des cas où je dus agir pour épargner aux ordres monastiques les désagréments dont ils furent menacés par le reniement de leurs membres.

Un laïque de St.-Antoine se présenta, en 1828, à Abdalla-Pacha, qui était venu à Seyde, lui déclarant qu'il avait eu le bonheur d'entrer dans la religion de Mahomet et le suppliant de lui faire rendre une malle d'effets, un fusil et 1,500 piastres que lui retenait son supérieur.

Comme, en pareil cas, on est cru sur parole, le Pacha ordonna à l'Emir Béchir de faire droit à l'heureux converti et le prince d'expédier aussitôt un garnissaire à son couvent. Le supérieur craignant moins l'avanie, en elle-même, que son pernicieux exemple, vint me trouver pour que j'eusse à le tirer d'embarras, aucune objection ne lui étant permise, quant à lui.

J'écrivis au Pacha que, pour légitimer les réclamations de de l'ex-religieux il fallait qu'elles fussent constatées et que je désirais que l'individu se présentât au tribunal de Seyde où j'enverrai le mandataire du supérieur.

Ayant choisi un homme intelligent, il posa des questions auxquelles le demandeur ne put répondre, et il fut dès lors reconnu que le rénégat, n'ayant possédé ni habillements, ni fusil, ni argent il ne pouvait lui être accordé ce qu'il revendiquait.

L'irréussite de cette tentative eut aussi pour résultat de faire rentrer la brebis égarée au bercail.

Un autre laïque, ne pouvant supporter un châtiment qui lui était infligé, força sa prison et vint à Beyrout pour faire sa déclaration au Cadi; mais le tribunal n'ayant pas encore ouvert sa porte on vint me prévenir de l'intention de ce laïque. Le connaissant déjà, je n'eus pas de la peine à le détourner de son funeste dessein , et je parvins à le réintégrer dans sa congrégation.

Celle de St.-Antoine fut encore menacée de se voir enlever un terrain devenu productif par les travaux qu'on y avait faits , sa valeur ayant plus que décuplé depuis son achat; c'était , prétendument , parce que la vente en avait eu lieu pendant la minorité de l'un des propriétaires. Les religieux recoururent encore au consulat et attendu que la loi turque accorde l'initiative du tribunal à l'accusé, sachant fort bien que nous serions condamnés à Damas, où l'intrigue avait été montée , on fit assigner les reclamants à Tripoly et cette seule disposition , à laquelle ils n'avaient point pensé, croyant avoir affaire à des moines sans protection, suffit pour les faire renoncer à leur injuste prétention.

Lors de la séparation des religieux Melchites, les Alepins appréhendant l'injustice de leurs confrères les Libanais, dans le partage du bien commun, voulurent profiter de ce que les ornements sacrés étaient en leur pouvoir pour en détourner quelques pièces, mais la soustraction ayant été reconnue, on en rechercha l'auteur et, selon les lois canoniques , sa punition devait être des plus rigoureuses.

Les religieux en étant venu à une explication rien ne put affaiblir, aux yeux des Libanais, l'énormité du crime et ce ne fut que lorsque , dans son exaspération, le voleur officieux se fût réfugié chez moi, qu'ayant fait venir toute l'argenterie et les principaux religieux, des deux pays , je parvins à les mettre d'accord, leur épargnant ainsi un grand scandale.

Au surplus, l'autorité du consulat n'était pas seulement

réclamée en faveur de ces religieux, car elle sévissait aussi contre eux, sans qu'on osàt la méconnaître,

A la suite de longues dissensions, pour l'élection du supérieur général de l'ordre de St.-Antoine, Rome dut se prononcer, en condamnant à l'exil le P. Arsénios, auteur de ces troubles ; si ce n'est que, ce religieux étant fortement soutenu, la sentence ne pouvait être exécutée, malgré les démarches de l'archevêque délégué du Saint-Siége et son voyage auprès du prince Béchir qui, voulant éviter un déni de justice, le renvoya au patriarche Maronite, dont l'impuissance était notoire, au milieu de la conflagration des esprits qui s'étaient partagés en deux camps.

Ce fut, en conséquence, une nouvelle occasion de faire sentir au délégué que l'ordre de Rome n'aurait son accomplissement que par l'intervention de la France. Aussi, je n'eus pas plutôt reçu la demande d'agir que je songeai à éloigner le moine ambitieux, malgré la résistance opiniàtre de son parti, qu'il fallut menacer d'un recours au gouverneur général Musulman, puisque le jugement devait recevoir son effet.

Le P. Arsenios vint alors se livrer au consulat pour subir sa condamnation, et ce ne fut qu'après huit mois d'exil, dans l'île de Chypre, que j'obtins de le faire revenir au Liban.

On assure que les revenus du Liban, c'est-à-dire des gouvernements actuels, des Emirs Haïdar et Ruslan, de même que des pays administrés par des lieutenants de l'autorité turque, ne s'élèvent pas à plus de 4,000 bourses, environ 460,000 francs, et que la plus grande partie de cette somme est employée en traitements et en frais.

Avant les affreux événements que la Montagne a eu suc-

cessivement à subir , j'avais calculé que « le chiffre total,
« des impots directs et indirects, pouvait s'élever à environ
« 12,000 bourses (2,400,000 francs). [1]

Si le Sultan a été impuissant à réparer les malheurs passés
il en subit, du moins, les conséquences : Solon a dit : « l'in-
« justice est toujours la ruine infaillible des empires. » La
Turquie est une nouvelle preuve de cette antique *vérité*.

Je ne clorais pas cette courte description du Liban, sans
avouer que les nombreux inconvenients que présente la fâ-
cheuse position des chrétiens, de cette montagne , proviennent uniquement de la fausse route qu'à prise le gouvernement Turc , depuis qu'il a quitté la voie de la justice,
envers ces sujets , pour errer dans les sentiers tortueux de
l'astuce et de l'arbitraire.

S'il eut sévi , en effet , contre les Druses , comme tout
l'y obligeait, le déploiement de ses troupes eut été inutile en
Syrie et maintenant il est contraint de l'étendre au pays des
Maronites, qui n'ont pas cessé d'être soumis, sans qu'elles
contiennent les Druses , l'impunité les ayant enhardis au
point qu'il a fallu détruire, deux de leurs grands villages ,
pour mettre fin au brigandage auquel ils se livraient.

C'est par suite de cette attitude perfide que le Sultan se
trouve agir dans le sens le moins favorable à ses intérêts ,
en achevant de s'aliéner l'esprit des chrétiens du Liban, et
ceux de la Syrie, sans rien gagner du côté des Druses, qui
lui seront éternellement hostiles, leur religion les portant à
haïr les Turcs plus que les autres nations.

1 Beyrout et le Liban II. 143
2 Revue des Deux Mondes, p. 470 et suiv.

La Porte Ottomane avait d'ailleurs , dans la population du Liban, un auxiliaire d'autant plus commode et sûr que sa position , au milieu de la Syrie , et son rîte, qui diffère de celui Grec , faisaient qu'elle en disposait sans perte de temps et avec une entière confiance.

Sans remonter aux temps anciens, je pourrais citer des faits, dont j'ai été le témoin depuis ce siècle, d'interventions de l'Emir Béchir , ou de ses troupes , pour la soumission de gouverneurs rebelles, des districts de Tripoly et de Seyde , et à Damas même , le pacha de cette ville ayant secoué le joug , sans que le Sultan fût autrement en mesure de le réduire qu'en faisant appel aux Libanais.

Quel meilleur moyen d'action le gouvernement ottoman pouvait-il donc espérer, qu'une force militaire ne lui coûtant rien et étant prête à marcher, à toute réquisition, en Syrie, après avoir défendu son propre pays, qui n'a pas moins de quinze myriamètres d'étendue !

Nous sommes la nation la plus guerrière de monde et cependant nous avons formé des régiments de troupes étrangères et depuis la conquête de l'Algérie, sans repousser les volontaires musulmans, qui ont voulu nous servir le métiers des armes étant leur seule ressource, ni les fondre dans les rangs français , nous en avons fait des corps de Turcos.

Mais les ottomans ne nous ressemblent en rien, du moins foncièrement, car ce serait en vain qu'on prétendrait que les mêmes causes produissent chez eux les mêmes effets que chez nous. J'expliquerai, tout simplement, cette anomalie en déclarant que c'est uniquement à l'apparence qu'ils pratiquent les qualités qui distinguent les nations civilisées,

PACHALIK DE JÉRUSALEM.

Le tableau de ce gouvernement [1] comprend son étendue actuelle, car, avant 1844, sa circonscription avait été réduite à ses districts environnants, sous l'autorité d'un *Mollah*, envoyé de Constantinople, ou d'un mutsellem, nommé par le Pacha de Damas.

Ce pachalik, généralement montagneux, ou rocailleux, est peu habité et, attendu que les arbres y sont rares, son aspect est des plus désolants. On y franchit de grandes distances sans rencontrer la moindre trace de culture, et si le pays n'était pas accidenté on pourrait le comparer à un désert.

Les alentours des villes sont seulement exploités, et les villages, qu'on aperçoit çà et là, encadrés de terrains remués par la charrue, sont aussi ornés de quelques arbres.

JÉRUSALEM.

Cette ville ne produit plus que les objets de dévotion que ses habitants et ceux des villes voisines composent avec le nacre, l'ébène, le buis, un fruit de l'Yémen, espèce de coco, le bitume de la mer Morte et les noyaux des olives. Le savon parfumé et quelques verroteries entrent également dans l'assortiment des souvenirs que les visiteurs emportent des vénérables sanctuaires.

Ce sont ces fabrications et les loyers perçus des divers pèlerins, qui font vivre les habitants de Jérusalem et des autres lieux-saints.

[1] Voir le tableau n° 8.

Le commerce de cette ville est, en effet, purement de consommation, ne fournissant qu'aux gens de la campagne et des villes les plus rapprochées, celles qui ont des rapports avec les ports de mer, ou avec Damas, préférant puiser aux grands entrepôts.

C'est toujours vers pâques que les villes de la Terre Sainte prennent une certaine animation, par l'affluence des pèlerins et le mouvement que leur impriment les ventes et achats, beaucoup d'entr'eux aimant singulièrement à allier la satisfaction d'avoir visité ces lieux augustes à celle d'en rapporter des bénéfices par des opérations de commerce, à l'arrivée comme au départ, fort limitées à la vérité, par les ressources de la localité.

Les orientaux doivent tous se pourvoir d'un linceuil béni sur le Saint Sépulcre pour s'y faire ensevelir à leur mort. l'accomplissement de cet acte de piété donne ainsi lieu à la vente d'une quantité considérable de tissus de coton, les visiteurs en achetant, en même temps, pour leurs parents et amis empêchés d'entreprendre le saint pèlerinage.

Quoique nous ayons annoncé que nous nous abstiendrions de toute description des monuments pieux, et de nouvelles réflexions sur leurs desservants, dont tant de voyageurs se sont occupés d'une manière si distinguée, nous ne pouvons nous dispenser de répéter que la présence de nos religieuses dans la Palestine y produit le plus merveilleux effet, parce que les Musulmans sont loin d'attendre le moindre zèle d'un sexe réduit chez eux à la plus complète nullité. La confiance qu'inspirent ces religieuses est telle qu'un gouverneur turc n'a voulu être soigné que par une de ces saintes filles.

Mais à quelles compensations peuvent elle prétendre après la satisfaction que leur donne le bien qu'elles font ?

à aucune. Les ennuis de la vie d'Orient ne sont pas rachetés par les agréments de leurs grandes familles d'Europe, au sein desquelles elles peuvent au moins goûter un sommeil tranquille.

Ceci me rappelle les propos que me tenaient les franciscains visiteurs et missionnaires, quoiqu'ils ne fussent astreints qù'à trois et à dix ans de résidence, et, attendu qu'ils ont été également tenus par un frère Thomas à M. de Marcellus, je veux les citer comme preuve du peu d'attraits de la vie des couvents de la Palestine pour nos religieux.

« Ici, me disait-il, point des pompes religieuses, point « de fleurs à cultiver, point de douces conversations, nul « repos d'esprit; une nourriture à peine suffisante; des « dangers continuels, des avanies, mille chagrins enfin, « et une seule consolation, mais celle-là est la plus puis- « sante : servir Dieu près du saint tombeau, et obéir à sa « volonté. »[1]

Jérusalem et son territoire, qui comptaient autrefois tant de fileuses et de tisserands, ont depuis longtemps réduit ces métiers aux besoin des indigènes qui tiennent encore à leurs toiles plus solides que celles étrangères.

Ces pays ne sont donc un sujet d'intérêt pour l'Europe que sous le rapport religieux, à cause des sentimens de respect qu'ils ont incontestablement le droit d'en attendre.

Ce serait ici la place d'émettre de nouvelles réflexions sur une question qui, depuis *deux cents ans*, occupe la politique de la France, parce que comme l'hydre de la fable, elle reproduit une difficulté, chaque fois que, la pusillanimité et la vénalité se sont entendues à la Porte pour céder, à

[1] Souv. d'Orient I. 445

certaines influences , des droits d'autant plus imprescrip-
tibles que d'énergiques représentations parvenaient toujours,
quoique tardivement , à les faire respecter.

C'est par des tracasseries , dont les Grecs ont été , d'époque en époque, les éternels promoteurs et dont leur argent a
fait tous les frais, que nous nous sommes trouvés dépouillés
de la presque totalité de nos sanctuaires , chaque disposition
du sultan, qui les en rendait maîtres , n'étant jamais complètement réparée.

Le fait de l'ancienne possession, par les pères Latins, de
la totalité des lieux-saints est prouvée par les documents
authentiques, dont j'ai précédemment rapporté les titres, et
celui de la spoliation qu'ils en ont soufferte n'est susceptible
d'aucune défense au tribunal de l'équité et de la conscience!.... Mais une injustice qu'on a laissé passer , sans
en obtenir le redressement, est légitimée par le temps : c'est
dans ces principes qu'ont été puisées les considérations que
nous avons ci-devant rapportées. [1]

Le seul produit remarquable de ce pachalik est l'indigo,
qui croit naturellement sur les rives du Jourdain et serait
susceptible , d'après ce qu'on m'a assuré, d'être cultivé et
propagé dans ses environs. Les pachas n'avaient pas voulu,
sous l'ancien régime , que la découverte de cette plante précieuse devint l'objet d'aucune entreprise, parce qu'ils crai-
gnaient que le gouvernement n'en revendiquât les bénéfices
et qu'ils n'en fussent pour leur peine et leurs frais.

Ce fait , en caractérisant le vice radical du gouvernement ottoman , explique la pénurie des peuples qui lui
sont soumis , puisque les richesses dont la Providence a

[1] Pages 114 et suivantes.

si généreusement doté la Turquie sont encore à exploiter, du moins en grande partie.

NAPLOUSE.

Ce district, très important par son étendue, sa population et ses productions, était la propriété féodale d'une famille qui a souvent lutté contre l'antorité suprême ou ses agents, ce qui n'a pas peu contribué à arrêter la prospérité du pays par les malheurs que la guerre y amenait chaque fois.

Au temps où notre commerce florissait en Palestine nous tirions du filé de Naplouse et plus tard nous ne lui achetâmes que du coton, qui est son produit principal.

C'est à Damas que les Naplousins se pourvoient de tout ce qui leur est nécessaire, mais lorsque les comptoirs de Jaffa et de Caïffa seront bien pourvus il n'est nul doute qu'ils ne changent leurs habitudes, le voisinage et la sûreté les y engageant, en même temps que l'espérance de se fournir, dans l'une de ces échelles, avec plus de profit qu'à Damas.

La position de Naplouse est pittoresque; son terroir est fertile. Sa campagne est couverte d'arbres dans lesquels dominent les oliviers, les figuiers et les muriers. On y voit aussi beaucoup de vignes.

Les produits du district sont le blé, le coton, les olives et la soie.

Les bonnes récoltes de coton sont d'environ 5,000 quintaux.

On fait beaucoup de savon dans cette ville et il passe pour être bon.

BETHLÉEM.

Le pays qui entoure cette ville , peu éloignée de Jérusalem , fait exception à l'état généralement misérable du pachalik. Son sol est excellent, son air est pur et d'abondantes sources rendent sa position des plus avantageuses. Ses jardins sont plantés d'arbres; mais à la suite de brutales punitions , ordonnées par des gouverneurs despotes , même sous le pouvoir egyptien, ils présentent de grandes et facheuses lacunes.

Les habitants se les détruisent aussi mutuellement par un esprit de sotte vengeance.

J'ai dit, à l'occasion des soins que la Sacrée Congrégation de Propagande prenait pour faire élever de jeunes orientaux, que ses sacrifices seraient autrement avantageux si l'établissement, qu'elle entretient, était transporté en Syrie, et j'ai annoncé que j'avais lu , à ma très grande satisfaction , que mon projet, pressenti par cette congrégation , avait déja reçu une double application par l'ouverture de deux collèges l'un à Bethléem , l'autre à Gazir. [1]

Les avantages nombreux que promettent ces utiles institutions seront facilement appréciés par ceux qui ont eu à déplorer le mal produit par des religieux impropres à leur mission, et à regretter que leur peu de connaissance, de la langue du pays, les ait empêchés de faire le bien.

L'extrait que je vais reproduire d'une lettre du Patriarche latin de Jérusalem , à l'Œuvre de Lyon, justifie autant mon opinion sur la capacité relative des missionnaires

[1] Voir pages 274 et 278 Note 1.

européens en général , qu'elle confirme mon espoir quant aux moyens plus efficaces qui seront donnés aux nouveaux. [1]

« Pour répondre au vœu de St.-Siége, je mets tous mes
« soins à former un clergé indigène sur lequel réposent
« mes douces espérances. Mon séminaire, ouvert au comen-
« cement d'octobre dernier, se compose de seize jeunes lé-
« vites , tous nés dans ce pachalik. Trois sont de Jérusa-
« lem, trois de Bethléem , deux de Nazareth, un de Caïffa,
« deux de Jaffa et cinq de Chypres. Je n'en admettrais pas
« plus de vingt, attendu que mon but est de satisfaire et non
« de créer un besoin. Ces jeunes prêtres, parlant facilement
« l'arabe , ayant des racines dans le pays , dont ils connais-
« sent les mœurs et les usages , formés d'ailleurs à la
« science et à la piété ecclésiastique, seront plus tard à même
« de rendre d'immenses services à la religion en Palestine.
« Par eux il sera facile de fonder de nouvelles missions et
« d'agir plus directement sur la population locale, avec
« laquelle ils auront des rapports naturels et fréquents ,
« sans exciter ni soupçons , ni opposition de la part des dis-
« sidents et des turcs. Il n'est pas sans importance , en
« effet, que nos catholiques aient des défenseurs indigènes
« de leurs droits auprès du pouvoir ottoman , étant sujets
« de l'empire, ces prêtres éveilleront moins les susceptibi-
« lités du gouvernement, qui nous considère toujours com-

1 Je veux répondre à l'objection qui peut m'être faite, puisque j'ai dit que nos religieux avaient laissé les meilleurs souvenirs; c'est que les jeunes se mettaient sous la tutelle des anciens qui les formaient et ne les lançaient dans le monde qu'après leur parfaite instruction. Voir ce qu'écrivait un consul au sujet des missionnaires , page 135.

« me des hôtes incommodes et comme ourdissant contre
« lui des complots. » [1]

Ces réflexions ont sans doute beaucoup d'à-propos, aujourd'hui que le pouvoir ottoman a plus d'une fois signifié aux ambassadeurs des puissances protectrices de ses sujets en Orient, qu'on ait à le laisser faire, en ne s'immiscent nullement des affaires des rayas, et qu'à cette condition il saurait rendre exacte justice. Mais quel prêtre, ou religieux, indigène pourrait-il jamais obtenir la réparation de quelque tort en Syrie s'il n'y était protégé par les consuls de France? J'y ai passé quarante ans et je sais, ainsi que j'en ai rapporté quelques preuves, dans cette esquisse, que si des ecclésiastiques du pays ont été malheureux, ont souffert des avanies, c'est lorsque l'appui d'un agent français leur a manqué.

Il serait dès lors souverainement injuste de nier l'efficacité de la protection de la France, et de se leurrer de l'espoir de pouvoir s'en passer à l'avenir, sur des promesses que rien ne garantit encore.

Le remplacement des missionnaires actuels par les élèves des deux colléges donnera, au surplus, lieu à une de ces réformes que bien des raisons recommandent, et que les circonstances rapportées rendent des plus urgentes.

L'émancipation des catholiques, l'instruction qu'ils ont acquise, leur nombreux clergé, l'efficacité un peu moins problématique de la protection accordée aux chrétiens par le gouvernement Ottoman seraient autant de causes rassurantes.

D'un autre côté, la réduction très-sensible des ressources

---

[1] Lettre du patriarche du Jérusalem à l'œuvre de la Propagation de la Foi 20 janvier 1853.

de nos missions d'Orient, pendant que leurs charges n'ont pas diminué, forceront à prendre la résolution de proportionner les dépenses aux revenus.

Le plus sûr moyen sera incontestablement d'abandonner les divers hospices de Syrie pour se consacrer à la garde exclusive des Saints Lieux et de la Palestine avec un nombre de religieux convenable.

Cependant, comme les Franciscains sont plus solidement établis dans les villes, où ils possèdent des propriétés, il serait juste de les conserver là où résident *un certain nombre de Francs*, de préférence aux autres missions, à moins que les élèves qu'on va former ne soient, par la suite, chargés des cures dans les échelles où résident des consuls, ce qui est par trop improbable.

Le service des sanctuaires de Jérusalem, Nazareth et Bethléem, si nécessaire par lui-même, doit aussi être considéré sous le rapport des populations latines, que nos couvents entretiennent, en quelque sorte, en les faisant travailler ou en les employant; mais les moyens, qui permettaient aux Pères de Terre-Sainte de faire vivre ces chrétiens des travaux de leurs mains, vont diminuer, s'ils ne doivent cesser entièrement, et dès lors on devra s'attendre à voir accroître les embarras de nos couvents de la charge de tous ces bras inoccupés.

Nos religieux tenaient, comme on sait, un magasin pour acheter tout ce que les chrétiens produisaient, et ces objets, qu'on bénissait, servaient à faire des envois aux princes, aux grands seigneurs et aux bienfaiteurs en général, à titre de rémunération, ou pour solliciter de nouvelles aumônes; mais aujourd'hui que nos religieux reçoivent peu, ils ont moins de reconnaissance à exprimer, moins d'espérance à concevoir, et les ouvrages des chrétiens indigènes ne peuvent être commandés, ou acquis, que dans une proportion plus limitée.

La diminution des couvents de Syrie, et la réduction du personnel de ceux qui seraient conservés, constitueraient une assez bonne réforme, pour amener l'ordre de Terre-Sainte à se suffire de ses propres ressources, quelque restreintes qu'elles soient à l'avenir; et quant à l'emploi des populations qui se considèrent comme dépendant des couvents, parce qu'elles en ont été jusqu'ici entretenues et défendues, je ne vois qu'un moyen de les tirer d'embarras : celui de les occuper à l'agriculture, comme étant l'état qui peut employer le plus de bras, les métiers ne pouvant donner du travail qu'à un petit nombre. Mais, on me dira que, pour fournir de l'ouvrage il faut en avoir à donner, et là est toute la question.

Lorsqu'on rétablit le couvent du Mont-Carmel, dont j'avais la haute direction pour la reconstruction, j'engageai les religieux chargés de la réédification de penser à se faire des revenus, à planter des arbres, des vignes ; et attendu que mes conseils furent mis en pratique, je pus les seconder dans les démarches qu'ils firent pour acquérir des terrains, et surtout un moulin à eau dont les produits devinrent considérables.

Je donnerai le même conseil aux Pères de Terre-Sainte, et sans leur reprocher, le moins du monde, de n'y avoir pas songé lorsque la piété de l'Europe leur permettait d'avoir du superflu, je leur dirai de ne pas différer davantage ce qui est aujourd'hui un besoin indispensable.

Mais on m'objectera que pour acheter des biens fonds il faut de l'argent, et que ce n'est pas lorsque les ressources s'amoindrissent et qu'on se trouve dans la nécessité de se réduire, que l'on peut se livrer à de pareilles dépenses.

A cela je répondrai, que sans acheter des terrains, on peut en prendre à long bail dans un pays où l'emphythéose offre de grands avantages.

Les couvents de Palestine seraient les premiers à en éprouver le bon effet en voyant produire, par leurs terres, les grains et légumes nécessaires à leurs approvisionnements.

La population de Bethléem est d'environ 4,000 habitants, dont 2,000 Latins. Les Grecs sont au nombre de 1,500, les musulmans à celui de 360, et l'on compte à peine 115 Arméniens.

RAMLÉ.

Cette petite ville, qu'habitent seulement deux cents familles au plus, a joui de quelque importance dans les temps passés. Les Français y avaient deux comptoirs lors de leur expulsion par Dgezzar. Leur principale occupation était, à la vérité, d'acheter le coton filé de toute cette contrée; mais ils devaient nécessairement faire autre chose, les occasions ne manquant jamais lorsqu'on a de l'intelligence et des fonds.

Le pays étant planté d'oliviers, en même temps qu'il produit la barille, il était tout naturel qu'on y établit des savonneries. Elles fournissent l'Egypte.

La culture du sésame s'est fort étendue dans toute la Syrie; main le peu de science des fabricants de savon n'a pas encore permis qu'ils fissent usage de l'huile de cette graine, qui leur coûterait moins que celle d'olive.

JAFFA.

Quand on considère ce qu'est aujourd'hui cette ville, on ne peut s'imaginer qu'elle ait pu donner lieu à la célébrité dont elle a joui à diverses époques, à partir des temps bibliques, puisqu'on veut que ce soit sur ses rives que Noé se soit débarqué de l'arche.

Ce n'est maintenant qu'une petite échelle, dont l'unique importance est d'être le port de Jérusalem, le commerce qui s'y fait étant en grande partie relatif à la ville sainte. Aussi n'existerait-il peut-être pas sans cette cause prédominante.

Ascalon et Césarée ont aussi joui de beaucoup de célébrité, et cependant ces deux villes ne comptent plus que par leurs illustres décombres.

La première partie de la route, — le quart de la distance, — de Jaffa à Jérusalem, est sabloneuse. A partir de Ramlé, on parcourt plusieurs lieues d'un terrain rocailleux, dans un défilé tortueux et grandement accidenté, au bout duquel est le village de Jérémie, le seul qu'on rencontre sur ce chemin. Avant et après ce village, le site est fort agreste, et des arbres de différentes espèces en font l'ornement. Mais à ce beau pays succède un sol pierreux, inculte, épineux, qui conduit jusqu'à la cité sainte.

On met ordinairement douze heures pour y arriver en caravane.

Jaffa était malsain avant qu'on en eut desséché les marais.

Ses environs sont cultivés et l'oranger, comme le citron-nier, y viennent merveilleusement. Une petite rivière coule à peu de distance de la ville.

Les grenades et les pastèques de Jaffa ont beaucoup de réputation : elles sont transportées sur toute la côte.

Les autres produits sont : le blé, le maïs, le sésame et le coton. L'orge surtout y vient fort bien. On y a établi des savoneries.

La ville de Jaffa est aujourd'hui assez peuplée. On y compte 8,850 musulmans, 1,000 Grecs, 450 Latins et Grecs-unis, 100 Arméniens et juifs.

C'était l'hospice de Terre-Sainte qui hébergeait les voya-geurs, et cet usage existant, partout où se trouve une mai-son religieuse, a été sans doute continué.

C'est un devoir de charité que les religieux exercent en recevant les étrangers, et je dois dire qu'ils le remplissent avec autant d'empressement que de satisfaction.

Ce témoignage, je le reproduis d'après tous les Fran-çais que j'ai vus, à Beyrout, revenant de la Palestine, puis-que je ne devais pas me régler sur l'accueil que j'avais reçu moi-même après la transformation de leur maison de bois en un hospice en pierres, et de leur chapelle intérieure en une église extérieure.

Vivement excité par les invitations des voyageurs, qui me dépeignaient la position des moines de Jérusalem comme intenable, à cause du délabrement de leurs hospices, je profitai de mon crédit auprès du pacha pour le solliciter directement en faveur de ces religieux, au lieu d'en référer à Constantinople, comme cela s'était fait inutilement depuis très-longtemps, et j'en obtins un ordre que, par sa contexture, *je pus faire servir pour toutes nos possessions* (1).

Une école dirigée par des Sœurs de Saint-Joseph réunit une soixantaine de petites filles. C'est *du luxe pour une* échelle si peu importante sous le rapport de sa population catholique.

Ses relations avec l'Europe sont insignifiantes, Jaffa demandant à Beyrout ce qui est nécessaire à son commerce, ou, pour mieux dire, à ce qu'il peut fournir soit à la consommation locale, soit à celle de Jérusalem.

Les expéditions générales ont été calculées pour 1850 sur 32,000 tonneaux de marchandises, et les céréales y *étaient comprises pour 81* pour cent, l'huile et le sésame pour 18, et le coton pour 1.

La part de chaque nation a été celle-ci :

France, 29; Grèce, 33; Angleterre, 21; Turquie, 11; divers, 6 pour cent.

Le montant total des exportations a été de 4,139,800 fr.

(1) D'après un écrit publié à Madrid, en 1854, *El eco Franciscano*, c'est aux Egyptiens que serait due la permission de ces constructions, et ce sont les religieux espagnols qui auraient le mérite de l'intervention, ce qui est doublement erroné : parce que les travaux furent terminés bien avant l'entrée d'Ibrahim-Pacha en Syrie, et que si les religieux avaient pu se faire accorder de pareilles faveurs, ils n'auraient pas laissé passer un aussi grand nombre d'années sans les demander, eux qui ne se seraient arrêtés devant aucun sacrifice pour cela. Je dois avouer, à cette occasion, qu'Abdallah-Pacha ne voulut pas recevoir le présent qui lui fut offert, déclarant se contenter des prières des moines.

Le relevé suivant comprend celles de quatre années :

	1841	1843	1849	1851
	F.			
Savon..	1,294,000	500,000	2,500,000	1,200,000
Blé....	176,500	18,500	522,000	1,137,500
Orge...	19,000		412,000	1,240,000
Maïs...	70,600		300,000	700,000
Coton..	188,250	60,000	275,000	343,750
Sésame.	84,700	212,400	525,000	1,260,000
Huile. .	376,500	500,000	1,200,000	1,700,000
	2,209,550	1,290,900	5,734,000	7,581,250

En moyenne, 4,203,925 fr.

En 1841, les autres articles d'exportation : — bithume, coloquinte, séné, safran, beurre, fruits, — présentèrent une valeur de 103,760 fr.

La navigation a offert les résultats suivants :

En 1841,	364 navires, dont	6 français.
1843,	371 » »	8 »
1849,	394 » »	26 »
1851,	442 » »	45 »

La culture du mûrier s'étend dans ce pays et paraît devoir réussir.

On s'y occupe de tissages grossiers en coton et en laine pour l'usage des habitants.

GAZA

Cette ville, qui forme la dernière limite du pachalik et de la Syrie, acquiert quelque importance par le passage des caravanes venant d'Egypte et de celles qui s'y rendent. Elle n'est pas non plus éloignée de la mer et, pendant la belle saison, sa rade foraine est fréquentée par les navires du pays, qui viennent y faire des opérations de commerce.

Son sol, fécond est bien arrosé, et sa culture en est bonne. Il produit abondamment les fruits et légumes de ces climats, et on les dit d'excellentes qualités.

Ses habitants sont au nombre de 2,000, la plupart musulmans.

L'industrie du pays ne compte que des tisserands, et ils emploient, assure-t-on, 300 métiers. Il y existe aussi trois savonneries.

Nous terminerons cet ouvrage par une réflexion bien triste pour ce pays et peu flatteuse pour le gouvernement qui, le possédant depuis quatre siècles, n'a fait qu'en reculer les destinées.

Gaza est le point intermédiaire entre la Syrie et l'Egypte; mais que rencontre-t-on en y arrivant, du Nord et de l'Est, si ce n'est des ruines ou un desert?

Toutes ces contrées étaient jadis peuplées, et l'on ne passait en Arabie qu'à la faveur d'une continuité de centres, plus ou moins considérables, de populations agricoles et commerciales, qui ont aussi disparu de ces provinces, dont l'une n'a conservé d'heureux que le nom! Ne l'avait-elle pas acquis à cause de ses cent soixante-six villes, ports et bourgs que Ptolémée y énumérait (1)?

La Syrie avait également joui de l'avantage d'un grand nombre de riches et florissantes cités, et son état actuel est, hélas, tel que nous l'avons esquissé.....

(1) M. Sédillot, *Hist. des Arabes*, p. 2.

FIN.

TABLE DES MATIÈRES.

TABLEAUX.

Marseille. — Imprimerie veuve M. OLIVE, r. Paradis, 68.

Statistique de la Syrie, Politique et Commerciale en 1846.

Somme des Pachalic	Division Territoriale — Nombre de : Districts	Villes en Bourgs	Villages	Habitants	Par Culte : Chrétiens	Musulmans	Autres	Produits	Revenus	Importations en moyenne	Exportations en moyenne
…o……….	18	30	1177	375.445	60.167	281.543	33.735 [1]	10.252.550 [2]	3.732.500	6.296.190	3.034.430
…mas…..	19	7	1280	500.845	69.845	376.000	55.000 [3]	14.728.500	5.250.000	13.242.125	11.218.250
…poli….	29	7	1212	258.640	101.005	76.270	81.365 [4]	7.262.100	1.953.750	996.900	1.152.185
…de…….	13	9	1346	406.546	194.267	153.486	58.793	9.375.000	3.425.000	20.025.000	13.150.000
…usalem..	26	8	476	240.600	16.800	219.200	13.600	6.938.500	2.187.500	2.020.000	3.080.000
	105	61	5491	1.791.076	442.084 [5]	1.106.499	242.492 [6]	48.586.650	16.548.750	42.580.215	31.684.865 [7]

Observations

(1) Israélites et Nessérïis

(2) Les produits qui s'exportent sont d'une valeur de 3.867.800, à laquelle il convient d'ajouter le montant des traites et du numéraire non déclaré, pour expliquer la différence de l'entrée avec la sortie.

(3) Ce sont des Druses, des Nessérïis et des Juifs.

(4) Nessérïis et Métoualis.

(5) Les Chrétiens se composent
de 298.964 Rites-unis
101.150 Grecs
39.170 Arméniens
2.800 Syriens

(6) Ce chiffre est formé
de 34.355 Israélites
110.835 Nessérïis
9.780 Ismaïlis
23.180 Métoualis
64.993 Druses

(7) Il convient de dire, à la suite de l'explication donnée ci-dessus, (8) que la contrebande fait passer bien des valeurs qui, si elles étaient connues, rétabliraient la balance entre l'importation et l'exportation.

Nº 2. Etat sommaire des marchandises importées de la Syrie à Marseille pendant les années 1852, 1853 et 185[4]

Lieux d'expédition	Années	Alizaris	Blé et autres grains	Cocons	Coton	Cuirs et Peaux	Eponges	Fruits secs	Galles	Graines jaunes	Huile d'olive	Laine	Matières d'or et d'argent	Sésame	Soie	Tabac
		Balles	Hectolitres	Balles	Balles	Balles	Colis	Caisses	Sacs	Sacs	Hectolitres	Balles	Groups	Kilogrammes	Balles	Balles
Alexandrette	1852	1	"	25	912	"	"	16	506	18	"	893	"	364.070	12	12
	1853	259	411	489	1.569	3	1	92	2.840	89	"	4.574	"	1.521.000	14	"
	1854	983	"	21	270	27	"	58	1.195	57	"	4.406	31	"	50	1 partie
Lattaquié	1852	69	"	200	1.026	3	22	"	"	"	"	463	2	1.262.780	51	"
	1853	50	576	497	1.373	"	"	"	58	"	9.807	249	"	142.340	"	"
	1854	"	"	"	"	"	268	"	"	91	"	"	"	"	3	60
Tripoly	1852	"	"	"	"	"	224	"	"	3	2.150	3	4	"	13	"
	1853	"	2	1	"	"	112	"	"	"	1.265	27	"	"	11	"
	1854	27	"	"	"	"	430	"	9	"	"	55	"	"	27	"
Beyrout	1852	20	"	3.600	1.201	1	160	97	648	8	"	1.352	74	146.060	1.379	6
	1853	13	3.940	265	316	116	33	55	"	"	990	737	1	426.870	372	797
	1854	158	"	1.274	610	37	"	521	116	"	"	740	55	256.500	340	171
Caiffe et Acre	1852	"	"	"	2.667	"	14	"	"	34	"	35	"	2.193.000	"	"
	1853	"	25.250	19	2.202	"	"	"	"	"	"	317	"	1.843.650	"	"
	1854	"	"	12	256	"	"	"	"	"	"	640	"	1.049.000	"	"
Jaffa	1852	"	"	"	447	"	"	19	6	"	2.074	170	42	4.854.600	"	"
	1853	"	6.156	"	3.169	4	"	"	1	"	7.960	375	"	3.324.880	3	"
	1854	"	"	"	456	3	"	"	"	"	"	20	5	2.254.870	1	"
Totaux des 3 années		1.580	36.335	6.403	17.074	194	1.264	858	5.379	300	24.246	15.056	214	19.139.620	2.276	1.046 1 partie

Relevé des navires à voiles arrivés à Marseille pendant les années 1852 et 1854.

Années	d'Alexandrette		de Lattaquié		de Tripoly		de Beyrout		de Caiffe et Acre		de Jaffa		Total général	
	Navires	Tonneaux	Navires	Tonneaux	Navires	Tonneaux	Navires	Tonneaux	Navires	Tonneaux	Navires	Tonneaux	Navires	Tonneaux
1852	6	735	7	808	1	99	12	1.678	9	1.620	28	3.797	190	22.941
1854	31	4.321	4	449	"	"	9	1.620	16	3.328	21	8.416		
	37	5.056	11	1.257	1	99	21	3.298	25	4.948	49	7.213	dont 8 étrangers du port de 2645 tonneaux	

Pachalik d'Alep

Division

Noms des Arrondissements et des Districts	Villes	Villages	Habitants	Chrétiens	Musulman	Autres	Catholiques	Divers
Arrondissement d'Alep — Alep	1	4	77.265	16.937	55.673	4.655[1]	14.278	2.659[2]
Ribha	1	58	13.000	500	9.500	3.000[3]	.	500[4]
Choghr & Darkouch	2	80	15.000	1.800	8.500	4.700	.	1.800[5]
Djebelsemâan	1	92	10.750	.	9.000	1.750	.	.
Maaret-Mesrin	1	28	8.280	80	5.700	2.500	.	80[6]
Sermin	1	27	9.000	20	8.980	.	.	20[7]
Hetem & Halaqa	2	60	7.000	.	7.000	.	.	.
Baricha	1	58	7.300	50	6.000	1.250	.	50[8]
Elbab & Djeboul	1	22	4.750	.	4.700	50[9]	.	.
Galee-el Mediq	1	15	2.800	30	2.770	.	.	30[10]
El Beghie	1	21	2.000	.	2.000	.	.	.
Arr. d'Antab — Antab	1	100	31.000	12.000	18.720	280[11]	50	11.950[12]
Cham, Quizil, Assal, Cheftelie	3		21.200	2.500	18.700	.	.	2.500[13]
Arr. d'Antioche — Antioche	1	118	15.300	1.650	9.000	4.650[14]	.	1.650[15]
Suedie, Josser, Djebel a-qráa	3		53.000	9.000	35.000	9.000	.	9.000[16]
Killis	1		15.900	1.800	13.700	400[17]	.	1.800[18]
Arr. de Killis — Azaz, Guinna, Amquié, Gebel el Krad, Chekian, Kissav, Membdj	7	494	53.900	13.000	39.400	1.500	.	13.000[19]
Idlib	1		6.000	800	5.200	.	.	800[20]
Turck mines, Riebanlis, Chiakalie, Teinkuv	.		5.000	.	5.000	.	.	.
Arabes du Zor			12.500	.	12.500	.	.	.
Hadidia et autres tribus insoumises	..		4.500	.	4.500	.	.	.
	30	1.177	375.445	60.167	281.543	33.735	14.328	45.839

Observations

(1) Israélites

(2) 718 grecs, 1903 arméniens, 21 protestants et 7 jacobites. Les catholiques sont ainsi composés: 986 latins, 1645 maronites, 6490 grecs, 3050 arméniens, 2107 syriens.

(3) Tout ce qui n'est pas musulman, dans ce pachalik, est nesciri, et parmi ceux-ci sont des domailis et des Druses.

(4) Grecs. (5) 1100 grecs, 700 arméniens

(6) Grecs. (7) Grecs. (8) Grecs. (9) Israélites

(10) Arméniens. (11) Israélites

(12) 11300 arméniens, 650 grecs. (13) Arméniens

(14) 4500 nesciris, 150 israélites

(15) 1400 grecs, 250 arméniens

(16) 3000 grecs, 6000 arméniens. (17) Israélites

(18) 200 grecs, 1600 arméniens.

(19) 400 grecs, 12600 arméniens. (20) Grecs

Le district de Hetem comprend le Amuq qui, pendant l'hiver, est peuplé de Turcmènes dont les montagnes sont l'habitation ordinaire.

Les catholiques ne résident dans aucune des parties du pachalik, n'y allant que pour leurs affaires et sans s'y fixer.

Pachalik de Tripoly

Division Territoriale				Division Par cultes			Division Par-rites	
Noms des Arrondissements et des Districts	Nombre des			Chrétiens	Musulman	Autres	Catholiques	Autres
	Villes	Villages	Habitants					
Lattaquié — Bechloulié	»	34	3.100	»	»	3.100[N]	»	
Beni-Ali	»	16	2.640	20	»	2.620[I]	»	20[G]
Ben-Esselef	»	94	8.000	300	»	7.700[N]	»	300[G]
Cadmous	»	126	9.500	.	»	9.500[I]	»	
El Bayer	»	13	3.800	180	3.120	500[N]	»	180[1]
El Brijak	»	9	2.500	250	1.750	500[I]	»	250[2]
El Cardahha	»	49	5.500	30	»	5.470[N]	»	30[3]
Giebélé	1	»	2.000	»	2.000			»
El Khouabi	»	69	7.500	1.500	2.500	3.500[N]	»	1.500[4]
Gebel-el-Krad	»	27	8.000	550	5.950	1.500[I]	»	550[5]
Lattaquié	1	91	9.000	1.100	7.900	»	208	892[4]
Markab	»	84	11.000	3.100	2.900	5.000[N]	1.100	2.000[6]
Mehalbé	»	44	5.000	20	»	4.980[N]	»	20[6]
Jabijouy	»	48	4.000	250	2.950	800[N]	»	250[G]
Bernes-Koblé	»	58	6.000	»	»	6.000[N]	»	
Tripoly — Rouad (île)	1	»	800	20	780	.	»	20[G]
Tartous	1	12	1.400	40	1.360	.	»	40[G]
Akkar	»	77	18.600	4.020	14.580	.	3.990	30[G]
Safita	»	103	27.000	1.435	»	25.565	1.350	85[G]
Dennié	»	32	8.000	850	7.150	»	850	»
Chagra	»	37	6.500	.	6.500	»	»	»
Koura	»	35	11.160	8.950	2.210	.	1.110	7.840[G]
Geber-Beshare	»	49	20.260	20.160	»	100[5]	20.160	»
Zaouié	»	17	7.090	7.090	»	»	6.740	350[G]
Menié	»	7	1.800	.	1.800	»	»	»
Bakouy et dépendances	1	29	24.430	23.460	300	670[5]	21.960	1.500[G]
Dgébeil et dépendances	1	40	28.640	24.780	150	3.710[7]	24.730	50[G]
Tripoly	1	»	15.000	2.900	11.950	150[8]	900	2.000
Arabes-jebeos	»	12	420[1]	.	420	.	»	

(15 — Lattaquié ; 14 — Tripoly)

Observations

Les initiales employées signifient:
N Nessérié, I Ismailis, G Grecs

(1) 100 arméniens ou 80 grecs
(2) Arméniens
(3) 500 grecs, 50 arméniens
(4) 852 grecs, 40 arméniens
(5) Métoualis
(6) . id .
(7) . id .
(8) Israélites

L'arrondissement de Lattaquié possède 26 églises chrétiennes dont 6 catholiques desservies par un évêque et 5 prêtres; les autres comptent un évêque et 22 prêtres.

Dans l'arrondissement de Tripoly on 227 églises et 6 couvents catholiques desservis par 3 évêques et 384 prêtres. Les Grecs y possèdent 8 églises autant couvents.

(1) Ce sont des arabes pasteurs, et leurs villages se composent de tentes de poils de chèvres.

Pachalik de Damas

Noms des Districts ou Arrondissements	Division Territoriale — Nombre des			Par cultes			Par rites		Observations
	Villes	Villages	Habitants	Chrétiens	Musulman	Autres	Catholiques	Autres	
Damas	1	.	112.500	12.500	90.500	9.500	7.020	5.480	[1] 4.850 juifs, 500 druses, 4.000 métônalis 150 nestoriens
Karamoun	.	40	32.500	4.500	28.000	.	2.860	1.640	[2] 75 latins, 290 maronites, 585 grecs, 190 arméniens
Mardj-el-Gouta	.	83	43.000	100	42.400	500	.	100	585 syriens
Ouadi Barada	.	49	15.000	1.750	11.500	1.750	150	1.600	[3] 1.290 grecs, 190 arméniens [4] 1.210 grecs, 250 arméniens
Ouadi-el-Adjem	.	50	28.100	1.000	26.500	600	.	1.000	grecs, druses, grecs, druses, 50 grecs, 100 syriens
Yki-Kapi	.	9	7.500	3.000	4.500	.	1.000	2.000	grecs, druses, grecs, syriens, arméniens
Homs	1	71	40.000	8.000	32.000	.	2.000	6.000	grecs, 5.500 grecs, 500 arméniens, grecs
Hama	1	400	92.500	18.250	60.000	14.250	4.000	14.250	grecs, grecs, métônalis, 250 grecs, 1.000 arméniens
Maaran-Neuman	1	60	8.020	20	8.000	.	.	20	grecs, grecs, grecs, druses
Balbek	1	62	11.000	1.500	"	9.500	1.250	250	550 maronites, 725 syriens
Begáa	.	65	10.000	3.000	7.000	"	2.950	50	grecs, 350 juifs, 4.750 druses, 100 métônalis
Rachëïa	1	16	10.275	5.275	500	4.500	1.275	4.000	575 maronites, 375 grecs, grecs
Hasbeïja	1	19	13.100	6.250	1.650	5.200	750	5.500	1.500 druses, 400 nestoriens, grecs
Houlé en Chaara	.	20	3.250	100	1.250	1.900	100	.	40 maronites, 10 grecs, grecs, grecs
Kénétra	.	64	12.500	50	12.450	.	50	.	8.600 druses, 700 métônalis, grecs
Djeidour	.	46	11.250	.	11.250	.	.	.	grecs, métônalis, grecs
Hauran	.	85	21.500	3.750	17.750	.	1.750	2.000	
Djebel Hauran	.	31	5.000	700	.	4.300	208	500	Il est 104 églises dans le pachalik de Damas,
Erbed adjeloun	.	110	23.850	100	20.750	3.000	.	100	66 catholiques avec 87 prêtres & 38 de divers rites
	7	1.280	500.845	69.845	376.000	55.000	25.355	44.490	avec 84 prêtres. Elles sont régies par 7 évêques dont 4 catholiques.

Pachalik de Seyde

	Division								
Territoriale				Par culte			Par rite		Observations
Noms des Arrondissements et des Districts	Nombre des								
	Villes	Villages	Habitants	Chrétiens	Musulman	Autres	Catholiques	Autres	
Beyrout	1	"	19.120	9.020	9.000	1.100[1]	4.320[2]	4.700[3]	
Seyde	1	"	8.975	1.805	6.970	200	1.755[4]	50[5]	
Partie du Mont Liban dépendant du pachalik de Seyde	1	505	202.651	158.992	12.166	31.493[6]	143.059[7]	15.933[8]	
Douv	1	"	880	230	650	"	230	"	
St Jean d'Acre	1	"	8.420	1.620	6.800	"	870	750[9]	
Nazaret	1								
Saphed	1								
Tibériade[10]	1								
Belad Bechara		841	164.500	22.260	116.240[11]	26.000[12]	20.000	2.260[13]	
" Ebkif									
Eggébel									
E. Chaghour									
Chef-Amer									
Caïffa	1	"	2.000	340	1.660	"	200	140[13]	
	9	1.346	406.546	194.267	153.486	58.793	170.434	23.833	

Observations:

[1] 250 israélites, 850 divers habitants ra…

[2] 1800 maronites, 1700 grecs-unis, 230 a… unis, 70 syriens et caldéens unis, 500 l…

[3] 4500 grecs, 200 arméniens et syriens …

[4] 1200 grecs-unis, 450 maronites, 105 l…

[5] Grecs

[6] Druses

[7] 108566 maronites, 34493 grecs-unis.

[8] Grecs

[9] Grecs

[10] Cette ville, très-affectionnée par les i… en contient 1300. 600 musulmans … familles grecques unies l'habitent

[11] Les Métoualis ne été confondus … chiffre avec les musulmans; ils … sont en majorité.

[12] 15000 Druses, 11000 israélites.

[13] Grecs.

Statistique du Gouvernement du Mont-Liban en 1846

Nom des Districts	Chefs	Villages	Habitants	Maronite	Grec-uni	Grec	Musulman	Metouali	Druse	Couvents maronites	Religieux maronites	Nature des Produits
Ezzaouié [1]	Bein-Daher	26	7.814	7.814	.	.	.	.	.	2	38	Huile, Soie, Céréales [2]
Kioura	Bein-Elzar	5	5.328	1.062	.	4.266	.	.	.	.	.	Tabac, Soie, Céréales, Raisins
Bécharré (6 cantons) 1 Kanoubin, Bécharré, 3 Ehden, 4 Haïsroun, 5 Hamea, 6 Débeil [3]	Le Patriarche, Abou-Nav, l'Aebi, Karam, Abisaab, Torbey	40	25.308	25.308	.	.	.	.	.	7	154	Soie, Céréales, Raisins
Batroun	Lieut. de l'Emir Haïdar	56	19.773	16.673	754	1.995	275	76	.	6	265	Soie, Tabac, Grains
Djébeil	id.	59	20.323	18.710	1.413	.	200	.	.	5	190	Soie, Tabac, Grains
Konatée	Fermier du Pacha	9	1.716	323	.	1.093	300	.	.	.	.	
Bekalik	id.	18	3.971	2.163	.	1.608	.	200	.	.	.	
Ouadi Halmet [2]	Bein-Hamday	17	7.808	2.250	.	.	.	5.558	.	.	.	Soie, Grains, Tabac
El Fetouh	Dahdah	21	6.227	6.170	.	.	.	57	.	8	120	
Kesrouan (5 cantons) 1 Gazir, 2 Zouk-Mikaïl, 3 Gosta, 4 Bojellonn, 5 Klia [5]	Hebeich Patriarche maronite, El-Khazen, Nofel El-Khazen, Naxif El-Khazen	41	24.998	15.918	9.000	.	80	.	.	17	217	Soie, Grains, Vins, Tabac
Bein-Chebab inférieur · · · supérieur	Emir Haïd-Bai et neveux, Emir Haïdar et neveux	24	24.167	17.418	2.113	4636	.	.	.	13	187	Vins, Soie, Grains
El Metn (9 cantons) 1 Salima, 2 Baxel-Metn, 3 Dzounana, 4 Chlianie, 5 El Metein, 6 Falouga, 7 Bein-Mérie, 8 Jamil, 9 Bessouia [6]	Bein-Haïs-Bai, l'Emir Haïdar et neveux, l'Emir Béchir-Ahmed, l'Emir Murad	84	26.054	17.496	300	1.962	.	140	6.156	6	86	Soie, Grains, Vins, Pignons, Bois de pins pour constructions civiles et navales
Sahel Beyrout [3]	Lieut. de l'Emir Haïdar	.	.	.	.	.	.	.	.	.	.	Soie, Fruits, Légumes, Grains
Berdj Beradjené [4]	Lieut. de l'Emir Ruelen	30	12.717	10.181	344	1.171	.	796	225	8	25	
Aqlim Kharroub [10]	Djomblat, Nakad et Hamadé	45	8.912	3.016	1.838	.	3.763	212	83	.	.	Huile, Grains, Soie, Fruits, Légumes
id. Tessah [11]	Said Djomblat	35	5.691	2.481	3.117	.	.	95	.	.	1	Céréales, Tabac, Huile, Fruits, Légumes
id. Djezzin [12]	id.	47	8.344	6.442	1.329	.	84	432	57	2	98	Soie, Raisins, Huile, Grains, Tabac (Bois de construction)
Gebel Chibban	id.	12	936	171	.	.	.	765	.	.	.	Tabac, Grains
Chouf el Haïti	id.	22	14.329	2.550	2.489	.	.	.	9.370	.	.	Soie, Huile, Grains
Deir el Kamar et dépendances [13]	Mutsellem du Pacha	3	7.333	4.180	2.010	.	.	.	1.143	4	12	Soie, Huile, Grains
El Menassef	Bein Neked	22	4.403	1.942	356	.	.	.	2.105	.	.	Soie, Grains, Raisins
El Argoub	Bein Aamad	27	7.564	3.674	707	.	.	.	3.183	1	17	
El Djerd [14]	B. Abdel-Melek	26	6.216	3.453	304	613	.	.	1.846	2	51	
Echahhar [15]	B. Abou-Neked	12	7.401	4.782	200	1.042	72	.	1.305	2	43	Huile, Soie, Grains, Raisins
Garb supérieur [16]	B. Telhouq	24	4.376	2.504	.	308	.	152	1.212	.	12	
id. Inférieur	B. Ruslan	8	5.804	1.176	88	1.686	.	.	2.854	.	.	
Mardj-Ajoun	Tamer-Hessein	18	8.857	1.816	598	2.450	1.773	1.280	1.140	.	.	Grains, Tabac, Soie
Beqaa Occidental [17]	B. Djomblat et Lieut. du Pacha de Damas	25	24.549	9.366	9.980	1.865	2.524	.	814	.	.	Grains
		756	300.919	189.089	36.660	24.895	9.071	9.761	31.493	76	1.515	

Observations

[1] Un évêque maronite réside dans ce district.

[2] Les produits sont placés d'une manière relative à leur importance.

[3] Outre le Patriarche des maronites, dont la résidence, s'il se trouve dans ce district, deux évêques y font aussi leur demeure.

[4] C'est la résidence d'un évêque maronite.

[5] Ce district est le plus religieux de la montagne; il y réside le Patriarche, deux évêques arméniens unis et 6 évêques maronites. Il s'y trouve 44 couvents; 3 arméniens-unis avec 95 religieux; 1 grec-uni avec 40 religieux; 1 syrien-uni et 5 religieux, 15 maronites avec 498 religieux. 1 grec-uni avec 33 religieuses.

Ce district possède deux évêques maronite et grec-uni; 1 couvent de religieux grecs-unis avec 60 moines et deux maisons avec 55 religieuses du même rite.

[6] Un évêque maronite réside dans ce district; il s'y trouve aussi un couvent grec-uni avec 15 religieuses.

[7] C'est dans le canton de Gaznib qu'a été découverte la mine de charbon exploitée par les Égyptiens.

[8] Il y existe un couvent et 15 religieux grecs-unis.

[9] L'Emir des Druses réside dans le village de Chonessa, dépendant de ce district.

[10] Il se trouve dans ce district 3 couvents grecs-unis, 2 avec 12 religieux et 1 avec 33 religieuses.

[11] Il y réside un évêque grec-uni.

[12] Il y existe un couvent avec 23 religieux et un évêque maronite; plus un couvent avec 33 religieux grecs-unis.

[13] C'est dans ce district que se trouve Bteddin, résidence de l'Emir Béchir Chéhab. Il y existe un couvent grec-uni avec 7 religieux. Il y en a un autre dans le Menassef avec 13 religieux.

[14] Trois couvents avec 50 religieux grecs-unis se trouvent dans ce district.

[15] Abey appartient à ce district. Il s'y trouve le tombeau de l'Emir Essefd, que les Druses considèrent comme leur plus grand saint moderne. C'est aussi dans ce village qu'est le palais de la famille Benoukh, premier prince Druse du Liban.

[16] Il y existe un couvent grec-uni avec 17 religieux.

[17] Trois couvents grecs-unis avec 47 religieux s'y trouvent; plus il y existe aussi un évêque du même rite.

Le nombre des églises est en ordre à la Montagne de 718: 596 maronites, 63 grecques unies, 56 grecques, 3 arméniennes schismatiques, en celui des prêtres de 987: 809 maronites, 67 grecs-unis, 62 grecs, 3 syriens, 46 latins. Ceux-ci se composent de 17 jésuites, 6 capucins, 15 de Terre sainte, 6 lazaristes, 2 carmes.

D'après le relevé fait en 1843, les hommes en état de porter les armes étaient à la Montagne au nombre de 44.050, dont 34.000 chrétiens et 10.050 Druses.

Nota: La différence qui existe entre ce tableau et celui du Pachalik de Tripoly, en ce qui concerne la partie du Liban réunie ici au gouvernement de la Montagne, provient de ce … plus de développement à celui-ci, avec les … ou du augmentées pendant les années à cinq ans écoulés entre la date de l'un et de l'autre, le premier étant de 1842.

Pachalik de Jérusalem

	Division							
	Territoriale			Par cultes			Par rites		Observations
Noms des Arrondissements et des Districts	Nombre des			Chrétiens	Musulman	Autres	Catholiques	Autres	
	Villes	Villages	Habitants						
Jérusalem	1	125	45.000 [1]	10.000	25.000	10.000 [2]	5.065 [3]	4.935 [4]	
Jérusalem									
Abou Ghoch									
Montagne de Jérusalem									
Beni-Harer									
Beni-Morra									
Beni-Zeи									
El Ouadié									
Beni-Hassay									
El Arkoub									
Beni-Salem									
Naplouse	2	190	101.600	1.500	100.000	100 [5]	.	1.500 [6]	
Naplouse									
Guirraïn									
Mecharik									
Benisaal									
Ouadi Cheir									
Charaonie Est									
Charaonie Ouest									
Macharill Ain-Gierav									
Geninn									
Belad Harti									
Jaffa — Jaffa el Ogia	1	6	19.500	3.000	15.500	1.000 [7]	600	2.400 [8]	
Hébron — Hébron	1	15	27.500	"	25.000	2.500 [9]	.	.	
Gaza — Gaza	1	80	40.500	500	40.000			500 [10]	
Ramla — Ramla	1	45	8.500	1.000	7.500		100	900 [11]	
Léd — Léd	1	14	7.000	800	6.200			800 [12]	
	8	475	249.600	16.800	219.200	13.600	5.765	11.035 [13]	

Observations

[1] La population des divers lieux a été calculée à pied de 5 individus par contribuable.
[2] Ce sont des Israélites.
[3] Les catholiques de toute cette contrée sont indi[gènes] mais ils suivent le rite latin, n'ayant pour p[rêtres] les religieux franciscains européens.
[4] 4675 grecs, 200 arméniens
[5] Ce sont des juifs de la secte samaritaine, les [seuls] qui existent encore en Palestine.
[6] Grecs.
[7] Israélites
[8] 50 arméniens, le reste grec.
[9] Israélites
[10, 11, 12] Grecs
[13] Sur ce nombre on compte 32000 arabes bé[douins]

On compte à Jérusalem et dans ses enviro[ns] 43 couvents, 10 catholiques et 33 des autres et 14 églises dont 5 latines et 9 de dissidents sont desservis par 460 prêtres, 120 catholi[ques] 340 de divers cultes. Les latins y entretien[nent un] patriarche et les protestants un évêq[ue] grecs et les arméniens y comptent 14 [couvents] dont le patriarche et 5 évêques arménie[ns les] autres sont grecs. Les syriens et les sy[riens] unis y sont desservis par 3 ou 4 prêtr[es]